Ute Schönpflug

Psychologie des Erst- und Zweitspracherwerbs

Eine Einführung

Verlag W. Kohlhammer
Stuttgart Berlin Köln Mainz

CIP-Kurztitelaufnahme der Deutschen Bibliothek

Schönpflug, Ute
Psychologie des Erst- und Zweitspracherwerbs: e. Einführung.
1. Aufl. – Stuttgart, Berlin, Köln, Mainz: Kohlhammer, 1977.
   (Urban-Taschenbücher; Bd. 236)
   ISBN 3-17-001621-0

Inhalt

Hauptteil II   Zweitspracherwerb

Kapitel 1

Das Phänomen des Spracherwerbs in der Sprachtheorie

1.1 Sprache – ein menschliches Phänomen?

Die Evolutionstheorie Darwins, welche die stammesgeschichtliche Abstammung des Menschen und verschiedener heute noch lebender Affengattungen auf gemeinsame Vorfahren zurückführte, blieb auf die Sprachpsychologie bis weit in das 20. Jahrhundert hinein ohne Einfluß. Schon waren viele Autoren in der Vergleichenden Psychologie bereit, dem Tier – ebenso wie dem Menschen – ein Bewußtsein, ja den Besitz einer Seele, zuzuerkennen; die Sprache schien ihnen jedoch alleiniger Besitz des Menschen zu sein (Schönpflug, im Druck). Noch 1968 schrieb der einflußreiche Sprachwissenschaftler Chomsky: »Es ist selbstverständlich zu erwarten, daß die Beschäftigung mit der Sprache auch weiterhin nicht anders als in der Vergangenheit im Mittelpunkt der Untersuchungen über die Natur des Menschen stehen wird. Jeder, der sich mit Untersuchungen über die menschliche Natur und über die menschlichen Fähigkeiten befaßt, muß sich irgendwie mit der Tatsache auseinandersetzen, daß alle Menschen eine Sprache erlernen, während der Erwerb auch nur ihrer dürftigsten Rudimente weit über die Fähigkeiten eines sonst intelligenten Affen hinausgehen« (S. 59).

Der biologisch ausgerichtete Sprachforscher Lenneberg äußert 1964 die gleiche Ansicht: »Es gibt keine schlüssigen Beweise dafür, daß irgendeine Lebensform – mit Ausnahme des Menschen – die Fähigkeit besitzt, auch nur die einfachste Stufe der Sprachentwicklung zu erreichen« (S. 280). Watzlawick (1967) charakterisiert den Unterschied der tierischen und menschlichen Kommunikationssysteme durch die Merkmale *Analogie* und *Digitalität*. Tiere vermögen sich mittels eines analogen Kommunikationssystems zu verständigen, d. h. eines Systems von Zeichen, welches zu dem Ausgesagten in einer unmittelbaren Ähnlichkeitsbeziehung steht. Das sprachliche System des Menschen ist dagegen ein digitales System, d. h. die Zuordnung von Zeichen und Bezeichnetem ist willkürlich, nur durch Konvention festgelegt. Ein Hund fordert z. B. seinen Herrn zum Mitkommen auf, indem er ihm ein Stück vorausläuft, zu ihm zurückkommt, wieder vorausläuft, bis er die gewünschte Wirkung erreicht hat; oder: Ein Affe streckt die Hand aus mit der Handinnenfläche nach oben, wenn er etwas zu essen haben möchte. Der unmittelbare Bezug zum Ausgesagten ist hier offensichtlich. Den entsprechenden sprachlichen Zeichen fehlt dagegen jeglicher Bezug zu dem Bezeichneten.

Diese Aussagen umrissen zu dem Zeitpunkt, an dem sie veröffentlicht wurden, den Stand der Kenntnisse über Fähigkeiten zum Spracherwerb. Aber kurz danach erschienen die ersten Berichte über sehr gründliche Trainingsversuche, einigen intelligenten Schimpansen Sprache zu lehren. Die beiden bekanntesten Versuche sollen hier kurz geschildert werden, um die Möglichkeiten der Schimpansen, Sprache zu erwerben, zu veranschaulichen. Die viele Jahre dauernde Aufzucht einer Schimpansin im Hause des Biologenehepaares A. und B. Gardner zu Studienzwecken wird möglichst den Bedingungen angeglichen, die auch ein Kind vorfindet, wenn es in einer Familie heranwächst (Gardner/Gardner 1969, 1971). So spricht das Ehepaar auch mit der Schimpansin wie mit einem Kleinkind, wenn es sie säubert, mit ihr spielt usw. Außerdem versuchen Gardner und Gardner, ihrem Pflegling die Amerikanische Zeichensprache (ASL = American Sign Language) zu unterrichten. Dieses Zeichensystem weist die grundlegenden formalen Merkmale auf, die ein Zeichensystem zur Sprache machen (McCall 1965). Wichtig ist, daß die Zeichensprache keine Lautbildungen erfordert. Gerade an den Schwierigkeiten der Lautartikulation scheiterte der frühere Versuch des Ehepaares Hayes (Hayes/ Hayes 1951), deren Zögling lediglich vier wortähnliche Laute produzieren konnte. Die ASL sieht Zeichen vor, die aus Gebärden, Fingerzeichen und dergleichen bestehen.

Der Spracherwerb verläuft bei der Schimpansin unter weitgehend ›natürlichen‹ Bedingungen; das Training erfolgt beiläufig während des Umgangs mit ihr, so wie auch ein Kind seine Sprache beiläufig im Umgang mit seinen Pflegepersonen erwirbt. Nach vier Jahren beherrscht das Tier 85 Zeichen und produziert auch Folgen von Zeichen, die man als Sätze deuten könnte. Einige der Zeichenfolgen werden in dieser Zusammensetzung von der Schimpansin ›erfunden‹. Das Tier hat Spaß an dieser Kommunikationsform; es setzt meist selbst eine solche Form der Unterhaltung in Gang und zeigt eine erstaunliche Ausdauer und Produktivität.

Einen weiteren Versuch, einer Schimpansin Sprache zu lehren, unternimmt Premack (1970 a, 1970 b, 1971) in einer Serie von Experimenten. Er überträgt Merkmale sprachlicher Einheiten (Worte) auf Dimensionen visueller Wahrnehmungsgegebenheiten. Er läßt das Tier Zeichen lernen, die sich hinsichtlich Farbe, Form, Größe und Dichte der gezeigten Elemente unterscheiden. Die Zeichen werden auf Plastikplättchen gemalt und mit Magneten versehen. Sie können auf einer Tafel mit Hilfe der Magneten in beliebiger Reihenfolge angeordnet werden.

Zum Erlernen des sprachähnlichen Gebrauchs der Zeichen benutzt Premack ein Verfahren, in dem das Verhalten des Tieres durch Belohnen der richtigen Verhaltensweise Schritt für Schritt in die gewünschte Richtung gelenkt wird (Konditionieren). Zusammen mit den Bezeichnungen bringt Premack dem Tier das Lösen einfacher Denkaufgaben bei. Spontanes Kommunikationsbedürfnis in dem Ausmaß, wie es die Gardners feststellen, zeigt die Premacksche Schimpansin nicht.

Liefern diese Tierversuche ausreichende Unterstützung für die These, Tiere könnten eine Sprache erwerben? Brown (1973) verneint die Frage für den Fall, daß zur Sprache als unabdingbares Merkmal das Sprechen gerechnet wird, d. h. die Lautbildung und das Hören der vom Kommunikationspartner produzierten Laute. Zwar hat die Trennung dieser Merkmale von den anderen, die die Erscheinung ›Sprache‹ definieren, gezeigt, wieviel Tiere zu leisten vermögen. Doch liegt gerade hier ein entscheidender Unterschied: Die stimmlichen Möglichkeiten der Schimpansin sind zu beschränkt, um ein System von Phonemen mit Betonungsmustern zu übernehmen, welches dem einer menschlichen Sprache nahekommt.

Das Merkmal der Lautbildung sollte man jedoch nicht allen anderen voranstellen, wenn man Sprache definieren will. Nach der Liste der Merkmale von Hockett (1958, 1959) und der Erweiterung von Altman (1967) ist es nur eines von vielen Definitionsmerkmalen, wenn man auch andere als die natürlich gewachsenen Sprachen berücksichtigt.

Erfüllt nun das von den Schimpansen erlernte Zeichensystem andere nicht stimmliche Merkmale von Sprache? – Zur Beantwortung dieser Frage bedarf es noch der Kenntnis einiger Einzelheiten aus den Versuchsergebnissen.

Nach Aufforderung Browns an das Ehepaar Gardner analysierte es noch einmal die zeichensprachlichen Äußerungen ihres Pfleglings und berichtet über das Vorhandensein von etwa 78 % aller jener sprachlichen Formen in der Zeichensprache, die sonst Kleinkinder in der ersten Phase des Sprachbeginns zeigen: Einwort- (bzw. Einzeichen-) und Zweiwort- (bzw. Zweizeichen-)Kombinationen, die einen bestimmten Bedeutungsgehalt haben. Dabei scheint die Reihenfolge der Einheiten keine so wichtige Rolle zu spielen, wie das bei Menschenkindern beobachtet wird. Ob dies jedoch nicht eine Folge der Trainingsbedingungen ist, muß offenbleiben. Premacks Versuchstier zeigt noch weitere sprachliche Fähigkeiten (Premack 1971): Die gelernten Einheiten haben einen Bezug zu Objekten der Umgebung, sie erfüllen die Funktion von Fragen, Aussagesätzen, Verneinungen, Mehrzahlbildungen und enthalten logische Wenn-Dann-Beziehungen.

Auffallend ist jedoch der Mangel an Initiative des Premackschen Tieres, in eine Kommunikation einzutreten. Hier liegt ein wichtiger Punkt: Warum haben die Schimpansen unter sich kein der menschlichen Sprache vergleichbares System entwickelt, wenn doch ihre Fähigkeiten dazu offensichtlich bis zu einem gewissen Grade vorhanden sind? Offensichtlich fehlt den Schimpansen etwas, das die menschliche Natur und auch deren Sprache kennzeichnet: Die Motivation, über augenblickliche Bedürfnisse hinaus spontan Kommunikation über Erfahrungsinhalte zu pflegen und damit über Personen, zum Teil sogar über Generationen hinweg, kulturelle Inhalte weiterzugeben. Offen bleibt nach den Versuchen von Premack und von den Gardners, wie weit die Lernfähigkeit dieser Tierart reicht. Nach den bisherigen Versuchen dauert es lange, bis sie – verglichen mit Menschenkindern – einen bescheidenen Bestand an Äußerungsmöglichkeiten erlernt haben. Weitere Versuche könnten die Vermutung bestätigen, daß neben der geringen Motivation zur Verständigung auch noch eine beschränkte kognitive Kapazität die Mängel des Spracherwerbs erklärt. Kleine Kinder lernen offensichtlich auch ohne den ausgeklügelten, Schritt für Schritt aufgebauten Lehrplan, den Premack für seinen Zögling entwarf, größere Mengen von Bedeutungselementen und können aus dem unsystematischen Sprachangebot weitaus effektiver ein sprachliches Regelsystem aufbauen, als dies bei den Tieren trotz systematischem Angebot der Fall ist.

1.2 Spracherwerb als Gegenstand verschiedener Fachrichtungen

Der Spracherwerb (language acquisition) wird in der gegenwärtigen Forschung nach drei Aspekten gegliedert (nach Ramge 1973):

1. Nach dem linguistischen Aspekt: Es wird versucht, von der beobachtbaren sprachlichen Äußerung (der Sprachperformanz) Aufschluß zu gewinnen über Aufbau und Entwicklung der Kenntnisse über das Regelsystem der Sprache (Sprachkompetenz oder Sprachfähigkeit). Der Linguist überprüft dabei auch, ob eine bereitgestellte Theorie der Sprache oder eine Grammatiktheorie mit den Befunden aus der Spracherwerbsforschung vereinbar ist.

2. Nach dem pragmatischen Aspekt: Der pragmatische Ansatz geht von der konkreten Situation aus und versucht, die typischen Bedingungen und Regeln für menschliche Kommunikation und Interaktion herauszufinden. Die Sprache stellt hierbei nur eine Form unter anderen dar, in der sich Handeln und Verhalten äußert. In der Pragmatik steht die Frage im Vordergrund, wie sich Aufbau und Entwicklung des Kindes als Träger sozialer Rollen vollzieht und wie sich die Entwicklungsfolgen in der Sprachentwicklung spiegeln.

3. Nach dem psychologischen Aspekt: Der Schwerpunkt der Forschung liegt hier auf dem Verhältnis zwischen Sprache bzw. Sprechen und kognitiven Vorgängen (Lernen, Denken, insbesondere Erkenntnisleistungen, Gedächtnis, Wahrnehmung). Der psychologische Ansatz untersucht die Wechselwirkungen zwischen dem Aufbau kognitiver Leistungen und dem Spracherwerb.

Die einzelnen Aspekte bilden die Schwerpunkte verschiedener Fachrichtungen. Der erste Aspekt bildet vorzugsweise den Gegenstand der Sprachwissenschaft oder Linguistik, der dritte den Gegenstand der Psychologie. Von der Psychologie und von der Linguistik aus wurde es jedoch als notwendig empfunden, den Überlappungsbereich zwischen beiden Fächern mit einer eigenen Bezeichnung zu versehen. Die psychologische Disziplin, welche sich mit dem Problem der Sprache beschäftigt, heißt daher *Psycholinguistik.* Der dritte hier aufgeführte Aspekt sollte deshalb genauer »psycholinguistischer Aspekt« heißen.

Den pragmatischen Aspekt teilen sich die Fachrichtungen Kommunikationswissenschaft und Soziologie bzw. Sozialpsychologie. Von der Linguistik aus wird jedoch dieser Aspekt eigens abgedeckt durch deren pragmatisch-linguistische Richtung; andererseits werden einige Gesichtspunkte durch die Soziolinguistik abgehandelt. Die *Soziolinguistik* untersucht vor allem die Interaktion von sozialen Bedingungen und dem Sprachgebrauch bzw. Spracherwerb. Cazden (1967) erklärt sogar den gesamten pragmatischen Aspekt zum Gegenstandsbe-

reich der Soziolinguistik. Sowohl Linguistik als auch Psycholinguistik klammern ihrer Meinung nach diesen Aspekt aus. Bei
einer Durchsicht der psycholinguistischen Veröffentlichungen
wird man jedoch bald eines anderen belehrt. In der psycholinguistischen Theoriebildung hat sich diese Forschungstätig-
keit bis jetzt noch nicht niedergeschlagen; insofern kann man
Cazdens Zuordnung noch beibehalten.

Neuere Entwicklungen in der Entwicklungspsychologie möchten die Segmentierung der Fragestellungen in die Bereiche Lernen, Wahrnehmung, Erkennen, Denken, Sprache aufgeben, um
damit einem Auseinanderstreben der Untersuchungen dieser
Funktionsbereiche entgegenzuwirken. Church formuliert dieses
Programm 1971 in einem Beitrag zu einer Arbeitstagung: Die
verschiedenen Forschungsansätze sollen sich seiner Ansicht nach
zu einer Disziplin der ›Kognitiven Entwicklung‹ zusammenfin-
den und noch weitere Fragestellungen der Entwicklungspsychologie einbeziehen. Ein solchermaßen konzipierter Ansatz zielt
nach Church auf eine Phänomenologie der Entwicklung in der
frühen und späteren Kindheit sowie auf die psychologische Beschreibung des kindlichen Lebensraumes. Den Begriff des Lebensraumes entlehnt er der topologischen Psychologie Kurt
Lewins (1936).

Für die Analyse des Spracherwerbs bedeutet dies allerdings,
daß der Begriff der Sprache, so wie er von der traditionellen
Linguistik übernommen worden ist, modifiziert werden muß.
Sprache kann nicht unabhängig von der kommunikativen, sozialen und kulturellen Situation, also dem pragmatischen
Aspekt, gesehen werden. Eindrücke aus der Umwelt müssen
dabei ebenso berücksichtigt werden wie spontane Produktionen
des Kindes, formale Aspekte der Sprache ebenso wie ihre verschiedenartigen Funktionen.

Auch die Annahme linguistischer Universalien, d. h. Regelmäßigkeiten des Spracherwerbs in fast allen Sprachen, erweist
sich in diesem Zusammenhang von untergeordneter Bedeutung,
obwohl die Suche nach solchen allgemeinen Strukturmerkmalen
für die Linguistik nützliche Erkenntnisse gebracht hat. Die
Annahme ist deshalb im Zusammenhang mit dem Spracherwerb
nebensächlich, weil die komplementäre Annahme kognitiver
Universalien sich nach den bisherigen Befunden beschränken
muß auf ganz grundlegende psychische Mechanismen, die eine
Überlebensfunktion für den Organismus erfüllen (Aufsuchen
von triebbefriedigenden Reizen u. ä.). Die übrigen identifizier-
baren kognitiven Mechanismen sind interpretierbar als das Pro-

dukt von Reifung *und* Umweltbedingungen, wenn es sich auch zuweilen nur um den Zeitpunkt des ersten Auftretens einer kognitiven Funktion handelt, der durch Umweltbedingungen variiert werden kann.

Der Beitrag der Psycholinguistik zur Erforschung des Spracherwerbs greift die Kontroverse um die eigenständige Entfaltung vorhandener psychischer Strukturen einerseits und das Lernen durch Erfahrung andererseits auf. In der Linguistik ist die nativistische Position durch den Einfluß der generativen Grammatik Chomskys (1965, 1968) stark verbreitet; auch die Überlegungen von Katz gehören zu diesem Denkansatz (1969).

In der Analyse und theoretischen Diskussion des Spracherwerbs wird die in der Linguistik eingebürgerte Unterscheidung zwischen *Sprachkompetenz* und *Sprachperformanz* aufgegriffen und insbesondere durch McNeill (1970, 1974) für die entwicklungspsychologische Betrachtungsweise verarbeitet. Unter Sprachkompetenz in der Chomskyschen Bedeutung des Begriffes wird ein von individuellen Beschränkungen und Variationen freies Wissen um eine ›ideale Sprache‹ verstanden. Dazu Chomsky: »Kompetenz heißt ein internalisiertes System von Regeln, das Laut und Bedeutung auf besondere Weise in Beziehung setzt« (Chomsky 1970, S. 49). Sprachperformanz ist dagegen konkretes, individuelles, beobachtbares Sprechen. Die Kompetenz läßt sich nur über die Performanz erschließen. Der Kompetenzbegriff ist insofern verbunden mit der generativen Sprachtheorie, als die Sprachkompetenz gedacht wird als Produkt von Sprachideen.

Vor diesem Hintergrund ist der Beitrag McNeills zur Erhebung und Interpretation von Befunden zum Spracherwerb zu verstehen. McNeills Deutung der Sprachproben von Kindern weisen auf eine eigenständige Struktur der Kindersprache gegenüber der Erwachsenensprache hin. Sie kann deshalb nicht nur auf der Basis von Umgebungseinflüssen erworben sein. In Anlehnung an Chomsky und Katz fordert er deshalb einen *Spracherwerbsmechanismus* (language acquisition device), der die Ausbildung kindlicher Kompetenz steuert.

Der Argumentationsstil von McNeill und verwandten Theoretikern stößt bei Anhängern des lerntheoretischen Ansatzes in der Psycholinguistik auf Widerspruch. Ihr Argument, gewisse Strukturen könnten unmöglich gelernt und müßten deshalb also angeboren sein, wird als bequeme Formel bezeichnet. Ohne die Gedankenführung hier bereits ausführlich darzustellen, soll erwähnt werden, daß die lerntheoretische Diskussion des

13

Spracherwerbs der behavioristischen Tradition in den Vereinigten Staaten entspringt und in B. F. Skinner (1957) einen konsequenten Vertreter hat.

1.3 Ein Modell des Sprech- und Hörvorganges

In der traditionellen Linguistik (vgl. Saussure 1931) erschien eine Trennung von Linguistik und Psychologie als selbstverständlich: Die Linguistik sollte sich mit der Sprache als Produkt befassen, während die Psychologie die psychischen Prozesse analysieren sollte, die der Sprachproduktion zugrunde liegen. Die linguistischen Untersuchungen konnten sich nach diesem Ansatz auf Fragestellungen beschränken, die psychologische und physiologische Probleme ausklammerten. Bloomfield (1933) rechtfertigt diese Beschränkung, indem er darin einen Vorteil für die Nachbardisziplinen sieht: Sie erhalten linguistische Analysen ohne verzerrende, von Fachfremden eingebrachte psychologische bzw. physiologische Implikationen.

Fortschritte in den linguistischen Fragestellungen und Befunden führen jedoch zu den Grenzen dieses Ansatzes (Derwing 1973). Die Linguistik wird eingeengt auf eine taxonomische Wissenschaft, deren Aufgaben sich darauf beschränken, erstens ein Klassifikationssystem für linguistische Phänomene aufzustellen, und zweitens Phänomene in dieses Klassifikationssystem einzuordnen. Dieses Vorgehen hat zum Ziel, ein allgemeingültiges Klassifikationsschema aufzustellen. Die Kriterien für die Gültigkeit können jedoch nur außerhalb der gesammelten linguistischen Daten gewonnen werden. Die Schwierigkeiten sind offensichtlich. Sie beziehen auch die Frage ein, welchem Ziel die Klassifikation sich schließlich unterordnet. Diese Frage kann nur auf theoretischer Ebene beantwortet werden; ein theoretischer Bezugsrahmen sollte den einzelnen Versuchen der Ordnung linguistischer Daten vorangestellt werden (Botha, R. P. 1968).

Ein grober Bezugsrahmen wird in der Literatur mehrfach skizziert: von Linguisten (Lotz 1950; Chafe 1971), von Psycholinguisten (Miller 1970; Hörmann 1967; Osgood 1963b) und von Kommunikationswissenschaftlern (Denes und Pinson 1963). Ihre Vorschläge können in einem schematischen Modell des Sprech- und Hörvorganges zusammengefaßt werden. Die biologischen Grundlagen werden in diesem Modell mitberücksichtigt:

* systematisch (biol.)

Tabelle 1: Modell des Sprech- und Hörvorgangs

Sprecher

Gedanke Vorstellung	Übersetzung in sprachliche Regeln in Wechselwirkung mit dem zentralen Nervensystem	Übersetzung in neuromuskuläre Erregungsmuster des Sprechapparates	Übertragung ins Medium akustischer Gegebenheiten in der Umgebung

Hörer

Übersetzung in neurale Erregungsmuster des peripheren Gehörapparates	Entschlüsselung des sprachlich gefaßten Inhaltes in Wechselwirkung mit dem zentralen Nervensystem	Interpretation des entschlüsselten sprachlichen Ereignisses (Vorstellung, Gedanke), evtl. in neue Kommunikation mündend

von Nervensystem ausgehend

(Modell leicht modifiziert nach Stuart 1964)

Ausgang eines Sprechaktes ist die Vorstellung oder der Gedanke, der hier zunächst als sprachfrei konzipiert ist. Er wird übersetzt in Sprache, in ihr Regelsystem oder ihren Code. Dieser psychologische Prozeß läuft unter Mitwirkung zentral-nervöser Prozesse ab. Die Art des Zusammenwirkens von psychologischen und physiologischen Vorgängen bleibt hier noch unbestimmt. Dem Encodieren folgt der Sprechakt im artikulatorischen Bereich. Dieser wiederum bewirkt eine physikalische Umgebungsveränderung in Form von Luftschwingungen, die auf das Gehörsystem des Hörers treffen und dort Erregungsvorgänge auslösen. Über das periphere Erregungsmuster wird die Information weitergeleitet an das zentrale Nervensystem. Die zentralnervösen Erregungsmuster werden einer Decodierung oder Entschlüsselung des in Sprache gefaßten Inhaltes unterworfen. Der decodierte Inhalt kann auf psychischem Niveau weiterverarbeitet werden, er kann z. B. eine emotionale Bewertung erfahren. Es wird aus diesem Schema klar, daß sowohl für die Linguisten als auch für die Psycholinguisten die wichtigsten Vorgänge beim Sprecher in den ersten beiden Bereichen sich abspielen und beim Hörer in den letzten beiden. Dies sind aber zugleich Bereiche, die nicht der direkten Beobachtung zugänglich sind und damit auch methodologische Schwierigkeiten in sich bergen. Anhand des Schemas kann man darüber hinaus zeigen, daß Sprachstrukturen und Bedeutungen kaum innerhalb der peripheren oder gar der externen physikalischen Bereiche des Sprachprozesses zu ermitteln sind, sondern immer als zentrale Vorgänge im Organismus angegangen werden sollten. Sprachproduktionen, die im peripheren oder gar externen Bereich erfaßt werden, sind nach Derwings Meinung nicht geeignet, Informationen über organismusinterne Stationen des Sprachprozesses zu geben.

Für die Untersuchung des Spracherwerbs ergibt sich aus diesem Modell, daß die Beiträge, die aus den im vorigen Abschnitt skizzierten Fachdisziplinen kommen, kaum ihr Augenmerk auf die Arbeiten richten, die den organismischen Aspekt des Sprech- bzw. Hörvorgangs berücksichtigen. Auch in diesen Untersuchungen könnten Hinweise für die Diskussion eines angeborenen Spracherwerbsmechanismus bzw. einer lerntheoretischen Position kommen (vgl. z. B. Molfese/Freeman/Palermo 1975).

1.4 Begriffsklärungen

Man könnte leicht meinen, die Probleme des Erst- und Zweitsprachenerwerbs seien zwei voneinander unabhängigen Forschungsgebieten zuzuordnen. Dem Bereich des Erstspracherwerbs widmen sich – wie dargestellt – Entwicklungspsychologen, Psycholinguisten und Linguisten. Dem Bereich des Zweitspracherwerbs wenden sich in erster Linie Linguisten und Philologen zu, da damit allgemein die Vorstellung des Erwerbs einer zweiten Sprache im Fremdsprachenunterricht verbunden wird. Didaktische Fragestellungen stehen im Vordergrund und verdrängen die Analyse des Zweitspracherwerbs außerhalb des schulisch gestalteten Unterrichts. Erst allmählich beginnt sich hier in einzelnen, weniger bekannten Veröffentlichungen die Ansicht durchzusetzen, daß der Zweitspracherwerb in ganz analoger Weise wie der Erstspracherwerb unter ›natürlichen Bedingungen‹ untersucht werden müsse. Zu diesem Ansatz, denn es ist bis jetzt noch kaum mehr, liefert die vorliegende Einführung einen Beitrag.

Der Zweitspracherwerb sollte wie der Erstspracherwerb auch, unter dem Gesichtspunkt der psychologischen Entwicklung des Individuums betrachtet werden.

Dieser Entwicklungsprozeß läuft freilich nicht bei allen Individuen ab, denn nicht jeder Mensch hat oder nutzt die Gelegenheit, eine zweite oder noch weitere Sprache zu lernen. Gerade deshalb ist die Frage nach den Gründen, den Bedingungen und den Erfolgen des Zweitsprachenlernens aktuell; sie hat über ihren sprachwissenschaftlichen und psychologischen Gehalt hinaus bildungspolitische Bedeutung erlangt.

Die Untersuchung des Zweitspracherwerbs vermag jedoch auch wichtige Erkenntnisse aus der Forschung des Erstspracherwerbs zu relativieren, zu unterstützen, zu differenzieren. Es kann deshalb für eine Darstellung des Erstspracherwerbs beim augenblicklichen Stand der Forschung nützlich sein, den Zusammenhang zum Zweitspracherwerb herzustellen. Vielleicht werden in einem Jahrzehnt schon die entsprechenden Darstellungen beide Prozesse als Varianten eines einheitlichen *Spracherwerbsvorganges* ansehen und sie als zusammengehörige Teile dieses Vorgangs abhandeln.

Es wurde für den Titel dieser Einführung der Terminus ›Spracherwerb‹ gewählt. Im deutschsprachigen Raum bevorzugen die Autoren jedoch den Ausdruck ›Sprachentwicklung‹. Der Gegenstandsbereich, den beide Termini bezeichnen, ist der gleiche, nämlich die Erscheinung, daß, beginnend mit einem bestimmten Alter, Sprache vom Kind verstanden und von ihm selbst auch hervorgebracht wird.

Ramge (1973) versucht, eine begriffliche Trennung zwischen Spracherwerb und Sprachentwicklung zu ziehen. Spracherwerb bezeichnet nach seinem Begriffsverständnis den Vorgang der Aufnahme *einzelner sprachlicher Elemente und Kategorien* in das sprachliche Verhaltensrepertoire des Kindes. Spracherwerb sollte also vorwiegend Gegenstand der Linguistik sein. Sprachentwicklung hingegen bezeichnet nach Ramge *den komplexen Gesamtvorgang des Hineinwachsens* in eine Sprache, bei dem auch motivationale und vor allem kognitive Aspekte berücksichtigt werden müssen. Die Analyse der Sprachentwicklung, so muß man folgern, kann nach dieser Bestimmung in angemessener Weise nur von der Psycholinguistik betrieben werden.

Die Differenzierung in Erwerbs- und Entwicklungsprozesse wird jedoch in der vorgeschlagenen Weise in der Literatur nicht mitvollzogen. Außerhalb theoretischer Stellungnahmen findet die Begriffstrennung in der deutschsprachigen Literatur wenig Beachtung. In der englischsprachigen Literatur wird fast ausschließlich von ›language acquisition‹, selten von ›language development‹ gesprochen. Für die Wahl der Termini spielt die theoretische Position deshalb keine Rolle. Der englische Ausdruck ›language acquisition‹ wird im Deutschen am besten mit ›Spracherwerb‹ wiedergegeben, doch greifen viele deutschsprachige Autoren der psycholinguistischen Richtung auf die Bezeichnung ›Sprachentwicklung‹ zurück, weil sie aus der Beschäftigung mit entwicklungspsychologischen Fragestellungen vertrauter ist.

Die Wahl des Terminus ›Entwicklung‹ erfolgt jedoch nicht ohne theoretische Voreingenommenheit: ›Entwicklung‹ wird allgemein als ein Wachstumsprozeß verstanden, in dem sich Anlagen entfalten. Dieser Wachstumsprozeß wird durch Umweltbedingungen verändert, verläuft aber bei allen Individuen in groben Zügen gleichförmig ab. Übertragen auf den Bereich der Sprache bedeutet dies, daß Sprache in dem Maße wächst, wie der Organismus seine Anlagen entfaltet: Nach allgemeinen Gesetzmäßigkeiten, die jedoch je nach Umweltbedingungen gruppenspezifischen und individuellen Variationsspielraum haben. Diese theoretische Position ist sowohl in rein linguistischen als auch in interdisziplinären Ansätzen zur Sprachforschung verbreitet (vor allem durch die einflußreichen Veröffentlichungen von de Saussure 1931, Chomsky 1962, 1968, McNeill 1970 und Lenneberg 1967).

Demgegenüber steht die Position der Autoren, die den Anteil der in den Wachstumsprozeß eingreifenden Umweltbedingungen stärker hervorheben möchten. Gerade auf dem Gebiet der Sprache erscheint ihnen dies berechtigt, denn ohne ein Sprachangebot durch die Umwelt sprechen Menschen nicht. Diese Schlußfolgerung ziehen sie u. a. aus Schilderungen von Fällen, in denen Menschen völlig isoliert aufwuchsen (sogenannte Kaspar-Hauser-Fälle). Sprache müßte demnach weitgehend gelernt werden; manche meinen sogar, auf die Annahme einer sich entfaltenden Anlage ganz verzichten zu können, und erklären, Sprache müsse – wie jedes andere Verhalten auch – Element für Element gelernt werden nach den Gesetzen, die in den Lerntheorien zusammengefaßt sind (vgl. Mowrer 1960; B. F. Skinner 1957, Staats 1968). In diesem theoretischen Rahmen spricht man vom ›Lernen von Sprachverhalten‹.

Auf einzelne theoretische Positionen wird in einem der folgenden Abschnitte noch eingegangen werden. Ihre Erwähnung hier dient lediglich der Erläuterung terminologischer Gewohnheiten, die dem Leser ohne eingehende Literaturkenntnisse auf diesem Gebiet das Verständnis dieser Einführung und auch anderer Literatur aus diesem Themenbereich erleichtern sollen. Für die vorliegende Einführung wird die Bezeichnung ›Spracherwerb‹ vorgezogen. Sie ist eingeführt als Übersetzung des englischen Terminus ›acquisition‹, und sie wird von Vertretern verschiedener theoretischer Richtungen benutzt; sie ist in diesem Sinne theoretisch neutral.

Einleitend soll auch erläutert werden, warum für diese Einführung die Termini ›Erstsprache‹ und ›Zweitsprache‹ gewählt werden anstelle der in der traditionellen philologisch-linguistischen Literatur üblichen Bezeichnungen ›Muttersprache‹ und ›Fremdsprache‹. Die Bezeichnungen drücken stereotypenhafte Ansichten über die beiden Arten von Spracherwerbssituationen aus: Die erste Sprache wird zunächst fast ausschließlich durch die Kommunikation mit der Mutter erworben. Die Mutter gehört der Sprachgruppe der größeren sozialen Gemeinschaft in der Umgebung des Kindes an. In diese Gemeinschaft wächst das Kind durch den Erwerb der Sprache und anderer Sozialisationsprozesse hinein. Mit Gruppen, die eine andere Sprache sprechen, kommt das Kind nicht so intensiv oder überhaupt nicht in Berührung; die andere Gruppe bleibt ihm fremd und deren Sprache ist eine ›Fremdsprache‹. Trotz der Internationalisierung unserer Lebensgewohnheiten trifft diese Beschreibung oft immer noch zu, wenn nicht eine entsprechende Ausbildung des Kindes den Erwerb einer weiteren Sprache vorsieht. Im Schulunterricht werden dann zumeist Kenntnisse in der ›Fremdsprache‹ vermittelt, ohne daß der Unterricht von einem vergleichbaren Sozialisationsprozeß in der anderen Gruppe begleitet wird. Die zweite Sprache bleibt bei dieser Methode dann immer ›Fremdsprache‹.

Für die Untersuchung des Spracherwerbs kann es jedoch von Interesse sein, gerade die Abweichungen von der stereotypenhaften Situation zu kategorisieren und zu analysieren. Der Begriff ›Muttersprache‹ impliziert, daß es sich um die zuerst gelernte und um die dominante, d. h. am besten beherrschte Sprache handelt. Dies muß eine Erstsprache jedoch nicht notwendigerweise sein. Es kann – je nach Lebensumständen – die Erstsprache ungenutzt bleiben und damit zur schwächeren werden. Dies ist der Fall in einigen Entwicklungsländern, in denen die Bildungssprache nicht der Erstsprache entspricht. Mit der vollständigen Ausbildung und der Ergreifung eines sozial erstrebten Berufes wird dann die Zweitsprache zur dominanten Sprache. Die Zweitsprache verliert in diesem Fall den Charakter der ›Fremdsprache‹. Bei jeder Form von Annäherung an eine ausgeglichene Zwei- oder Mehrsprachigkeit verliert die Erstsprache die Berechtigung, ›Muttersprache‹ genannt zu werden, da weder das Kriterium der starken Sprachgruppengebundenheit noch das Kriterium der Dominanz zutrifft. Es bleibt lediglich das Merkmal erhalten, daß die Erstsprache in der Familie und vorwiegend durch die Mutter erlernt wurde.

Der Begriff ›Muttersprache‹ kann aber vollends nicht mehr sinnvoll eingesetzt werden, wenn ein Kind von Beginn seiner Sprechfähigkeit an in einer zweisprachigen Familie aufwächst. Welche der beiden Sprachen ist etwa die ›Muttersprache‹, wenn die Mutter aus Gründen der Anpassung an den Vater zu Hause mehr die bevorzugte Sprache ihres Mannes als ihre eigene bevorzugte Sprache benutzt, die zumeist auch die Sprache der weiteren sozialen Umgebung ist? Verzichtet sie gleichzeitig nicht auf ein zusätzliches Sprachangebot in ihrer eigenen Erstsprache, so kann der Fall eintreten, daß die ›Muttersprache‹ von Beginn an weder die dominante, noch die Sprache der weiteren Sprachumgebung ist.

Die Termini ›Erst-‹ und ›Zweitsprache‹ sind nicht mit verschiedenen Nebenbedeutungen belastet, die den Begriffen ›Muttersprache‹ und ›Fremdsprache‹ anhaften. Die Wahl dieser Termini (vgl. auch Wode 1974) für eine Einführung rechtfertigt sich wohl aus den oben dargestellten sowie immer häufiger und bedeutsamer werdenden Abweichungen von der stereotypenhaften Situation, die den Begriff der ›Muttersprache‹ hervorgebracht hat.

1.5 Überblick über die Themen dieser Einführung

Den Schwerpunkt dieser Einführung werden Fragestellungen bilden, die den psychologischen Aspekt im Bereich der Spracherwerbsforschung in den Vordergrund rücken. Nur an linguistischen Fragen interessierte Leser werden mit dieser Darstellung ihre Kenntnisse über den Erwerb einer ersten Sprache oder weiterer Sprachen nicht wesentlich erweitern können. Dafür findet der psychologisch oder psycholinguistisch interessierte Leser eine Zusammenfassung der wichtigen Forschungsthemen und Befunde im Bereich des Erst- und Zweitspracherwerbs. Es wurde versucht, zu jedem Themenbereich die bedeutsameren Untersuchungen und theoretischen Überlegungen zusammenzustellen. Dies sind keineswegs immer die neuesten Arbeiten. Wenn es das Kriterium der Bedeutsamkeit jedoch erlaubte, wurde möglichst auf Neuerscheinungen Bezug genommen. Die Darstellungen des Erst- und Zweitspracherwerbs erfolgen getrennt in den beiden Hauptteilen der Einführung. Dieser Aufbau wird notwendig durch den Mangel an Untersuchungen, welche die Analyse der Parallelen oder Abweichungen der beiden Prozesse zum Ziel haben. Im zweiten Hauptteil wird versucht, erste Schritte in Richtung auf einen solchen Beitrag zu unternehmen.

Es soll nicht Aufgabe dieser Einführung in die psychologischen Probleme des Spracherwerbs sein, Stellung zu beziehen in der Kontroverse über Sinn und Unsinn eines partikularistischen oder globalen Untersuchungsvorgehens. In der von Ramge vorgeschlagenen Terminologie zwischen Spracherwerb und Sprachentwicklung zu entscheiden, würde bedeuten, daß man sich entweder nur auf das eine oder das andere konzentrierte; dies läßt sich jedoch nach der vorliegenden Literatur nicht durchhalten. Es sollen vielmehr Vertreter beider Ansätze vorgestellt und diskutiert werden. Von den mehr auf Teilbereiche des Spracherwerbs sich beschränkenden Untersuchungen erwarten wir Ergebnisse über den Erwerb bestimmter Sprachformen wie z. B. der Mehrzahlbildungen oder der Frageform. Wenn auch ein Zusammenfügen der mosaikartig gesammelten Einzelbefunde das Ziel einer solchen Vorgehensweise ist, so liegt dieses Ziel jedoch heute noch in unabsehbarer Zukunft.

Der Versuch einer Analyse des gesamten Entwicklungsvorgangs der Sprache und paralleler kognitiver Vorgänge bleibt mit seinen empirischen Belegen notwendigerweise hinter seinem Anspruch zurück. Auf der anderen Seite bietet er den Vorteil von integrierenden Überlegungen über die einzelnen Bereiche des Spracherwerbs, die wiederum die Funktion eines Leitthemas für den partikularistischen Ansatz haben können.

In der Reihenfolge der Darstellung im Rahmen dieser Einführung sollen zunächst einzelne Bereiche des Spracherwerbs herausgegriffen und Regelmäßigkeiten im Verlauf des Erwerbs beschrieben werden. Die Auswahl beschränkt sich dabei auf die Entwicklung von Sprachbereichen, deren Zusammenhang mit kognitiven Vorgängen aufweisbar ist.

Der erste Hauptteil behandelt nach einer Einführung in die Methoden und nach einer Zusammenstellung der kognitiven und motivationalen Voraussetzungen des Spracherwerbs die folgenden Themen:

1. Erwerb von Lautmustern,
2. Erwerb der Syntax,
3. Erwerb von Bedeutungen.

Diese Einteilung erscheint unvollständig, verglichen mit den üblicherweise in linguistischen Abhandlungen genannten Aspekten, nämlich der phonischen und graphischen Repräsentation, der Syntax, der Semantik, des Lexikons und der Pragmatik. Im Spracherwerbsprozeß gliedern sich die einzelnen Aspekte der Sprache jedoch nicht so klar aus, so daß eine Beschränkung auf wenige Aspekte zu rechtfertigen ist.

Der Erwerb des Lexikons wird in dieser Einführung unter dem Thema ›Erwerb von Bedeutungen‹ abgehandelt, da in den empirischen Untersuchungen vorwiegend das Auftauchen neuer Worte und ihrer Bedeutungen beobachtet wird. Die graphische Repräsentation spielt im frühen Spracherwerb keine Rolle, sie wurde deshalb ganz außer acht gelassen – auch in dem gesonderten Abschnitt über den Spracherwerb bei älteren Kindern. Der Pragmatik selbst wird kein eigener Abschnitt gewidmet sein; der pragmatische Aspekt wird vielmehr bei einzelnen Autoren, die Untersuchungsbeiträge zu den anderen Bereichen des Spracherwerbs liefern, im Ansatz mitberücksichtigt und deshalb dann in diesem Zusammenhang dargestellt.

Die Betrachtung der einzelnen Aspekte der Sprache im Laufe des Spracherwerbsprozesses ist chronologisch aufgebaut. Es werden jedoch zwei Phasen noch einmal gesondert herausgegriffen, die sich aus dem dargestellten zeitlichen Rahmen herausheben. Es ist dies einmal eine frühe Übergangsphase vom vorsprachlichen zum sprachlichen Stadium, zum zweiten jene Zeit des langsamen Fortschritts im Spracherwerb, die im Durchschnitt nach dem Alter von fünf Jahren einsetzt. Bis dahin sind wichtige sprachliche Elemente und Regeln im Sprachrepertoire des Kindes vorhanden, doch gleichen die sprachlichen Möglichkeiten noch keineswegs denen Erwachsener.

Der zweite Hauptteil wurde mit einigem Bemühen in den angesprochenen Themen und ihrer Gliederung zu einem Spiegelbild des ersten gestaltet. Diese Darstellungsweise soll den Versuch verdeutlichen, die Parallelen zwischen beiden Prozessen herauszuarbeiten. Der Erwerb einer zweiten Sprache jedoch wirft einige Fragen auf, die in der Diskussion um den Erstspracherwerb noch weitgehend vernachlässigt werden. Für die lerntheoretische Interpretation ist der Erwerb einer zweiten Sprache, wie gesagt, grundsätzlich kein andersgearteter Lernvorgang als der Erwerb der ersten. Für eine mehr auf Entfaltung angelegte theoretische Formulierung müssen noch einige Punkte in die Überlegungen mit einbezogen werden, die mit dem Nebeneinander des Aufbaus zweier sprachlicher Regelsysteme und der Ausübung zweier Performanzen zu tun haben. Der zweite Teil befaßt sich zunächst mit Problemen des Erwerbs einer zweiten Sprache, und zwar auf zweierlei Weise. Einmal wird die natürliche Zweisprachigkeit in der Entwicklungsphase des Kindes anhand von Befunden näher beleuchtet werden, zum anderen werden auch die Probleme diskutiert werden müssen, die sich für die Performanz nach abgeschlossenem Aufbauvorgang zweier sprachlicher Regelsysteme ergeben. Die kognitive Psychologie, aber auch die Motivations- und Sozialpsychologie, können aufklären helfen, inwieweit zwei oder mehr Regelsysteme unabhängig voneinander aufgebaut und in Performanz umgesetzt werden können. Für die entwicklungspsychologische Fragestellung scheint es besonderer Aufmerksamkeit wert, ob eine Dominanz des einen Sprachsystems über das andere sich zwangsweise ergeben muß oder ob es identifizierbare Bedingungen gibt, die eine solche Hierarchie der Sprachsysteme nach sich ziehen. Es gilt, der Frage nachzugehen, ob sich in den Stadien der ersten Sprachentwicklung ein geordnetes Regelsystem nur innerhalb einer Sprache ergeben kann oder sich beliebig viele Relationen auch zwischen den von der Umgebung als verschieden klassifizierten Sprachsystemen ziehen lassen. Wenn sie einmal vollzogen sind und die Trennung in gewissen Phasen aufgehoben scheint, bleibt diese Vermischung von Sprachsystemen für ein bestimmtes Individuum für den Rest seines Lebens festgelegt.

Weiterhin muß die Frage geprüft werden, ob der Erwerb einer zweiten Sprache auf natürliche Weise oder durch intensiven Sprachunterricht zu jedem beliebigen Zeitpunkt im Laufe des individuellen Lebens einsetzen kann. Auch hier sind zunächst biologische Gesichtspunkte zu berücksichtigen. Nach Meinung Lennebergs (1964) sind dem effektiven Spracherwerb – und er denkt hier an den natürlichen Erwerb der ersten Sprache – gewisse Altersgrenzen gesetzt. Diese werden für den Zweitsprachenunterricht jedoch im allgemeinen überschritten. Die Erwachsenenbildung im Bereich des Zweitsprachenunterrichts wäre in Frage gestellt, wenn man diese Grenzen für alle Individuen als verbindlich hinnehmen müßte. Die Tatsachen stehen der Annahme fester Altersgrenzen auch entgegen. Es bleibt jedoch zu untersuchen, bis zu welchem Grad der Vollständigkeit ein sprachliches Regelsystem nach Erreichen der von Lenneberg genannten Altersgrenze aufgebaut werden kann. Auch muß geprüft werden, ob und wieweit ein Nacheinander des Erwerbs zweier Sprachen zur Abhängigkeit oder Unabhängigkeit ihres Regelsystems und ihrer Performanz in Beziehung steht.

Die Frage der Relation von Kompetenz und Performanz wird für die Zweisprachigkeit noch einmal neu aufgeworfen. Es ist das Problem anzugehen, inwieweit die Performanz jeweils von der Kompetenz nur in einem sprachlichen System gesteuert wird; weiterhin muß überlegt werden, ob überhaupt in allen sprachlichen Aspekten durchgehend bei Zweisprachigkeit ein unabhängiger Aufbau von zwei Regelsystemen möglich ist.

Die Erkenntnisse, die aus einer solchen Analyse der experimentellen Befunde und freien Beobachtungen gewonnen werden, sollen dazu dienen, die Aufmerksamkeit auf die Möglichkeit zu lenken, die das Studium des Zweitspracherwerbs bietet, Antworten zu finden auf wichtige noch offene Fragen des Spracherwerbs allgemein.

Erstspracherwerb

Kapitel 2

Grundlegende theoretische Standpunkte

Der Darstellung des Spracherwerbs, gegliedert nach einzelnen linguistischen Teilaspekten der Sprache, gehen einige kurze Abschnitte voraus, die das Verständnis der zahlreichen Einzeluntersuchungen erleichtern sollen. Die Untersuchungen gehen von unterschiedlichen theoretischen Standpunkten aus und die Einordnung ihrer Befunde in einen einheitlichen theoretischen Rahmen kann noch nicht geleistet werden. Deshalb ist es notwendig, wenn auch in knapper Form, einzelne grundlegend verschiedene theoretische Richtungen mit ihrem Forschungsansatz und der Interpretation ihrer Ergebnisse vorzustellen.

Die Analysen des Spracherwerbs in der Psycholinguistik standen mehr als ein Jahrzehnt unter dem starken Eindruck der von Chomsky entworfenen *Theorie der Transformationsgrammatik* (1957, 1962). Die Theorie systematisiert die Auffassung, daß die psychische Ausstattung des Menschen unter anderen die Fähigkeiten beinhaltet, eine Sprache zu erwerben. Der Erwerbsprozeß ist – genauer betrachtet – ein Prozeß der allmählichen Entfaltung einer angeborenen Fähigkeit (Kompetenz). Kompetenz wird von Chomsky definiert als Wissen um sprachliche Regeln, um Strukturen, wie sie sich in jeder Sprache auffinden lassen. Die Annahme universeller Sprachstrukturen gehört fest zu den theoretischen Überlegungen Chomskys. Die Möglichkeit, die Kompetenz zu entfalten, wird als Spracherwerbsmechanismus (language acquisition device) bezeichnet.

Chomskys Grundmodell läßt sich in folgendem Schema veranschaulichen:

Eingang: →	Spacherwerbs- →	*Ausgang:*
Sprachliche Daten	mechanismus des	Grammatik
der sozialen Umge-	Organismus	
bung		

Der Kompetenz wird der Sprechvorgang (Performanz) als Ergänzung gegenübergestellt. Während die Kompetenz definiert ist durch das Wissen um die Regeln, um die Übereinstimmung mit einem Standard, losgelöst von den Bedingungen der aktuellen Sprecher- oder Hörerbefindlichkeit, dem Kommunikationszusammenhang etc., enthält die Performanz gerade diese Bedingungen. Sie ist bedingt durch familiäre Sprachförderung, Aufmerksamkeitsschwankungen beim Sprechen, beim Hören von Gesprochenem usw., Performanz variiert individuell und gruppenspezifisch.

Betrachtet man nur die Kompetenz, so ist der Spracherwerb in erster Linie von den Entwicklungsgesetzen des sprechenden Organismus gesteuert. Die Performanz wird jedoch von der Kompetenz gesteuert, hängt aber auch von Umgebungsfaktoren ab.

Eine Unterstützung für seine Annahmen entnimmt Chomsky u. a. den folgenden Beobachtungen:

1. Der Zeitpunkt des ersten Auftretens von Sprache und von bestimmten Stufen der Sprachentwicklung sind beim Menschen festgelegt.

2. Kinder schließen den Erwerb der Grammatik schon mit etwa vier Jahren ab, obwohl die Standardsprache bis zu diesem Zeitpunkt nicht systematisch angeboten wird, die Kinder also kein genau definiertes Vorbild für den Aufbau einer eigenen Sprachkompetenz haben.

3. Das Kind konstruiert seine Regeln aus dem Sprachangebot der Umgebung und baut daraus seine eigene Grammatik. Diese Grammatik hat – je nach Stufe der Sprachentwicklung – einen eigenen Satz von Regeln.

Chomskys Ansatz schließt – wie die Bezeichnung ausdrückt – Transformationen mit ein. Transformiert werden die Sprachstrukturen, die den Gegenstand der Kompetenz bilden (Tiefenstrukturen) in die verschiedenartigen Oberflächenstrukturen der Performanz. Tiefenstrukturen sind Kernstrukturen, d. h. sie stellen nur grundlegende grammatische Satztypen dar. So können verschiedene Oberflächenstrukturen auf die gleiche Tiefenstruktur zurückgeführt werden: Verneinung, Frageform, Befehlsform, Passiv, Aktiv in verschiedenen Elementenfolgen im Satz usw.

In der Spracherwerbsforschung spielt die Transformationstheorie Chomskys bis heute noch die Rolle eines Bezugsrahmens, mit dem man sich auseinanderzusetzen hat; allerdings fällt die Umsetzung in experimentelle Versuchsanordnungen schwer, da die Begriffe Tiefenstruktur und Transformation experimentell kaum zu definieren sind.

Am Kompetenzbegriff Chomskys setzt hauptsächlich die Kritik an: Es werde nur die Grammatikalität der Sprache, also ihr Systemcharakter, berücksichtigt, die kommunikative Situation, in der Sprache als Mittel eingesetzt wird, vernachlässigt Chomsky dagegen völlig.

Diesen Vorwurf muß auch McNeill (1970) auf sich beziehen. Er schließt die Überlegungen Chomskys in seinen theoretischen Ansatz zum Spracherwerb ein, indem er die sprachtheoretischen Universalien Chomskys in konkrete grammatische Formen überführt, mit Inhalten ausfüllt. McNeills Beitrag zur Spracherwerbstheorie bestand deshalb in der Kategorisierung konkreter Grammatiken, die das Kind im Laufe des Spracherwerbsprozesses konstruiert.

McNeill relativiert die Position Chomskys, da er verschiedene Ausführungen linguistischer Universalien für möglich hält. Er unterscheidet zwischen einer starken, schwachen und einer mittleren Art. Schwache Universalien sind sowohl notwendig als auch hinreichend bedingt durch allgemeine Gesetzmäßigkeiten der Erkenntnis- und Wahrnehmungsprozesse. Starke linguistische Universalien lassen sich zwar als notwendige Folge von Wahrnehmungs- und Erkenntnisprozessen definieren, doch sind sie nur durch eine weitere linguistische Fähigkeit hinreichend begründbar. Die mittleren linguistischen Universalien lassen sich sowohl aus den linguistischen als auch den kognitiven Möglichkeiten des Individuums hinreichend ableiten; sie haben so keine notwendige Ursache.

Lennebergs Ausführungen zu einer biologisch begründeten Theorie des Spracherwerbs (Lenneberg 1972) beschreiben den Spracherwerb ebenfalls im wesentlichen als einen Reifungsvorgang, der durch Umweltreize lediglich ausgelöst wird.

Lenneberg stützt seine These auf die empirische Beobachtung, daß bei Kindern eine Gleichzeitigkeit von motorischer und sprachlicher Entwicklung gegeben ist, und diese sogar bei allgemeinem Zurückgebliebensein des körperlichen und geistigen Entwicklungsstandes erhalten bleibt. Weiterhin glaubt er, anhand der beim Menschen stark hervortretenden Funktionsteilung zwischen den beiden Gehirnhälften begründen zu können, daß Spracherwerb erst beim Menschen möglich wird. Zwischen zwei und dreizehn Jahren bildet sich diese Trennung in den Funktionen heraus und ist erst nach dem 13. Lebensjahr stärker festgelegt. Von ungefähr diesem Alter an sind Sprechen und Sprache auf der linken Hirnhälfte repräsentiert und werden von dort aus gesteuert. Weiterhin zeigt der Mensch eine besondere Wachstumskurve des Gehirns im Laufe seiner Entwicklung. Auch dies legt Lenneberg dahingehend aus, daß der Erwerb grammatischer Systeme an eine bestimmte Plastizitätsphase und an eine bestimmte Wachstumsfunktion gebunden sei.

In dieser kritischen Periode des Wachstums und der Hirnplastizität fallen nach Lenneberg auch andere Entwicklungen wie der Aufbau aller an den Erkenntnisprozessen beteiligten Teilmechanismen. Sie treten in Wechselwirkung mit dem Aufbau des sprachlichen Regelsystems. Die analytische Fähigkeit des Menschen, Ordnungskategorien zur Anpassung an die Umwelt und zu ihrer Bewältigung auszuarbeiten, schlägt sich unmittelbar im Spracherwerbsprozeß nieder.

Den bis jetzt dargestellten drei Positionen ist die Annahme gemeinsam, die Fähigkeit zum Spracherwerb sei angeboren (nativistische Position). Doch mit dieser knappen Formel läßt sich ein so komplexer Sachverhalt wie der Spracherwerb nicht fassen. Es würde eine völlige Blindheit für die Argumente der Gegenposition, des lerntheoretischen Ansatzes, bedeuten, wenn man jede Beteiligung von Lernvorgängen am Spracherwerbsprozeß bestreiten wollte. Brown und Fraser (1964) stellen ausdrücklich die Möglichkeit zur Diskussion, daß sowohl Lernen als auch die Konstruktion von Regeln mit Hilfe des Spracherwerbsmechanismus den Spracherwerbsvorgang bestimmen. Lernen komme vor allem für den Erwerb der ersten Worte (Ein-Wort-Sätze) in Frage, während mit fortschreitendem Sprachbestand die Induktion und Konstruktion von Regeln aus dem Sprachangebot der Umgebung beginne.

Die konsequente Annahme, der Spracherwerb beruhe ausschließlich auf Lernvorgängen, bezieht ihrerseits eine einseitige Position. Häufig genannte Vertreter dieser Richtung sind Skinner (1957), Staats (1968) und Mowrer (1960). Der Titel von Skinners Buch ›Verbales Verhalten‹ bringt bereits diese Grundüberzeugung zum Ausdruck. Sprechen und Sprache werden gelernt wie jedes andere Verhalten auch, wie motorische und soziale Verhaltensformen. Sie werden Schritt für Schritt nach den Regeln des operanten Konditionierens in das Verhaltensrepertoire des Kindes aufgenommen. Beim Spracherwerb wird im operanten Konditionierungsvorgang ein Laut zufällig produziert und dann unmittelbar belohnt (bekräftigt, verstärkt). Diese Verstärkung führt zu einer Erhöhung der Auftretenswahrscheinlichkeit dieses Lautes. Auf diese Weise werden auch die Bezüge der Laute zu Sachverhalten und Objekten gelernt, sowie Unterscheidungen und Beziehungen auf rein sprachlicher Ebene erworben.

Skinners Formulierungen zum Spracherwerb sind atheoretisch. Irgendwelche Annahmen über sprachspezifische Anlagen des Menschen oder überhaupt über nicht direkt im Experiment beobachtbare Gegebenheiten lehnt er entschieden ab. Diese Position kann sich nicht öffnen gegenüber dem nativistischen Ansatz, und entsprechend sind Integrationsversuche zwischen beiden Richtungen unterblieben.

Eine andere Variante der These, Spracherwerb sei nichts weiter als ein umfangreich angelegter Lernvorgang, ist die Annahme, Sprache werde über Nachahmung erworben. Diese Überlegung ist nicht erst durch die Verbreitung des Behaviorismus aufgekommen (vgl. Mowrer 1960), doch wurde sie von namhaften Vertretern der behavioristischen Strömung in der Psychologie vorgetragen (Thorndike 1943; Miller/Dollard 1941). Mowrer stellt 1960 noch einmal das Prinzip der Nachahmung in den Mittelpunkt seiner *autistischen Theorie des Sprachlernens*. Sowohl Tiere als zunächst auch Menschen lernen erste Worte, indem sie versuchen, durch ihre Laute diejenigen einer angenehmen (weil bedürfnisbefriedigenden) Person zu wiederholen und damit deren Gegenwart wiederherzustellen. Sprachvorbild kann nach Mowrer nur eine Person sein, die dem Kind emotional etwas bedeutet. Das Produzieren der Laute wird – auch ohne Anwesenheit und direkte Belohnung des Sprachvorbildes – bekräftigt durch die die Laute begleitenden angenehmen Empfindungen. Die Begleiterscheinung des Angenehmen erhalten die Laute durch ihre Verbindung mit der Vorstellung der angenehmen Bezugsperson; sie haben dann sekundär verstärkende Wirkung erhalten. Im Unterschied zu der Nachahmungstheorie von Miller und Dollard liegt die Verstärkung für das nachgeahmte Verhalten im Verhalten selbst und dessen emotionalen Begleiterscheinungen, während bei den ersteren eine Verstärkung für die Nachahmung aus anderer Quelle kommt. Die Version Mowrers wird von ihm selbst als ›autistisch‹ bezeichnet, da zur Verfestigung der imitierten Laute das Sprachvorbild nicht mehr wirksam werden muß.

Ein dritter theoretischer Ansatz umfaßt zahlreiche Vertreter, die sich in der Auffassung einig sind, man könne Spracherwerb nicht losgelöst von der kognitiven Entwicklung betrachten. Die Art der Wechselwirkung beider Entwicklungsverläufe wird jedoch verschieden konzipiert. Die genetische Psycholinguistik von Piaget und Vertretern seiner theoretischen Richtung (Inhelder und Sinclair) betrachtet den Spracherwerb als Teil der kognitiven Gesamtentwicklung: Die kognitive Entwicklung bestimmt den Verlauf des Spracherwerbs. Der Erwerb von Sprache wird gesehen als Aufbau von Symbolen in der kognitiven Organisation (Piaget 1969). Die Entwicklungsstadien, die den Spracherwerb bestimmen, setzen bereits ein bei der Entwicklung der sensomotorischen Intelligenzleistungen; sie sind charakterisiert durch die Koordination von Handlungen. Ferner durch die Entwicklung der ersten Kommunikationsmöglichkeiten (Äußerungen von Lautmustern bis zum Lallen und Plappern) und durch die Entwicklung der Möglichkeit, konkrete Gegebenheiten durch Symbole zu repräsentieren (Piaget 1972). Insbesondere Sinclair (1971) weist auf die Bedeutung der Handlungsmuster für die Entwicklung der Syntax hin. Steiner spricht sogar von einer vorsprachlichen ›Handlungsgrammatik‹ (1976). Bei fortgeschrittener kognitiver Entwicklung, im Stadium des formal-operatorischen Denkens, rückt die Sprache jedoch mehr in den Vordergrund des kognitiven Geschehens, da nunmehr verbale Bezeichnungen und Formulierungen von Merkmalen Elemente der kognitiven Prozesse sind und sie somit mitbestimmen.

Bruner (1971) dagegen postuliert von Anfang des Spracherwerbs an eine beherrschende Rolle der Sprache im Aufbau kognitiver Organisationen. Er erklärt die Sprache zum Medium der Erkenntnisprozesse. Auf Bruners Auseinandersetzung mit Piaget kann hier nicht weiter eingegangen werden (Bruner 1959, 1971).

Wiederum ein neuer Gesichtspunkt in den theoretischen Überlegungen zum Spracherwerb wird durch den funktionalen Ansatz eingebracht. Searle (1969), aber auch zahlreiche andere Untersucher im Bereich der psycholinguistischen Spracherwerbsforschung, interpretieren den Spracherwerb als ein Aufbauen der Fähigkeit, mit der Umwelt zu kommunizieren: Sprechen ist stets ein Dialog mit Partnern der sozialen Umwelt und damit nur aus dem Kommunikationskontext heraus zu erwerben. Die Analyse des Spracherwerbs findet nicht auf der Ebene der üblichen Einheiten (z. B. Worte, Sätze) statt, sondern auf der Ebene von Kommunikations- oder von Handlungsstrukturen.

Diese Grundpositionen erfahren durch die ständige Diskussion der Plausibilität ihrer Annahmen und durch das ständig anwachsende Datenmaterial zahlreiche Ergänzungen und Veränderungen. Diese Modifikationen sollen in den folgenden Abschnitten nachgetragen werden, sofern sie zur Deutung der dort dargestellten Befunde beitragen und das Verständnis nachfolgend zu behandelnder Einzelprobleme zu fördern versprechen.

Kapitel 3

Motivationale und kognitive Vorbedingungen

3.1 Motivationale Vorbedingungen

Geht man – etwa in Anlehnung an Chomsky – davon aus, daß das Kind seine Grammatik selbst konstruiert, so muß man fragen, welche psychologischen Gegebenheiten vorhanden sein müssen, um eine solche Konstruktion zu ermöglichen.
Zunächst erhebt sich die Frage nach den motivationalen Voraussetzungen für den Spracherwerb. Eine ausreichende Motivation für den Erstspracherwerb ist in der Regel vorhanden, wenigstens in der normalen Erziehungssituation. Allerdings können ungünstige Erziehungsumstände wie soziale Isolation die Sprachentwicklung verzögern; Fälle von völliger Verweigerung bei Kindern, die Sprache der sozialen Umgebung zu lernen, werden in der Literatur nicht berichtet. Bekannt ist das Krankheitsbild des Mutismus, bei dem der Kranke auf den Gebrauch der Sprache verzichtet, obwohl die Sprechwerkzeuge intakt sind und die Sprache beherrscht wird. Dabei zeigt sich die Stummheit oft nur gegenüber bestimmten Personen – ein deutlicher Hinweis darauf, daß psychische Faktoren, wie z. B. Angst, zur Verweigerung des Sprechens führen. Auch extreme Kontaktarmut bei Heimkindern kann eine solche Verweigerung zur Folge haben. Ein Verzicht auf den Sprachgebrauch bedeutet jedoch noch keine Ablehnung des Erlernens der Erstsprache.
Ein Lerntheoretiker wird argumentieren, daß die Motivation für den Spracherwerb – wie bei anderen Lernvorgängen auch – durch Belohnung, durch Bekräftigungen oder Verstärkungen zustande kommt. Die Äußerung von Lauten wird durch so-

ziales Verhalten des oder der Anwesenden – meist der Mutter – beantwortet, und zwar auf eine für das Kind angenehme Weise. Diese angenehme Reaktion kann eine liebevolle Zuwendung sein, die Befriedigung von körperlichen Bedürfnissen oder auch die Beseitigung von unangenehmen Umweltreizen.

Auf diese Weise wird nicht nur die Äußerung von Lauten überhaupt gefördert, sondern auch der Erwerb spezifischer, bedeutungshaltiger Lautmuster. Selbst bei komplexerem Sprachmaterial halten die konsequenten Lerntheoretiker unter den Psycholinguisten an diesem Erklärungsprinzip fest.

Wie beantworten jedoch die Psycholinguisten außerhalb der Lerntheorie die Frage nach der Motivation für den Erstspracherwerb? Die Theoretiker, die den Ansatz der generativen Grammatik bzw. der Transformationsgrammatik in die Spracherwerbsforschung hineintragen, nehmen keine besonderen motivationalen Anreize zum Erwerb der einzelnen Regeln an. Eine derartige Annahme würde dem Hauptargument der ›Nativisten‹ widersprechen, daß nämlich in verschiedenen Sprachräumen mit ihren verschiedenen soziokulturellen Bedingungen auffallend gleichförmige Verläufe der Sprachentwicklung zu beobachten seien. Eine solche Gleichförmigkeit wäre durch individuell-motivationale Bedingtheit nicht zu erklären. Die genannten Autoren bieten dafür die folgende Erklärung an: Die Fähigkeit zum Spracherwerb ist allen Kindern gegeben. Die Motivation, diese Fähigkeit zu entfalten, bedarf nur der Anregung, die durch den Kontakt des Kleinkindes mit der Pflegeperson entsteht.

Lenneberg (1967) stellt ausdrücklich die Frage, warum ein Kind zu einem festgelegten Zeitpunkt zwischen dem 18. und dem 28. Monat zu sprechen anfängt (S. 157). Kein bewußter Sprachunterricht setzt zu diesem Zeitpunkt plötzlich ein. Man kann auch nicht behaupten, das Kind beginne zu sprechen, weil es ein Bedürfnis danach empfindet, denn es kann mit gleicher Plausibilität die These aufgestellt werden, die Umwelt beginne von einem gewissen Entwicklungsstand des Kindes ab, sich ihm gegenüber anders zu verhalten und übe so einen Druck auf das Kind aus, Sprache zu verwenden. Da nach Meinung Lennebergs Bedürfnisse nur in subjektiver und logisch zirkulärer Weise zu definieren seien, sei es nutzlos, eine Untersuchung der relevanten Faktoren des Spracherwerbs mit einer Bedürfnishypothese anzufangen. Lenneberg hält es für günstiger, dem Reifungsvorgang selbst eine motivierende Funktion zuzuschreiben. Er möchte das Problem auf die Frage reduzieren, ob das

Auftreten der Sprache durch die Reifung sehr allgemeiner Fähigkeiten zu erklären ist, die Sprache und andere Einzelfähigkeiten ermöglicht, oder ob es für Sprechen und Sprache spezifische Bedingungen gibt, die um diese Zeit, unabhängig von anderen Fähigkeiten, gereift sind. Dieses Problem läßt sich jedoch nach dem gegenwärtigen Stand der psychologischen Forschung einer Lösung noch nicht näherbringen.

Im Bereich der Motivation des Spracherwerbs gibt es kaum empirische Untersuchungen, mit Ausnahme von Fallanalysen zum Krankheitsbild des Mutismus. Es drängen sich daher eine Reihe von Fragen auf, die einer Klärung bedürfen:

1. Der Zeitpunkt des Einsetzens des Spracherwerbs und damit die Dauer der vorsprachlichen Phase können um ein Jahr schwanken. Damit ist grundsätzlich nichts gegen die Annahme einer im menschlichen Organismus angelegten Sprachbereitschaft und der universellen Regelmäßigkeit ihres Entfaltungsverlaufes gesagt. Doch welches sind die Faktoren, welche die Schwankungen beeinflussen?

2. Was bewirkt die gegenüber einer Durchschnittsentwicklung vernachlässigte Aussprache, z. B. auffallend langes Beibehalten der Babyaussprache bei sonst altersgemäßer Grammatik?

3. Wie kommt es zu der Bevorzugung von wenigen, deutlich ausgesprochenen Worten bei einigen Kindern gegenüber Wortschwall-ähnlichen Äußerungen bei anderen, in denen nur einzelne Silben für einen Erwachsenen verständlich sind?

Die Liste der Fragen, die sich mit individuellen Schwankungen und deren möglichen motivationalen Ursachen befassen, könnte noch weiter fortgesetzt werden. Diese Fragen sind bis jetzt nicht ohne Grund unbeantwortet geblieben, denn es lassen sich die Motive mangels genauer Kenntnis der kognitiven Voraussetzungen für die einzelnen Stadien der Sprachentwicklung kaum von den kognitiven Bedingungen trennen.

3.2 Kognitive Vorbedingungen

Sprache ist – psychologisch betrachtet – kein isoliertes Phänomen, deshalb müssen andere Entwicklungsbedingungen in die Analyse des Spracherwerbs mit einbezogen werden. Das Ziel der Untersuchungen zum Spracherwerb sollte von psycholinguistischer Seite aus sein, den Zusammenhang zur allgemeinen kognitiven Entwicklung herzustellen. Insbesondere beim Erwerb von Grammatik und Semantik liegt die Suche nach einem solchen Zusammenhang nahe. Geht man davon aus, daß das Kind Regeln für grammatische Konstruktionen erwirbt, so muß es vorher kognitiv die physikalischen und sozialen Ereignisse, die in der Sprache verschlüsselt sind, verarbeitet haben; aber es muß auch fähig sein, speziell sprachliche Information aufzunehmen, zu organisieren und zu speichern. Nimmt man eine solche Parallelität ernst, so darf man z. B. nicht erwarten, daß sprachliche Aussagen über Ortsangaben gemacht werden können, noch bevor Ortsbestimmungen zum kognitiven Bestand des Kleinkindes gehören. Ortsbestimmungen werden nach den Untersuchungen Piagets (1955, 1971) vor Zeitbestimmungen vom Kind kognitiv verarbeitet. Diese Folge müßte sich auch im Spracherwerb wiederholen. Später noch darzustellende Untersuchungen zeigen diese Reihenfolge tatsächlich. Es kann jedoch durchaus sein, daß die linguistischen Mittel, mit deren Hilfe bestimmte kognitive Gegegenheiten ausgedrückt werden, so schwierig sind, daß selbst bei gelungener kognitiver Verarbeitung die Brücke zur sprachlichen Äußerung nicht geschlagen werden kann.

Ein Beispiel für eine solche schwierige linguistische Konstruktion ist die Mehrzahlbildung von Hauptwörtern im Arabischen (Omar 1973). Mengen von drei bis zehn Elementen erfordern ein Hauptwort im Plural, Mengen ab zehn dagegen haben das Hauptwort in der Einzahl. Dabei gibt es viele Unregelmäßigkeiten. Entsprechend berichtet Omar, daß Mehrzahlbildungen von arabischen Kindern sehr spät gelernt werden; an 15jährigen beobachtet sie Fehler, und zwar selbst bei häufigen Hauptwörtern. In anderen Sprachen werden Mehrzahlbildungen wesentlich früher beherrscht.

Die Frage nach linguistischer Komplexität und Einfachheit läßt sich bis jetzt nur empirisch nach dem Zeitpunkt bestimmen, an dem die sprachliche Konstruktion im allgemeinen auftritt. Dies kann man einmal vergleichend innerhalb eines Sprachraums tun, zum anderen aber auch vergleichend über verschiedene Sprachen hinweg. Wenn z. B. in der einen Sprache die Mehrzahl relativ regelmäßig durch Anhängen eines -s gebildet wird und in diesem Sprachbereich die Kinder früher Pluralaussagen sprachlich meistern können, so darf man schlußfolgern, daß Pluralbildungen kognitiv schon früher repräsentiert werden als dies anhand der sprachlichen Äußerung in nur einem Sprachraum (z. B. des Arabischen) zu folgern gewesen wäre. Natürlich läßt sich in einem so einfachen Fall wie der Mehrzahlbildung auch anhand nichtsprachlicher Beobachtungen die Aussage erhärten, daß sie zum kognitiven Bestand des Kindes gehören. In anderen Fällen ist aber die kognitive Forschung noch nicht so weit, solche Annahmen stützen oder widerlegen zu können, und man muß sich deshalb auf Vergleiche sprachlicher Leistungen stützen.

Sehr hilfreich können Beobachtungen an zweisprachig aufwachsenden Kindern sein, da hier individuelle und allgemeine kulturelle Schwankungen in der kognitiven Entwicklung leichter zu unterscheiden sind. Auch ein Vergleich des Zeitpunktes, an dem sprachliche Konstruktionen verstanden werden, mit dem Zeitpunkt, an dem sie ausgesprochen wurden, gibt Aufschluß über das Entstehen eines kognitiven Konzepts.

So deuten Befunde darauf hin, daß Inhalte dann früher gelernt werden, wenn sie durch eine Veränderung am Ende eines Wortes gekennzeichnet sind; sie werden später erlernt als z. B. Formulierungen mittels Präpositionen (Mikes 1967), d. h. durch Veränderungen am Anfang von Wörtern. Neben dem Problem, welche linguistischen Merkmale im kognitiven Verarbeitungsprozeß des Kindes zuerst berücksichtigt werden, müssen auch organismische Bedingungen einbezogen werden. Bekannt ist, daß Kinder eine begrenzte Aufmerksamkeitsspanne haben. Die Beschränkung in der Wortlänge frühkindlicher Formulierungen wird auf die beschränkte Kapazität des Kurzzeitgedächtnisses bei Kindern zurückgeführt.

Nach Piaget (vgl. auch Slobin 1973) läßt sich die These aufstellen, daß *zuerst* die kognitive Entwicklung einen gewissen Gang nimmt und ihr *dann* die linguistische Entwicklung folgt. Aus Untersuchungen, die den Kontext der Sprechhandlung mit einbeziehen, läßt sich z. B. erkennen, daß auch komplexere Ortsangaben bereits von Kindern im Zweiwortstadium ausgedrückt werden, und zwar mit Hilfe von Hauptwort-Hauptwort- und Hauptwort-Zeitwort-Zusammenstellungen. Ein Beispiel: ›Dose tun‹ drückt aus ›in die Dose tun‹. Die angemessene sprachliche Formulierung wird erst später beherrscht.

Eine Untersuchung von Parisi und Antinucci (1970) versucht, in differenzierter Weise den zeitlichen Vorsprung der kognitiven Entwicklung vor der linguistischen darzulegen. Die Autoren lehnen sich an die Piagetsche Theorie der Entwicklung räumlicher Vorstellungen an und leiten aus ihr ab, daß zunächst nur einfache räumliche Beziehungen wie ›in‹ oder ›auf‹ ausgedrückt werden, sowie elementare räumliche Vorstellungen, die einen euklidschen Raumbegriff voraussetzen wie z. B. ›vor‹, ›unter‹ und ›neben‹. Erst danach kommen komplexere räumliche Begriffe wie ›entlang‹ und ›durch‹. Ihre Analysen von Sprachmaterial deuten an, daß eine solche Folge von räumlichen Vorstellungen in einer Aufeinanderfolge zugehöriger sprachlicher Ausdrücke ihre Entsprechung findet. Slobin (1973) konnte in seinen vergleichenden Sprachuntersuchungen ebenfalls Belege für einen solchen Zusammenhang sammeln. Die nach Piaget relativ wenig schwankende Aufeinanderfolge von kognitiven Entwicklungsstufen, die er grundsätzlich als nicht umkehrbar verstanden wissen will, dient dem Ansatz Piagets, aber auch zahlreicher anderer Psycholinguisten nach ihm als Schrittmacher für die linguistische Entwicklung. Dabei möchten sowohl Piaget als auch Slobin nicht die Möglichkeit einer umgekehrten Wirkung, nämlich die von der Sprache auf die kognitive Entwicklung in ihre Überlegungen mit einbeziehen. Diese These war schon seit langem in der Soziolinguistik von Whorf (1963) und nach ihm von manchen anderen vertreten worden. Piaget schreibt 1967: »Sprache allein kann nicht das Denken erklären, denn die Strukturen des Denkens wurzeln in Handlungen und in sensomotorischen Vorgängen, die unterhalb des Sprachniveaus anzusiedeln sind« (S. 98).

Werner und Kaplan (1963) bestimmen den Verlauf der kognitiven Entwicklung durch ein Prinzip, das auch unmittelbar auf die sprachliche Entwicklung angewendet werden kann: Immer wenn Umschichtungen in der Funktion im Laufe der Entwicklung auftauchen, wird die neue Funktion erst einmal durch eine alte Funktion im Repertoire des Kindes ausgeübt, natürlich tritt früher oder später ein Druck auf, eine neue Form zu entwickeln, die der neuen Funktion in spezifischer Weise gerecht wird, d. h. der neuen Funktion dienlicher ist als die alte. Man kann dieses Prinzip wieder an den Ortsbestimmungen erläutern. Die neue Funktion, nämlich eine Ortsangabe in sprachliche Form zu kleiden, wird anhand des bekannten Formrepertoires von Hauptwort-Hauptwort (z. B. ›Aa-Hose‹) bzw. Hauptwort-Zeitwort (z. B. ›Mauer laufen‹) ausgeübt. Doch bald tauchen neue Formen auf, um den Ortsangaben sprachlichen Ausdruck zu verleihen, z. B. Präpositionen im Deutschen wie ›an‹, ›auf‹, ›über‹, ›unter‹ etc.

Miller und Ervin (1964) bemerken zu diesem Prinzip, daß der Druck, neue kognitive Strukturen auch in linguistische umzusetzen, meist zunächst über eine *idiosynkratische Übergangsform abläuft. Dann erst wird die Standardform erworben. Als Beispiel diene die Zeitform, um die vollendete Gegenwart im

* überempfindlich (?)

Englischen auszudrücken, die Perfektform. Erst bei Kindern von ungefähr vier Jahren taucht sie in den englischen Sprachprotokollen auf. Vorher wird die Vergangenheit bevorzugt und durch Zeitangaben wie ›jetzt‹ oder ›noch nicht‹ ergänzt, um das Perfekt auszudrücken (Cromer 1968).

Slobin (1973) geht davon aus, daß die kognitive Entwicklung, so weit sie sich in der Entwicklung der Bedeutungen äußert, in allen Sprachräumen gleichförmig abläuft. Kommunikationsabsichten sind seiner Meinung nach in der Regelmäßigkeit ihrer Entwicklung für universell anzusehen. Kann man diese These empirisch erhärten, so läßt sich der Schritt von der kognitiven Entwicklung des Kindes zur Konstruktion seiner grammatischen Regeln in den verschiedenen Sprachen verfolgen und allgemeingültige Regelmäßigkeiten ermitteln.

Kapitel 4

Untersuchungsmethoden

Die Untersuchungen des Erwerbs der Erstsprache stoßen auf eine Reihe von Schwierigkeiten, die sich teilweise aus der Tatsache ergeben, daß der Zusammenhang zwischen psychischen Gegebenheiten und Sprache in Einzelheiten völlig ungeklärt ist; teilweise ergeben sie sich aber auch aus dem Umstand, daß ein wichtiger Untersuchungszeitraum bei Kindern im Alter von einem bis drei Jahren liegt.

Das erste Problem ist zumeist: Inwiefern sind linguistische Befunde psychologisch interpretierbar? Eine linguistische Analyse der in der üblichen Weise erhobenen Sprachstichproben läßt allen Raum für Spekulationen über die psychologische Relevanz offen. Aussichtsreicher erscheint der Weg, die psychische Gegebenheit zu identifizieren, deren Auswirkung auf das Sprachverhalten plausibel erscheint, und sodann die Art der Wirkung zu ermitteln. Grundsätzlich ist damit nur eine Wirkungsrichtung in dem Gefüge Sprache – psychische Gegebenheiten erfaßt. Die entgegengesetzte Wirkungsrichtung, ein etwaiger Einfluß der Sprache auf psychische Gegebenheiten, läßt sich wohl auch nach dem neuesten Stand der Forschung nur über Korrelationsbestimmungen erfassen; zu ermitteln ist dann die Wahrscheinlichkeit, mit welcher definierte Sprachmerkmale zusammen mit psychischen Gegebenheiten auftreten.

Das zweite Problem, welches das Alter der Sprecher mit sich bringt, teilt die Psycholinguistik mit vielen entwicklungspsychologischen Bereichen. Wie diese muß sie vorwiegend Feldstudien mit möglichst intensiven Beobachtungen ansetzen, um ihr Material zu sammeln. Die Methoden können sich meist nicht nur auf eine rein sprachlich gestaltete Beobachtungssituation beschränken, da dies für die kleinen Versuchspersonen zu anspruchsvoll wäre. Ein Instruktionsverständnis bei rein verbalen Anordnungen ist bei Dreijährigen nicht immer gesichert.

Es lassen sich in der Spracherwerbsforschung zwei Methodenbereiche abgrenzen:
1. Methoden zur Untersuchung der Sprachproduktion und
2. Methoden zur Untersuchung des Sprachverständnisses.
Für dieses Kapitel soll dieses Ordnungsprinzip übernommen werden.

Weiterhin lassen sich die Methoden gruppieren in solche, die alle Aspekte des Spracherwerbs gleichzeitig untersuchen, nämlich Syntax, Semantik, Morphologie und Phonologie. Solche umfassenden Ansätze sind jenen gegenüberzustellen, die nur einen der genannten Aspekte in den Mittelpunkt stellen.

Methoden können weiterhin geordnet werden nach dem Grad der Annäherung an die experimentelle Versuchstechnik: Von der freien Beobachtung in der natürlichen Umgebung des Kindes bis zum eingeschränkten Untersuchungsvorgehen im Experiment.

Hinsichtlich der zeitlichen Ausdehnung der Untersuchungen lassen sich zwei weitere Gruppen unterscheiden: Längsschnitt- und Querschnittuntersuchungen. Die Längsschnittuntersuchungen verfolgen die Sprachentwicklung einzelner Kinder in den verschiedenen aufeinanderfolgenden Stadien. Hierbei handelt es sich in fast allen Fällen um ein rein beobachtend-deskriptives Vorgehen. Die Sprachproduktion wird über mehrere Jahre hinweg tagebuchartig notiert. Aus diesem Material werden Schlußfolgerungen über den allmählichen Aufbau von Sprachstrukturen gezogen. Dieses Untersuchungsvorgehen liegt den klassischen psycholinguistischen Untersuchungen zugrunde, die meist die Kinder der Sprachforscher selbst zu Beobachtungsobjekten haben (Stern/Stern 1907; Leopold 1939, 1947, 1949 a, b;

Ch. Bühler 1928, Bühler/Hetzer/Tudor-Hart 1927). Neuere Längsschnittstudien unterscheiden sich von den traditionellen dadurch, daß sie als Versuchspersonen nicht nur die eigenen Kinder der Untersucher wählen und Tonband- bzw. Filmaufnahmen (Video-Recorder) zum Protokollieren verwenden.

4.1 Methoden zur Ermittlung der Sprachproduktion

Die vollständige Aufnahme von spontanen Sprachstichproben auf Tonband oder Video-Band zieht notwendigerweise eine Beschränkung auf festgelegte Zeiten nach sich. Im Längsschnittverfahren beträgt die Zwischenzeit zwischen den einzelnen Aufnahmen meist vierzehn Tage. Mit wachsendem Alter der Kinder kann die Zeit jedoch ausgedehnt werden. Die Zeitspanne der Aufnahme beträgt meist mehrere Stunden (ca. 2 Stunden im Durchschnitt).

Die Spontaneität der Sprachproduktion innerhalb des Beobachtungszeitraumes kann variiert werden (Ervin 1964). Um die Sprachproben von Kind zu Kind möglichst vergleichbar zu erhalten, werden bestimmte Interaktionsgegebenheiten (z. B. Personen oder Aufgaben) eingeführt, die wiederum für das Kind der Anlaß sein sollen, Sprachverhalten in einem vorgegebenen Rahmen zu zeigen. Je spontaner jedoch die Sprache des Kindes in der Versuchssituation sein kann, um so eher ist der Anspruch zu rechtfertigen, den gesamten Sprachbestand des Kindes, soweit er produzierbar ist, ermittelt zu haben. Bei gezielt hervorgerufenen Sprachproben kann das nur durch eine große Vielfalt von vorgegebenen Sprachanreizen erreicht werden.

Eine *Analyse* des gesammelten Materials hat zum Ziel, die Sprachregeln, das linguistische System, zu identifizieren, und dies möglichst unbeeinflußt von der Systematik der Erwachsenensprache. Ein Vorschlag zur Analyse des Materials stellt das Verfahren der *distributional analysis* dar (Brown/ Fraser 1964; Braine 1973). Es werden Worte aus dem Material zusammengestellt, die stets im gleichen Kontext auftauchen. Dieser Methode liegt die Annahme zugrunde, solche Worte gehörten der gleichen grammatikalischen Klasse an, die im gleichen linguistischen Kontext erscheinen. Bei dieser Art der Analyse läßt sich der Einfluß des Untersuchers schwerlich ausscheiden. Er kann nur solche Klassifizierungen vornehmen, die sich aus einem eigenen Sprachsystem ableiten lassen. McNeill (1970) weist auf diese Schwäche ausdrücklich hin. Je mehr sich die Gruppierung nach gleichem Kontext ausdehnen muß auf einen in der Bedeutung ähnlichen Kontext, um so subjektiver muß das Ergebnis der Analyse ausfallen. Die Gruppierungen von Wörtern im gleichen Kontext ergeben ein Regelsystem nach Art einer summativen Aufzählung.

Ein solches Vorgehen kann natürlich nur eine Beschreibung der linguistischen Performanz der Versuchsperson sein. Eine Aussage über die Kompetenz, also über das, was das Kind an grammatischen Möglichkeiten *weiß*, läßt sich auf die eben beschriebene Art nicht gewinnen. Noch so sorgfältig erhobene Sprachproben provozieren nicht alle linguistischen Möglichkeiten des Sprechers. Die Methoden der Materialanalyse gehen von bestimmten linguistischen Einheiten wie Sätzen oder Worten aus, die nicht notwendigerweise linguistische Einheiten für das betroffene Kind sein müssen. Neuere Untersuchungen deuten an, daß für das Kind die *Intention* richtungsweisend ist und sich in einem Sprechakt als *Einheit* ausdrückt (Antinucci/Parisi 1972). Braine (1973) dagegen glaubt, das implizite Wissen um sprachliche Strukturen bei Kindern durch Notieren der Häufigkeiten von Äußerungen und durch Beobachtung von Formulierungen erfassen zu können, die als Ersatz für vorherige Äußerungen der Kinder auftauchen. Braine greift dabei auf die Erfahrung zurück, daß Kinder ihre eigenen Äußerungen in der gleichen Situation wiederholen, indem sie frühere, kürzere durch längere, ausführlichere Äußerungen ersetzen. Bei älteren Kindern können auch ähnliche Texte die Sprachproduktion gezielter anregen. Braine geht bei der Zusammenstellung der sprachlichen Strukturen vom Kriterium der ›Einfachheit‹ aus. Er meint, der Komplexitätsgrad des linguistischen Regelsystems sei nicht höher anzusetzen als aus dem Bestand der Sprechäußerungen entnommen werden könne. Das Vorgehen Braines erlaubt jedoch auch keine eindeutigen Rückschlüsse auf eine implizite Grammatiktheorie, aus der sich Klassen und Regeln der Performanz erst herleiten lassen. Braine selbst erkennt diesen Einwand für das Verfahren der Häufigkeitsanalyse an, nicht ganz trifft er seiner Meinung nach auf die Analyse der spontanen sprachlichen Erweiterung zu.

Je enger jedoch die Fragestellung der Untersuchung ist, z. B. wenn nur die Frage der Entwicklung von Verneinungen zur Diskussion steht (Bellugi/Brown 1964) – um so fruchtbarer erweist sich die Beschränkung der spontanen Sprachproduktion auf einzelne Typen von Satzkonstruktionen. Dies kann am einfachsten bewirkt werden durch verschiedene Techniken, die bestimmte sprachliche Äußerungen provozieren. Gebräuchliche Techniken zur Erzeugung sprachlicher Äußerungen sind:

1. Wiederholen von Sätzen mit verschiedenen linguistischen Strukturen (Test des Kurzzeitgedächtnisses).
2. Umformen eines Satzes nach einem gegebenen Beispiel (Aktive Form: ›Der Junge schlug das Mädchen‹ soll in die passive Konstruktion umformuliert werden: ›Das Mädchen wurde von dem Jungen geschlagen‹).
3. Satzergänzungen nach bestimmter Musterstruktur: Musterstruktur: ›Der Junge wusch sich‹. Aufgabe: ›Das Mädchen wusch . . .‹; zu ergänzen ist dann ›sich‹.
4. Ergänzung der richtigen Inflektion bei sinnvollen Wörtern oder sinnlosen Worterfindungen. Zum Beispiel zur Ermittlung von kindlichen Mehrzahlbildungen: ›Hier ist ein Haus; da sind viele . . . (Häuser)‹.

Vor allem die unter 1. und 3. angeführten Techniken erfreuen sich großer Beliebtheit. Wie Untersuchungen zeigen, wird gerade das Wiederholungsverfahren (elicited imitation) in der Hoffnung verwendet, die dem Kind eigenen linguistischen Regeln zu entdecken (Slobin/Welsh 1967). Das Kind kann keineswegs alle Strukturen der Erwachsenensprache einfach nachsagen, sondern formt sie nach den ihm eigenen Regeln um. Die Produktionen des Kindes sind also keine Nachahmungen, sondern Rekonstruktionen nach eigenem Regelbewußtsein.

Die Methode kann zugleich auch als Technik zur Prüfung des Sprachverständnisses eingesetzt werden. Sie erlaubt, die Rekonstruktionen auf ihre Abweichungen zum Vorbild hin zu analysieren. Gibt die Rekonstruktion den gehörten Inhalt falsch wieder, so wird auf mangelndes Verständnis der angebotenen Konstruktion geschlossen. Es dürfte allerdings schwierig sein herauszufinden, welchen Anteil die mechanische Reproduktion und welchen Anteil das verständnisvolle Verarbeiten an der richtigen Wiederholung haben. Diese Methode ist jedoch nicht geeignet, die linguistische Kompetenz aufzudecken. Die Rekonstruktionen können z. B. je nach Länge des Satzes beeinträchtigt werden, da die Aufmerksamkeitsspanne bei Kindern gering und schwankend ist; Kontextassoziationen, inhaltliche Gegebenheiten, Komplexität der syntaktischen Struktur, alle diese Faktoren können sich auswirken und den Rückschluß auf die Kompetenz in Frage stellen. Kognitive Vorgänge, vor allem Abläufe im Kurzzeitgedächtnis, Wahr-

nehmungsstrategien, Kategorisierungsprozesse bestimmen das
Entstehen linguistischer Kompetenz und deren Umsetzen in
Sprechäußerungen.

Die beiden unter 3. und 4. angeführten Satzergänzungstechni-
ken erfordern eine sorgfältige Auswahl der vorgegebenen Satz-
teile. Sie werden häufig noch durch nichtsprachliches Material
unterstützt, da die Versuchspersonen die Aufgabe sonst nicht
bewältigen können. Es sollen zwei Untersuchungen in ihrer
Anlage geschildert werden, um den Einsatz dieser Techniken
zu veranschaulichen.

Mehrere Satzergänzungen in einer Versuchssituation von kleinen Kindern zu fordern, erweist sich nach Mehler (1971 a, b) nur
dann als möglich, wenn die Aufgabe durch irgendeine Art von
Spiel für die Kinder einen Anreiz gewinnt. Als die beste Appa-
ratur, die die Aufmerksamkeit der Kinder fesselt, erweist sich
ein Telephon. Wenn die Kinder den Hörer abnehmen, hören
sie einen gesprochenen Satz, der durch Rauschen (Meeres-
rauschen) teilweise verstümmelt beim Hörer ankommt. Die
Sätze und das Rauschen sind auf Tonband aufgenommen; sie
werden durch das Abnehmen des Hörers in Gang gesetzt. Auf
dem Tonband sind vom Versuchsleiter Sätze von der Art gesprochen: ›Das Geräusch wird von dem Mann gehört‹; eine
verstümmelte Version dieses Satzes kann dann lauten: ›Das
– wird von dem – gehört‹. Das Kind soll nun sagen, was es
gehört hat. In der Antwort wird eine spontane Ergänzung der
Satzlücken erwartet, aus der man Rückschlüsse auf die Gram-
matikkenntnisse der Versuchspersonen ziehen kann. Diese Anordnung ist erst bei Kindern ab vier Jahren zu verwenden. Bei
kleineren Kindern müssen noch zusätzlich Bildhilfen eingeführt
werden. Die Bilder stellen einen möglichen Sachverhalt dar, der
verbalisiert werden muß.

Je kontrollierter die Sprechsituation, um so näher rückt die
Versuchsanordnung an das in der Psychologie übliche Experiment. Ein Beispiel für ein solches Experiment mit sprachlichen
Ergänzungen von der Art der unter 4. genannten, ist der Versuch von Berko (1958) zur Frage der Regeln zur Mehrzahlbildung bei Kindern. Sie gibt auf einer Vorlage eine Phantasiefigur vor und benennt sie mit einem erfundenen Namen (z. B.
›Wug‹). Auf dem nächsten Bild sind zwei Exemplare dieser
Phantasiefigur gezeichnet. Es wird auf dieses zweite Bild gezeigt und erklärt: ›Dies sind zwei . . .‹ und von der Versuchsperson die Ergänzung von ›Wug‹ in der ihr bekannten Mehr-
zahlform erwartet.

Wie aus den Beispielen zu ersehen ist, kann es ein Umsetzen des Chomskyschen Kompetenzbegriffes in experimentelle oder allgemein empirische Techniken nicht geben. Ein Operationalisieren des Begriffes bedeutet immer zugleich auch eine Begriffsänderung gegenüber der Chomskyschen Definition (vgl. Leuninger/Miller/Müller 1972). Chomsky selbst meldet zu dem Verfahren der Sprachproduktion grundsätzliche Bedenken an:

»Es ist absurd, eine Grammatik zusammenzustellen, die unmittelbar Sprechäußerungen beschreiben soll. ... Im Gehirn des Sprechers ist eine Grammatik repräsentiert, die in idealer Weise die Struktur der Sätze seiner Sprache wiedergibt. Wenn er nun wirklich spricht oder verstehen soll, wirken noch viele zusätzliche Faktoren auf die Sprachproduktion ein. Der Sprecher könnte gerade verwirrt sein, er könnte gerade an etwas anderes denken, er könnte seine Absicht im Verlaufe des Sprechens ändern etc. Da fast alle Sprachproduktionen auf diese Weise bedingt sind, ist eine Zusammenstellung von Äußerungen des Sprachrepertoires fast unnütz für auch nur die oberflächlichste linguistische Analyse« (Chomsky 1964, S. 36).

Dieser Kritik wird mit der Entwicklung mehr indirekter Methoden begegnet, wie sie die Techniken zur Prüfung des Sprachverständnisses darstellen.

4.2 Methoden zur Ermittlung des Sprachverständnisses

Untersuchungen des Sprachverständnisses lassen im allgemeinen eindeutigere Schlußfolgerungen zu als Analysen von Sprachproduktionen. Fehlen in der Sprachproduktion eines Kindes gewisse grammatikalische Kategorien, so kann dies einmal bedeuten, daß es sie nicht in seinem Sprachbestand hat, zum anderen aber auch, daß sie ihm zwar grundsätzlich zur Verfügung stehen, jedoch Randbedingungen (z. B. Aufmerksamkeitsschwankungen) ihren Gebrauch in der jeweiligen Beobachtungssituation verhindern. Es gibt verschiedenartige Versuche, das Sprachverständnis zu prüfen. Von einer bewährten Methodik in diesem Bereich kann man aber noch nicht sprechen.

Die einfachste Form für einen Test des Sprachverständnisses ist die Beobachtung, inwieweit Anweisungen in entsprechendes Verhalten umgesetzt werden können. Schon bei sehr kleinen Kindern ist ein solcher Verständnistest anwendbar und erlaubt deshalb Rückschlüsse auf die frühen Phasen des Spracherwerbs.

Allerdings sind die sprachlichen Stichproben, die auf diese Weise erhoben werden können, in ihrem Umfang begrenzt. Shipley, Smith und Gleitman (1968) verwenden diese Methode. Sie geben Kindern Verhaltensanweisungen, wie z. B. ›Ball‹, ›Wirf den Ball‹, ›Bitte, Hans, wirf den Ball‹ und registrieren das nachfolgende Verhalten. Sie wandeln die Technik ab, indem sie neue, sinnlose Worte in die Anweisungen einflechten und die Reaktion des Kindes beobachten.

Fügt der Untersucher sinnlose Worte ein, kann die Überprüfung des Verständnisses allerdings nicht eindeutig erfolgen. Eine genaue Befolgung der Anweisung ist offensichtlich bei sinnlosen Satzteilen nicht möglich. Es bleibt offen, auf welchen Teil des Satzes das Kind reagiert, explizit auf den sinnvollen Teil, auf eine Assoziation, die der sinnlose Teil hervorgerufen hat, oder auf Extrapolation von den sinnvollen Teilen aus (z. B. auf das Verständnis von ›Ball‹ mit ›werfen‹ zu reagieren, weil das die übliche Funktion von Bällen ist). Um der Begrenztheit der Testmöglichkeiten mit dieser Methode zu begegnen, sollte man Verständnistests entwerfen, die im Bereich des linguistischen Materials bleiben. Der bereits erwähnte Wiederholungs- oder Nachahmungstest dürfte diese Forderung erfüllen. Eine Nachahmung der Erwachsenensprache bedeutet zunächst ein Verständnis des Vorgesagten. Je freier, aber dem Inhalt nach doch richtig, eine Wiederholung der Erwachsenensprache ausfällt, um so sicherer kann die Schlußfolgerung gezogen werden, daß das Verständnis gegeben ist. Anders als im Wiederholungstest zur Sprachproduktion liegt hier das Augenmerk auf einer nicht-wörtlichen Wiederholung des Vorgesagten. Slobin und Welsh (1967) wenden diese Methode auch erfolgreich bei Zweijährigen an. Sie unterscheiden dabei zwischen bedeutungserhaltenden Variationen und solchen, die von einem Mißverständnis der Bedeutung zeugen. Die Methode hat zweifellos den Vorteil, einen breiten sprachlichen Bereich testen zu können, vorausgesetzt, die Aufmerksamkeit des Kindes kann auf die Aufgabe gelenkt werden. Dies macht zweifellos mehrere Vorgaben grammatikalisch gleichwertiger Sätze notwendig.

Eine weitere Variante der Technik, vorgegebene Sprachstrukturen auf ihr Verständnis hin zu überprüfen, besteht darin, der Versuchsperson einen Satz mit bestimmter Struktur (z. B. Verneinung) vorzusagen und ein Bild auswählen zu lassen, auf dem der ausgedrückte Sachverhalt dargestellt ist (z. B. ›Zeig mir das Bild, auf dem der Junge nicht sitzt‹).

Innerhalb des von der Chomskyschen Theorie gesetzten Untersuchungsrahmens hat sich bei Linguisten die Technik eingebürgert, die hier vorgesagte grammatische Konstruktion intuitiv als ›richtig‹ oder als ›falsch‹ beurteilen zu lassen. Diese Methode versagt jedoch bei jüngeren Kindern unter 4 Jahren. Aber wer sich einmal mit den Reaktionstendenzen von Kindern im Kindergartenalter vertraut gemacht hat, wird auch bezweifeln, ob die Methode vor dem Schulalter gültige und zuverlässige Ergebnisse erbringen kann.

Das ferne Ziel der Methoden der Sprachproduktion und des Sprachverständnisses besteht darin, Grammatiken für Kindersprache zu erstellen, denn trotz aller Kritik gehen viele Autoren davon aus, daß die Methoden Aufschluß geben über die Kompetenz des Kindes. Vertreter dieses Ansatzes sind: Miller und Ervin (1964), Bloom (1971), Brown und seine Mitarbeiter (Brown/Fraser/Bellugi 1964; Brown/Cazden/Bellugi 1968) und McNeill (1970).

De Villier und de Villier (1974) melden jedoch eine grundsätzliche Kritik an der Gültigkeit der eben beschriebenen Verfahren an. Sie äußern folgende Bedenken:

1. Wann soll eine Regel in die Grammatik aufgenommen werden? Es vergeht oft ein Jahr vom ersten Erscheinen eines Morphems in der Sprache eines Kindes bis zu einer neunzigprozentigen Verwendung des Morphems im gleichen Kontext (Brown 1973; Cazden 1968; de Villier/de Villier 1973). Brown bemerkt, daß für eine bestimmte Zeitspanne der Gebrauch neuer Elemente nur mit einer eingeschränkten Wahrscheinlichkeit zu erwarten ist. Es sollte nach Variablen gesucht werden, die diese Wahrscheinlichkeit bedingen. Satzlänge oder Wichtigkeit der Mitteilung könnten solche Parameter sein, doch liegen hierzu keine Hinweise vor.

2. Die meisten Beschreibungen der kindlichen Sprachkompetenz haben eine Stichprobe kindlicher Sprachproduktionen zur Grundlage. Chomsky selbst verwirft diesen Ansatz (Chomsky 1964), meint jedoch hauptsächlich damit die Datensammlung, wie sie in der traditionellen Linguistik gehandhabt wurde: Es ist die Erhebung ohne systematische Variation der Situation, d. h. auch des Sprachkontextes, in der ein bestimmtes neues Element erscheinen soll. Nur bei vielfältig variierten Erhebungssituationen kann in der Variation der Sprachproduktionen die Kompetenz erschlossen werden. Insbesondere sind stets Verständnis und Produktion, beides Aspekte der Performanz, miteinander zu vergleichen.

Chomskys eigene Kriterien für das Notieren einer Regel, die Teil der Kompetenz eines Hörers oder Sprechers geworden ist, kann man nach Moravcsik (1969) so zusammenfassen:

1. Die betreffende Regel paßt auf die relevanten Aspekte des Verhaltens.
2. Die Regel bildet eine verläßliche Grundlage zur Vorhersage des zukünftigen Verhaltens.
3. Beim Sprecher/Hörer muß ein intuitives Wissen um die Regeln und Abweichungen von den Regeln vorhanden sein.

Das erste Kriterium wird in der Entwicklungspsycholinguistik vor allem herangezogen; generative Linguisten ziehen das dritte Kriterium heran, um Grammatiken für die Erwachsenensprache zu erstellen. In der Psycholinguistik wird dieses Kriterium nun auch für Kinder verwendet, soweit sie eine solche Beurteilung bewältigen können.

De Villiers und de Villiers fragen zu Recht, ob bei Kindern ein solches implizites Wissen um Regeln überhaupt angenommen werden darf. Mit der Methode der Erhebung gleicher syntaktischer Regeln unter verschiedenen Bedingungen der Performanz konnten sie nach dem Kriterium eine bestimmte syntaktische Regel noch nicht feststellen, während diese in der Produktion und im nichtverbalen Indikator für das Verständnis einer Regel bereits fast ein Jahr früher festzustellen war.

Es handelt sich bei diesem Versuch um den Gebrauch der Subjekt-Verb-Objekt-Folge, die eine bestimmte Bedeutung enthält. Die Autoren schlagen vor, ein anderes Kriterium in Erwägung zu ziehen, etwa das von Fodor (1968) eingeführte Prinzip der ›optimalen Simulation‹. Optimal bedeutet hier eine Form der Beschreibung, die am besten die tatsächliche Performanz des Kindes mit allen systematischen Fehlern und Beschränkungen in der Anwendung der Regeln abbildet. Die optimale Simulation braucht kein allgemeines Modell für das grammatische Wissen eines Kindes zu sein, denn es besteht kein zwingender Grund für die Annahme nur einer einzigen Regel, die sich in verschiedenen Performanzvarianten äußert.

Daran knüpft sich nun die entwicklungspsychologisch wichtige Frage, warum bestimmte semantische und wahrnehmungsmäßig repräsentierte heuristische Prinzipien (Bever 1970 b) gebildet werden und wie aus ihnen syntaktische Regeln hervorgehen, die man bei älteren Kindern ohne Schwierigkeiten erkennen kann (Gleitmann u. a. 1972). In welchem Alter tritt zuerst eine Generalisation einer Regel von einer Performanzart zur anderen auf?

Fodor (1972) schlägt vor, die kognitive Entwicklung am besten als ein allmähliches Erweitern zunächst sehr spezifischer Fähigkeiten (quite specific computational abilities) aufzufassen, mit deren Hilfe nur eine kleine Menge von Aufgaben bewältigt werden kann. De Villiers und de Villiers möchten dieser Auffassung auch im Bereich der Spracherwerbsforschung Geltung verschaffen. Die Ansicht hätte zur Folge, daß man die Kompetenz jeweils bezogen auf eine Performanzvariante definiert, wobei überprüft werden müßte, welche Performanzbevorzugungen im Laufe des Spracherwerbsprozesses einander abwechseln.

4.3 Interaktionsanalysen

Eine andere Gruppe von Untersuchungen bezieht in ihre Versuchsanordnungen nicht nur die Prüfung des Verständnisses linguistischer Einheiten oder deren spontane oder provozierte Verwendung mit ein, sondern erfaßt das Sprechen des Kindes auch als Handhabung und Kommunikationsakt in seinem Lebensraum. Insbesondere wird die kommunikative Funktion des Gesprochenen gleichwertig neben der Sprachstruktur im Spracherwerbsprozeß analysiert. Die Registrierung sprachlicher Äußerungen oder Anzeichen von Sprachverständnis sind eingebettet in systematische Interaktionsbeobachtungen, die den gesamten Kontext wiedergeben (z. B. Kowal und Caesar 1975). Die interaktionsanalytischen Methoden der Sozialpsychologie (vgl. Weick 1968) finden hier in veränderter Form erneute Verwendung.

Kapitel 5

Der Erwerb von Lauten und Lautmustern

5.1 Begriffsklärungen und Überblick

Bei der linguistischen Betrachtung des Erwerbs von Lauten und Lautmustern in einer bestimmten Sprache sollten die folgengenden drei Aspekte sorgfältig voneinander getrennt werden:

1. Die Diskrimination von Phonemen. Phoneme sind die kleinsten unterscheidbaren Lauteinheiten einer Sprache (z. B. e oder ə). Wie weit sind Hörer und Sprecher in der Lage, zwischen verschiedenen Phonemen zu diskriminieren (d. h. Unterscheidungen zu treffen)?

2. Die Ausbildung phonetischer Regeln. Phonetik ist die Analyse und Klassifikation von Lauten (Phonemen) beim Sprechen (Artikulieren), Hören und bei der Übertragung der Laute vom Sprecher zum Hörer (z. B. kann man einige Konsonanten gemeinsam der Gruppe der Lippenlaute zuordnen). Wie weit sind Hörer und Sprecher in der Lage, Ähnlichkeitsmerkmale von Phonemen und regelhafte Zusammenhänge zwischen Phonemen zu erfassen (z. B. die offene Aussprache verschiedener Vokale)?

3. Die Ausbildung phonologischer Regeln. Phonologie ist die Lehre von der Anordnung von Phonemen in einer Sprache, von der Herstellung von Lautfolgen, die in einer Sprache als aussprechbar gelten, und der Beziehungen solcher aussprechbaren Folgen zur tatsächlich gesprochenen Sprache (z. B. kommen im Italienischen Konsonantenhäufungen, wie wir sie aus dem Polnischen oder Tschechischen kennen, nicht vor). Das Kind baut mit dem Erwerb der Phoneme gleichzeitig auch ein Wissen darum auf, welche Phonemkombinationen in seiner Erstsprache bzw. in anderen Sprachen, die es kennt, üblich sind.

4. Die Ausbildung von Betonungs- und Intonationsregeln. Lautfolgen weisen sprachtypische Betonungen und eine begleitende Tonmelodie auf (z. B. steigt bei einer Frage gegen Ende des Fragesatzes die Tonhöhe an). Betonung und Intonation tragen zum Verständnis des Inhaltes von Gesprochenem entscheidend bei.

Dieses Kapitel beinhaltet vorwiegend Untersuchungen zum Phonemerwerb und zur Ausbildung von Betonung und Intonation; die Entwicklung der Aussprache ist dabei für eine psychologische Darstellung nur am Rande von Interesse. Dagegen sollte der Entwicklungsverlauf im Bereich der Phonologie in diesem Kapitel einen breiten Raum einnehmen. Es fehlen allerdings gerade im phonologischen Bereich umfassendere Untersuchungen, aus denen man Regeln für diesen Aspekt des Spracherwerbs ableiten könnte (vgl. dazu McNeill 1970; Leuninger/Miller/Müller 1972). Die Analyse des Erwerbs von Lautmustern, soweit sie Gegenstand der Phonologie ist, wird erschwert durch den Umstand, daß die Sprachproben ebenfalls die Entwicklung der Aussprache wiederspiegeln: Mit dem Erwerb der richtigen Aussprache erwirbt das Kind gleichzeitig ein System phonologischer Regeln. Die Verzahnung beider Aspekte muß nach dem gegenwärtigen Stand der Untersuchungen hingenommen werden. Kriterien für ihre Trennung liegen nicht vor.

Der Erwerb der Lautmuster, wie sie in der Erwachsenensprache zu hören sind, setzt voraus, daß das sensumotorische System des Kindes schon weit genug fortgeschritten ist, um diese Laute in allen ihren wesentlichen Merkmalen unterscheiden und aussprechen zu können. Angemessene Unterscheidungen müssen also auf der Ebene des Hörens und des Aussprechens erworben werden. Die einzelnen Laute in der Sprachumgebung des Kindes sind für die verschiedenen Sprachen nur zum Teil spezifisch. Keine Sprache enthält alle möglichen Lautmuster, die die menschlichen Sprechorgane hervorbringen können. Das sensumotorische System des Kleinkindes paßt sich im Laufe seiner Entwicklung immer mehr an die sprachspezifischen Lautmuster an, die ihm seine unmittelbare Umgebung anbietet. Mit zunehmendem Alter verliert das System offenbar an Flexibilität, wie Beobachtungen beim Lernen einer zweiten Sprache nach dem Kindesalter zeigen. Je fortgeschrittener das Alter des Zweitspracherwerbs, um so schwieriger wird es, die Aussprache der zweiten Sprache zu bewältigen (s. Hauptteil II).

Die Laute der Sprache bestehen aus Lautsegmenten oder Phonemen. Jedes Phonem wiederum läßt sich einem Bündel unterscheidbarer Merkmale (distinctive features) zuordnen. Eines davon ist z. B. das Merkmal der Stimmhaftigkeit bzw. Stimmlosigkeit. Die Merkmale sind meist dichotomisch, d. h. sie treten in zwei Varianten ›vorhanden‹ oder ›nicht vorhanden‹ auf. (Stimmlos ist beispielsweise das ›s‹ am Ende von Haus, stimmhaft dagegen sind beide ›s‹ in sausen.) Auch diese Phonemmerkmale sind zum Teil sprachspezifisch.

Die Phoneme werden beim Sprechen in bestimmte Folgen gebracht, die leicht oder weniger leicht auszusprechen sind; dies gilt auch für eingeübte erwachsene Sprecher. Die Aussprechbarkeit von Lautfolgen hängt zusammen mit der Häufigkeit, mit der sie in der gesprochenen Sprache vorkommen. Schwierig auszusprechende Worte werden vermieden, bzw. Kleinkinder ersetzen schwierige Laute in Lautfolgen durch leichtere. Welche Regelmäßigkeiten beim Phonemerwerb beobachtet werden können, wird im folgenden Abschnitt näher dargestellt.

Phonemfolgen werden überlagert von Betonungsmustern (Akzentmustern): Bestimmte Laute werden gegenüber anderen hervorgehoben; z. B. wird bei zweisilbigen Verben im Deutschen stets die erste Silbe betont (géhen). Neben der Akzentuierung ist aber auch der Wechsel der Tonhöhen, der einen ganzen Satz begleitet, teilweise sprachtypisch. Das Erheben der Stimme am Ende eines Fragesatzes ist in vielen Sprachen zu hören, doch sind andere ›Satzmelodien‹ für einzelne Sprachen insgesamt oder einzelne ihrer Regionen typisch. Der ›singende‹ Tonfall des Kölners produziert das einsilbige ›Nää‹ (nein) gleich mit einer komplexen Tonfolge. Der Sinn ganzer Sätze mit gleichlautendem Wortlaut kann durch den begleitenden Tonfall beim Sprechen verändert werden. Eine gewisse Tonmelodie deutet die einfache Informationsfrage an, eine andere drückt die spöttische Einstellung des Sprechers aus, wiederum eine andere macht den gleichen Satz zur Drohung. Alle diese Aspekte muß das Kind unterscheiden und bestimmten Inhalten zuordnen lernen.

Theorien in diesem Bereich müssen auf sorgfältigen empirischen Erhebungen mit breit gestreuten Sprachstichproben aufbauen; auch Stichproben von Kindern aus verschiedenen Sprachgruppen sollten in ausreichender Zahl vertreten sein. Die älteren einschlägigen Untersuchungen beschränken sich meist auf wenige Versuchspersonen; die theoretischen Schlußfolgerungen erscheinen daher empirisch ausgerichteten Forschern zu wenig durch Daten gestützt. Sie sehen deshalb ihre Aufgabe darin, weitere Sprachstichproben zu erheben, um eine breitere Interpretationsgrundlage zu gewinnen. Im Falle der Theorie des Phonemerwerbs von Jakobson (1941) ist dies mit einiger Systematik geschehen. Andere theoretische Ansätze, wie z. B. die Analysen von Chomsky und Halle (1968) weisen ebenfalls den Weg für einige weitere Arbeiten, doch ist hier die Zahl der Nachfolgeuntersuchungen geringer. Es liegen aber eine Reihe von unabhängigen Einzeluntersuchungen vor, die wichtige Ergebnisse beisteuern können. Sie sollen hier kurz berichtet und, wenn möglich, theoretisch eingeordnet werden.

Jede theoretische Überlegung im Bereich des Phonemerwerbs sollte davon ausgehen, welche physikalisch-physiologischen Bedingungen in der körperlichen Entwicklung jeweils für bestimmte Phasen des Phonemerwerbs anzunehmen sind. Die körperlichen Voraussetzungen legen einerseits der Wahrnehmung von Lauten bzw. Phonemen Beschränkungen auf, andererseits setzen sie der Lautproduktion Grenzen. Eine Darstellung dieser Bedingungen würde jedoch den Rahmen einer psychologischen Betrachtung sprengen. Es wird lediglich im entsprechenden Zusammenhang auf einige Hypothesen Lennebergs (1967) und Liebermans (1967) hingewiesen werden.

5.2 Lautäußerungen: Untersuchungen und theoretische Ansätze

Der Erwerb von Phonemen erfolgt in Phasen, die mit einer gewissen Regelmäßigkeit einander ablösen. Diese Aussage läßt sich, das Ergebnis dieses Kapitels vorwegnehmend, verallgemeinern. Die Diskrimination von Phonemen beginnt früher als der Erwerb phonetischer und phonologischer Regeln. Der Säugling bringt gleich nach seiner Geburt Laute hervor, und diese verändern im Laufe der vorsprachlichen Zeit des Kleinkindes ganz deutlich ihre Merkmale. Erst mit dem beobachtbaren Bemühen, die Laute auf ein bestimmtes Lautmuster einer Sprache hin zu formen, kann man jedoch von Phonemerwerb sprechen.

Bever (1961) grenzt im vorsprachlichen Säuglingsalter drei Perioden der Lautentwicklung ab:

Periode I: 0–4 Monate. Sie ist gekennzeichnet durch einen sehr schnellen Wechsel in der Häufigkeit und der Vielfalt von *vokalähnlichen Lauten*. Ein langsamerer Wechsel ist für die Konsonanten zu beobachten.

Periode II: 4–11 Monate. Mit ungefähr vier Monaten treten an die Stelle der häufigen Wechsel wellenartig verlaufende Häufigkeitskurven in der Produktion von vokalähnlichen Lauten (etwa in der Zeit zwischen 5 und 6 Monaten); ungefähr einen Monat später beobachtet man eine ähnlich wellenförmige Häufigkeitskurve bei den Konsonanten, insbesondere bei den mit den Zähnen (dental) und Lippen (labial) geformten Konsonanten. Danach kommt noch ein Höhepunkt in der vorsprachlichen Lautentwicklung, der sich in der Häufigkeit des Erscheinens neuer Konsonanten ausdrückt. Es folgt ein Stillstand.

Periode III: ab 11–12 Monate. In dieser Periode setzt die Entwicklung von Phonemen der Umgebungssprache ein.

Die Phaseneinteilung stimmt mit derjenigen Cruttendens (1974) ungefähr überein. Beide betonen das frühe Auftauchen von Vokalen gegenüber Konsonanten, und beide setzen den Beginn der Phonementwicklung, d. h. der Entwicklung von Lauten der Umgebungssprache, ungefähr für das Ende des ersten Lebensjahres an. Bever stellt diesem Verlauf der Lautentwicklung im ersten Lebensjahr Reifungsprozesse des Zentralnervensystems zur Seite. Er führt dazu aus:

»Die Zyklen der Vokalentwicklung sind bedingt durch Phasen der neurologischen Entwicklung.

(a) Gleichzeitig mit dem ersten Zyklus (vielleicht auch eine Folgeerscheinung desselben) kann man eine erste Ebene der neurologischen Organisation der Vokalisationen des Säuglings ansetzen.

(b) Das Ende des ersten Zyklus ist die Folge des beendeten Reflexstadiums, das auf Hemmungstätigkeit der Hirnrinde zurückzuführen ist.

(c) Die zweite Periode tritt dann auf, wenn die Hirnrinde allmählich wieder beginnt, die Aktivitäten erneut zu organisieren, die sie zuvor gehemmt hat. Die unterschiedlichen Lautäußerungen in der ersten und zweiten Periode können auf die niedrigere und höhere Form der neurologischen Organisation zurückgeführt werden. ... Die zweite Periode ... wird oft als Vorbereitungszeit für den Spracherwerb bezeichnet. ... Sie spiegelt wahrscheinlich den Prozeß der Integration von Lautäußerungen und kortikaler Organisation wieder« (S. 47).

Periode I wird in der Literatur meist als *Phase des Gurrens,* Periode II als *Phase des Lallens oder Plapperns* bezeichnet. *Periode I.* Die Zahl der Untersuchungen, die sich mit diesem sehr frühen Stadium der Lautäußerungen beschäftigt, ist gering. Es sollen hier drei Arbeiten berichtet werden, die trotz ihres verschiedenen methodischen Ansatzes einander ergänzend über Lautäußerungen der ersten Monate berichten.

Mit Hilfe von Tonbandaufzeichnungen untersuchen Stark, Rose und McLagen (1975) die Lautäußerungen einer Stichprobe von Säuglingen im Alter zwischen 0 und 8 Wochen. Sie klassifizieren die aufgezeichneten Laute in (a) Schreien, (b) Unbehagenslaute und (c) vegetative Laute (›Bäuerchen‹ usw.). Erst am Ende der achten Woche treten die als ›Gurren‹ bezeichneten Vokalisationen auf, übrigens zusammen mit dem ersten Lächeln.

Die Autoren trennen also gegenüber Bever noch eine Vorphase zur Periode I ab. Sie stellen in dieser Phase nur einen beschränkten Umfang an Lautbildungen fest, in denen lediglich ein geringer Teil der Laute der Umgebungssprache vertreten ist (in diesem Fall Englisch).

Eine russische Untersuchung von Tonkava-Yampolskaya (1973) registriert den Klang von Lautäußerungen ganz junger Säuglinge, um der Frage nachzugehen, ob die Äußerungen in diesem Alter irgendwelche Informationsmuster aufweisen. Die Verfasserin analysiert die Äußerungen nach einigen physika-

52

lisch-akustischen Merkmalen, und zwar mit Hilfe eines Klang-analysators, der die Informationsmuster objektiv zu definieren erlaubt: Lautstärke, Frequenz des Grundtones, Zeitaufteilung bestimmter Merkmale in einer vorgegebenen Dauer. Zusätzlich werden noch in Eindrucksurteilen die begleitenden emotionalen Zustände festgehalten. Die Versuchsprotokolle ergeben für den ersten Monat nur die Lautäußerung des Schreiens, das unangenehme Zustände begleitet. Im zweiten Monat beginnen sich die Äußerungen schon zu differenzieren; bei Anwesenheit von Erwachsenen lassen sich Laute des Unbehagens von Lauten der Zufriedenheit (Gurren) trennen. Im dritten Monat vermögen die Kinder bereits einen als glücklich zu beschreibenden Zustand auszudrücken und zu lächeln. Bis zum sechsten Monat ändert sich an diesen Grundkategorien nichts, wenn auch die Vielfalt der Laute zunimmt.

Lewis (1970) faßt die Befunde verschiedener anderer Untersuchungen und seine eigenen zu Lautäußerungen und Intonationsmustern zusammen und gelangt dabei zu einem ähnlichen Ergebnis wie die beiden bereits dargestellten Arbeiten. In der frühen vorsprachlichen Phase trennt der Säugling nur grob verschiedene Ausdrucksmöglichkeiten, und zwar auf der Ebene der Betonung und Information. Wenn auch Phonemerwerb und Betonung im Laufe des Erwerbs von Sprachlauten parallel laufen, so beherrschen in der frühen Phase die Betonungs- und Informationsmuster die Ausdrucksmöglichkeiten. Dann erst beachtet das Kind Laute bzw. Phoneme; diese Phase muß man schon als Anfang der Periode II ansehen.

Das Vorherrschen der Intonation bzw. Betonung gegenüber der Produktion differenzierter Einzellaute legt die These nahe, daß der Erwerb des Phonemrepertoires einer Sprache den Weg vom Globalen zum Spezifischen einschlägt. Diese Regelmäßigkeit im Verlauf des Erwerbsprozesses belegen Lenneberg (1967) und Lieberman (1967) an Hand von vergleichenden Intonations- und Betonungsuntersuchungen mit mehreren Sprachen. Gerade bei Betonungsmustern lassen sich nach Lieberman gleichmäßige Verläufe feststellen, die seiner Ansicht nach durch die Atmungstechnik bedingt sein müssen. Er nimmt eine angeborene Ökonomie der Atmung an, die sich bereits im Schreien des Neugeborenen äußert: Eine zunächst steigende, dann gleichbleibende oder leicht fallende, dann eine stärker fallende Lautstärkenkurve. Zunächst zeigen die Betonungsmuster diesen Verlauf mit großer Regelmäßigkeit; aber mit wachsendem Alter wird dieses Grundmuster variiert. Dies geschieht in auffallender Weise in der schon früh beobachtbaren Frageintonation, in der zum Schluß der Lautfolge noch einmal die Stimme angehoben wird. Nach Lieberman zeigen die frühen Lautbildungen, besonders klar aber die frühen Intonations- bzw. Betonungsstrukturen, wie in einen angeborenen Rahmen hinein lediglich Differenzierungen und Variationen erworben werden.

Periode II. Die Rolle des Lallens oder Plapperns für den nachfolgenden Spracherwerb ist noch weitgehend ungeklärt, zumal auch die Grenze zwischen vorsprachlicher und sprachlicher Phase des Kindes fließend ist. Es muß wohl eine Übergangsperiode angesetzt werden, in der das Lallstadium allmählich in die Phase des Spracherwerbs übergeht.

Bis vor einigen Jahren herrschte in der Linguistik die Meinung vor, im Lallstadium werde ein umfangreicher Bestand an Lauten geäußert, die teilweise vom Kind überhaupt nicht in der sprachlichen Umgebung gehört werden können. Man stellte sich den Gang des Lauterwerbs so vor, daß die Umgebungssprache mehr und mehr als Vorbild herangezogen und aus dem umfangreichen Lautbestand nach und nach eine Auswahl getroffen werde, bei welcher Laute aus der Umgebung beibehalten, andere aber aufgegeben werden. Diese These wird u. a. auch von dem bekannten Theoretiker des Phonemerwerbs, Jakobson (1941) vertreten. Dem ersten Eindruck nach scheint diese Annahme auch zuzutreffen, doch eine Reihe von Untersuchungen mit Tonbandregistrierung von Lautäußerungen können diese Annahme nicht bestätigen.

Wie der bereits dargestellten Untersuchung von Stark u. a. (1975) zu entnehmen ist, verfügen Kinder jedenfalls bis zum Alter von acht Wochen nur über einen beschränkten Bestand an Lauten. Dieser ist eher zu erweitern, als daß sich daraus eine Auswahl treffen ließe, um zu den Lauten der Umgebungssprache zu gelangen. Cruttenden (1974) ergänzt diese Untersuchung mit Tonbandregistrierungen von Zwillingen im Lallstadium. Auch seine Analyse der unterscheidbaren Laute ergeben nur wenige Kategorien von Lautbildungen. Die Variationsbreite der Lautäußerungen in diesem Stadium erscheint demnach weit weniger umfangreich zu sein als vorher angenommen.

Dieser Befund und auch die Beobachtung, daß die Kinder versuchen, Laute der Erwachsenen nachzubilden, spricht gegen die Hypothese einer großen Streubreite von Lauten zu Beginn des Lauterwerbs, aus denen sich dann durch Auswahl die Laute der Umgebungssprache herauskristallisieren. Man muß mit gleicher

Plausibilität die alternative Hypothese in Betracht ziehen, daß nämlich der Lauterwerb im Lallstadium bereits eine mehr oder weniger gezielte Vorbereitung auf den späteren Erwerb von Phonemen der Umgebungssprache leistet.

Diese zuletzt genannte Hypothese wird weiterhin gestützt durch eine Arbeit von Oller, Wieman, Doyle und Ross (1976). Ebenfalls mit Tonbandgeräten nehmen sie die Lautäußerungen von fünf Kindern in der zweiten Hälfte des ersten Lebensjahres auf. Doch nur ›sprachähnliche‹ Äußerungen werden berücksichtigt. Es werden die sogenannten ›vegetativen‹ Laute, Weinen, Schreien, Lachen usw. ausgeschieden. Von den ›sprachähnlichen‹ Äußerungen werden auch nur solche einbezogen, die sich aus mindestens einer Silbe zusammensetzen. Die Silbe sollte mindestens einen Konsonanten erhalten. Es zeigt sich erneut, wie eingeschränkt die Lautmuster im Lallstadium sind, verglichen mit allen möglichen Lauten, die in den Phonetiken verschiedener Sprachen zusammengestellt sind.

Wie wenig zufällig wahrscheinlich das Lautgeschehen im Lallstadium ist, zeigt eine Analyse des Erscheinens einiger Phoneme. Die Autoren stellen eine Bevorzugung derjenigen Konsonanten fest, die im frühen sprachlichen Alter als Ersatz für schwierige Konsonanten angeboten werden: z. B. d vor k. Oller u. a. gehen so weit, aus ihrer Untersuchung auf eine angeborene Anlage zum Erwerb von Phonemen in einer bestimmten Folge zu schließen. In Anlehnung an den von Chomsky eingeführten Ausdruck ›Spracherwerbsmechanismus‹ nehmen sie einen angeborenen ›Phonemerwerbsmechanismus‹ an, der den Erwerb phonologischer Regeln mit umfaßt (innate phonological acquisition device). Dieser soll bereits im vorsprachlichen Alter den Rahmen für den Erwerb bestimmter Lautfolgen abstecken, so daß von Beginn der Lautäußerungen an eine Steuerung des Erwerbsprozesses erfolgen könnte.

Mehler (1971) berichtet von Untersuchungen des holländischen Phonetikers Tervoort, der die Lautäußerungen von Kindern der vorsprachlichen Phase aus der holländischen Sprachgemeinschaft mit gleichaltrigen Kindern aus anderen Sprachgemeinschaften vergleichen ließ. Er ließ Beurteiler entscheiden, ob das Kind im Lallalter aus einer holländischen oder einer anderen Sprachgemeinschaft stammte. Die Urteile zeigten eine Übereinstimmung, die erstaunt: Es konnte ›holländisches‹ von nicht-›holländischem‹ Lallen unterschieden werden. Tervoort schloß daraus, daß sprachspezifische Betonungs- und Intonationsmuster schon vor der Phonementwicklung übernommen werden.

In Studien zum Erwerb von Betonungen finden sich Hinweise, welche eine solche Deutung ebenfalls unterstützen. So findet Nakazima (1962) bei seinen Versuchspersonen in der zweiten Hälfte des ersten Lebensjahres bereits Wiederholungen gehörter Betonungen bzw. erste Versuche, Betonungen nachzuahmen. Gegen Ende des ersten Halbjahres werden längere Lallmonologe bereits in einzelne Einheiten (Silben) gegliedert, Tonhöhe und Betonung werden verändert und unter Umständen wird die Stimme gegen Ende einer Lallfolge erhöht, ähnlich der Intonation eines Fragesatzes.

Weitere genaue Beobachtungen zu diesem Problem wären wünschenswert, schon deshalb, weil die vorhandenen Berichte Alternativdeutungen nicht ausschließen. So ist – besonders in der erwähnten holländischen Arbeit – nicht ausreichend gesichert, daß nicht doch erste Artikulationsversuche die Zuordnungen der Beurteiler bestimmen (Bever 1971).

Meistens wird unterstellt, daß die Betonungs- und Intonationsmuster eine bestimmte Bedeutung darstellen und das Kind mit ihnen diese Bedeutung ausdrücken will. Doch muß das nicht notwendig so sein. Kinder im Lallstadium lassen auch Muster hören, die sie frei variieren, ohne einen inhaltlichen Zusammenhang aufzuweisen. Im Kapitel über den Erwerb von Bedeutungen in der Sprache wird die Frage nach der Bedeutungshaltigkeit von frühen Lautäußerungen noch einmal ausführlich diskutiert werden. Inwieweit es sich hier um ein Vorstadium handelt, in welchem Betonungen und Intonationen erstmals in Anlehnung an die Bedeutung von Lautfolgen erworben werden, könnte nur eine genaue Kenntnis der Sprechsituation ergeben, in der die Lautfolgen hervorgebracht werden. Wichtig ist dabei vor allem die Kenntnis des allgemeinen Sprachangebotes, der das Kind ständig umgebenden Personen, sowie des speziellen Sprachanreizes in der Versuchssituation.

Zusammenfassend kann man für den Lauterwerb in den ersten beiden Perioden feststellen, daß Regelmäßigkeiten im Erscheinen bestimmter Lautgruppen und Betonungsmuster nachgewiesen werden können. Die Nachweise müssen allerdings insofern kritisch bewertet werden, als die Klassifikation von Lauten und Lautmustern bzw. Betonungen und Intonationsmustern jeweils subjektiv nach den phonologischen Regeln des beteiligten Versuchsleiters vorgenommen werden. Eine Kontrolle dieser Klassifikationen durch unabhängige andere Beurteiler ist bei den Untersuchungen meist unterblieben. Wichtig wäre auch, eine Auswahl von Beurteilern mit verschiedener Sprachzugehörigkeit einzubeziehen. Es bleibt auch problematisch anzunehmen, der vom Erwachsenen auf den Tonbandaufzeichnungen wahrgenommene Grad der Differenziertheit entspreche dem vom Kind beherrschten. Theoretisch zeichnet sich in den Versuchen eine Deutung der Befunde ab, die von Lieberman (1967) und Kaplan (1969, 1971) so formuliert wird:

1. Im ersten Lebensjahr reagiert das Kleinkind auf globale Merkmale der Sprache wie Betonungen und Verkettungen von Lauten, auf das ›suprasegmentale System der Sprache‹.

2. Die globalen Einheiten führen zum Erwerb von Einheiten gleichen Umfanges in anderen Sprachbereichen: z. B. zu semantischen und syntaktischen Mustern. Sie können dazu beitragen, linguistische Einheiten wie Satz, Teilsatz, Wörter und Silben zu entdecken.

Das chronologische Geschehen würde demnach vom Globalen im phonologischen Bereich zunächst zu globalen Einheiten in anderen Sprachbereichen führen und sodann zu allmählichen weiteren Differenzierungen. Inwieweit tatsächlich zuerst phonologische Einheiten erworben werden und in ihrem Differenzierungsgrad die übrigen sprachlichen Bereiche beeinflussen, muß noch offenbleiben. Im Kapitel über den Erwerb von Bedeutungen werden jedenfalls weitere Überlegungen einzubeziehen sein, die davon ausgehen, daß Handlungen die primären Einheiten sind, die den Umfang der Einheiten in den anderen Sprachbereichen bestimmen.

Periode III. Viele Autoren verlegen den Beginn des Phonemerwerbs in diese dritte Phase, die um den ersten Geburtstag herum angesetzt wird. Heute bereits klassisch zu nennende umfassendere Untersuchungen stammen aus den vierziger Jahren (Irwin 1946, 1947, 1948): In diese Zeit fällt ebenfalls die Veröffentlichung der einflußreichen Theorie des Phonemerwerbs von Jakobson (1941).

Irwin unternimmt eine Reihe von Studien über den Erwerb von Phonemen an amerikanischen Kindern. Er faßt seine Beobachtungen zusammen in folgenden Regeln: Im ersten Jahr treten zunächst die konsonantenähnlichen Laute auf, die im hinteren Teil des Mundes gebildet werden, danach folgen die im vorderen Teil des Mundes geformten. Laute wie ›k‹, ›g‹, ›ch‹ (als Rachenlaut) erscheinen also vor ›p‹, ›b‹‹ und ›t‹. Für die vokalähnlichen Laute ist die umgekehrte Reihenfolge zu beobachten: Zunächst werden Vokale vorn im Mund gebildet (z. B. ›i‹ und ›e‹), und im weiteren Verlauf des ersten Jahres sind auch ›a‹ und ›u‹ zu hören. Für das zweite Jahr, der dritten Periode, in der auch bereits bedeutungshaltige Lautkombinationen versucht werden, stellt Irwin die umgekehrte Reihenfolge fest; erst überwiegen Konsonanten der vorderen Mundpartie und Vokale im hinteren Mundteil. Diese Beobachtung ist bereits früher bestätigt worden (Jakobson 1941).

Eine systematische Analyse des Phonemerwerbs von der dritten Periode an stammt von dem russischen Linguisten Jakobson (1941, 1969). Sein theoretischer Ansatz gründet auf der Theorie der Unterschiedsmerkmale (distinktive Merkmale, distinctive features). Die Menge der Phoneme einer Sprache organisieren sich in einem System von Gegensätzen. Ein maximaler Kontrast ist beispielsweise gegeben bei den ersten Lautkombinationen des Kleinkindes ›pa‹ und ›ma‹, welche die Sprechperiode eröffnen. Bei dem Laut ›a‹ öffnet sich die Mundhöhle am weitesten, bei ›p‹ wird sie am festesten verschlossen. Beim ›m‹ und ›a‹ liegt ebenfalls ein maximaler Kontrast vor.

Mit dem Erwerb des Kontrastes wird auch gleichzeitig die Unterscheidung von Konsonant und Vokal eingeführt. Die Abhebung der Konsonanten voneinander folgt wiederum nach dem Grundsatz des maximalen Kontrastes: Zunächst wird die konsonantische Trennung von ›ü‹ (nur mit dem Mund gebildet) und ›m‹ (mit Mund und Nasenraum gebildet) erworben. Danach tritt die zweite konsonantische Spaltung auf: ›t‹ kommt hinzu; das ›t‹ wird mit Zähnen und dem oberen Zahndamm geformt und unterscheidet sich somit maximal von den beiden bereits vorhandenen Konsonanten. Als nächster Schritt tritt eine vokalische Spaltung auf. Im maximalen Kontrast zu ›a‹ folgt ›i‹, ein Vokal, der mit engem Mund geformt wird. Im Kontrast zu ›a‹ (ungerundet) folgt dann ›u‹ (gerundet).

Von Jakobson werden noch mehr Kontrastdimensionen angeführt: z.B. stimmhafte oder stimmlose Laute, vibrierende und nicht vibrierende Laute. Aber nur eine kleine Anzahl von solchen Kontrasten kennzeichnen die Phoneme einer Sprache (maximale Anzahl 12). Sie werden von Jakobson als universal angesehen. Für den Spracherwerb stellt Jakobson die allgemeine These auf, es würden zu einem Zeitpunkt keine Einzelphoneme, sondern Kontraste erworben (Prinzip des gleichzeitigen Erwerbs kontrastierender Laute). Die Kontraste werden – nach Jakobson – in regelmäßiger Reihenfolge nacheinander angeeignet, und zwar stehen an erster Stelle solche, die in fast allen Sprachen auftauchen. Dazu gehört z.B. der Kontrast vibrierend, nicht-vibrierend (›t‹↔›s‹; ›d‹↔›z‹). Die Phonemhäufigkeit in der Erstsprache des Kindes spielt dabei keine Rolle.

Jakobsons Begründung für seine These lautet: Die universalen Kontraste sind die für den menschlichen Organismus am besten unterscheidbaren Laute, sie können deshalb leichter erworben werden. Je sprachspezifischer bestimmte Laute sind, um so später tauchen sie im Phonemerwerbsprozeß auf (z. B. die französischen Nasallaute). Der Autor stellt die stufenartige Erwerbsfolge der wichtigsten Phoneme in einem Stufenschema dar. Bestimmte Merkmale (features) müssen bereits erworben sein, ehe andere angeeignet werden können.

Figur 1: Zeitliche Folge des Erwerbs von Phonemen nach Jakobson

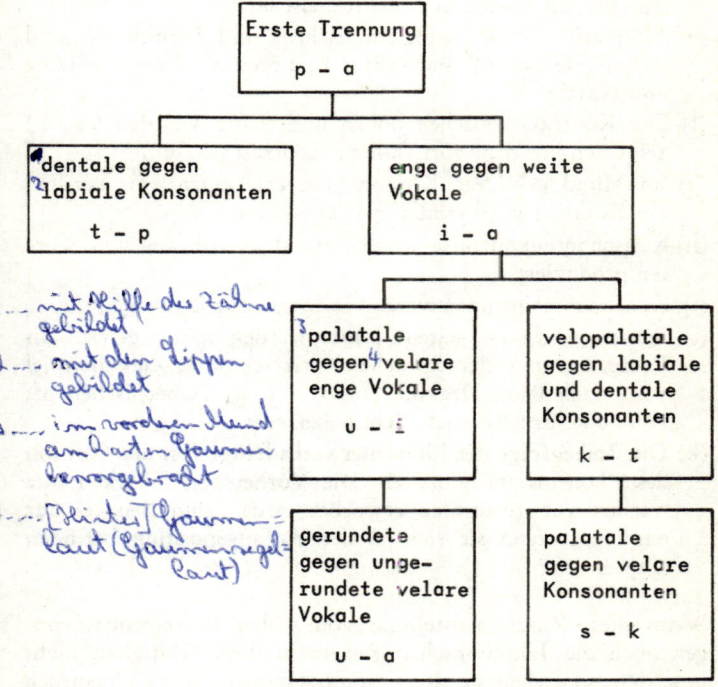

Die Theorie der Phonementwicklung forderte nach ihrer Veröffentlichung zu zahlreichen Untersuchungen heraus, welche die schmale empirische Basis, auf der sie aufgebaut ist, erweitern sollten.

Es kann in diesem Kapitel nicht auf Einzelarbeiten eingegangen werden. Es sollen jedoch summarisch, in Anlehnung an eine Zusammenfassung von Ervin-Tripp (1973) unterstützende Befunde zusammengestellt werden:

(a) Der Vokal/Konsonantenkontrast wird wahrscheinlich zuerst erlernt.

(b) Der Kontrast zwischen Verschlußlauten und Kontinuanten (Frikativ und Spirans) (›p‹ gegen ›m‹ oder ›f‹) erscheint früh, wobei der Kontinuant entweder ein frikativer oder nasaler Konsonant sein kann.

(c) Verschlußlaute erscheinen vor Frikativen.

(d) Wenn zwei Konsonanten einander in der Aussprache gleichen, ist der eine labial, der andere dental oder alveolar (›p‹/›t‹); als Folge davon fehlt meist ›k‹.

(e) Affrikative (›ch‹, ›j‹ im Englischen) und Liquide (›l‹ und ›r‹ im Englischen) sind später zu hören als Verschlußlaute und Nasale.

(f) Der Kontrast zwischen hohen und tiefen Vokalen (›a‹/›i‹) zeigt sich vor dem vorn/hinten-Kontrast (›i‹/›u‹).

(g) Im Mund gebildete Konsonanten erscheinen vor nasalen; der Kontrast wird relativ spät erworben.

(h) Konsonantenkontraste werden zuerst am Anfang von Worten produziert.

(i) Konsonantengruppen werden spät erworben.

(j) Sprachspezifische, seltene Laute werden später gelernt als Laute, die in vielen Sprachen vertreten sind. Zum Beispiel wird nach Ruke-Dravina (1973) – ř im Tschechischen oft von Schulkindern noch nicht beherrscht.

(k) Die Reihenfolge des Phonemerwerbs hängt von der Position des Phonems im Wort ab. Die Vorhersage, labiale Laute werden vor gutturalen erworben, trifft zum Beispiel nur dann zu, wenn sie sich in der Anfangsposition befinden (Ingram 1974).

Wenn diese Zusammenstellung von vielen Einzelbeobachtungen auch die Jakobsonschen Regeln in ihrer Gültigkeit nicht beweisen, so stehen sie doch zumindest nicht im Widerspruch zu ihnen und stellen sie damit auch nicht in Frage. Ernsthafte Zweifel an der Gültigkeit der Jakobsonschen These vom ökonomischen Erwerb der Phoneme durch das Prinzip des gleichzeitigen Erwerbs von Kontrasten läßt jedoch Dale (1972) mit seinen Beobachtungen aufkommen. Dale stellt aufgrund seiner

Untersuchungen lange Intervalle zwischen dem Erwerb der beiden Laute eines Kontrastes fest. Sollte sich dieser Befund auch in breiter angelegten Untersuchungen bestätigen, wäre die Kontrasttheorie an einem zentralen Punkt ernsthaft in Frage gestellt.

5.3 Lautverständnis: Untersuchungen und theoretische Ansätze

Von Untersuchungen der Lautwahrnehmung bei kleinen Kindern verspricht man sich Aufschlüsse über das Wissen der Kinder um den Bestand der Phoneme in ihrer Umgebungssprache und um die phonologischen Regeln ihrer Sprache. Dieser Untersuchungsansatz wird von Vertretern der linguistischen Richtung bevorzugt, da sie hier die Möglichkeit sehen, den Kompetenzbegriff in eine Versuchsanordnung zu überführen. Ähnlich wie das Wissen um Regeln der Grammatik, entfaltet das Kind – nach Auffassung der betreffenden Autoren – auch ein Wissen um Regeln der Lautfolgen (Chomsky und Halle 1968). Dieser Kompetenz steht die Lautproduktion als Performanz gegenüber. Ähnlich – wie beim Erwerb der Grammatik – eilt das Verständnis der Produktion voraus. Das Wissen um Regeln ist demnach früher vorhanden als es sich in der Performanz zeigt.

Maccoby und Bee (1965) erzählen eine anekdotische Begebenheit zur Veranschaulichung dieser Feststellung: Ein Kind fragt, ob es mit zum ›Kadussell‹ gehen darf. Ein älteres Kind neckt es, indem es seine unvollkommene Aussprache nachäfft: »Er möchte gern zum ›Kadussell‹ gehen!« Das jüngere Kind entgegnet heftig: »Nein, du sagst es nicht dichtig!« Ein weiteres Beispiel: Ein Kind kann durchaus in der Lage sein, zwei Phoneme richtig auszusprechen und sie doch beim Sprechen verwechseln: Das ›n‹ in Anja wird zu einem ›m‹, obwohl beide Konsonanten in anderen Worten richtig gesprochen werden (z. B. in ›nein‹, ›mein‹).

Es soll aufgrund des ersten Absatzes nicht der Eindruck entstehen, Untersuchungen zum Lautverständnis seien nur durch die theoretischen Überlegungen der Transformationsgrammatiker angeregt worden. Auch die Theorie Jakobsons erhielt unterstützende und auch kritische Untersuchungsbeiträge in diesem Forschungsbereich, die die Gültigkeit phonologischer Erscheinungen im Laufe des Spracherwerbs überprüfen sollten. Eine Periodenabgrenzung, wie sie im Abschnitt über die Lautäußerungen eingeführt wurde, läßt sich aufgrund der wenig systematisch angelegten Untersuchungen nicht durchhalten. Zur ersten und zweiten Periode des Phonemerwerbs sollen zwei Arbeiten berichtet werden, die zeigen, daß eine Untersuchung des Lautverständnisses von Kindern unter einem Jahr auf die Erfassung von psychophysiologischen Reaktionen angewiesen ist, um Hinweise für ein Verständnis der gebotenen Lautproben zu erhalten. Dies macht auch verständlich, warum linguistische Studien des Laut- und Betonungsverständnisses sich auf ältere Versuchspersonen beschränken.

Molfese, Freeman und Palermo (1975) untersuchen bei einer Gruppe von Säuglingen, einer zweiten von größeren Kindern und einer dritten von Erwachsenen Reaktionen der rechten und linken Gehirnhemisphäre auf Sprachproben. Gemessen werden die akustisch hervorgerufenen Schwankungen des Hirnrinden-potentials (auditory evoked response). Ihre Messungen zeigen gleiche Reaktionen auf Silben und Wörter für alle Gruppen von Versuchspersonen. Auf der Ebene *kortikaler Prozesse scheinen demnach auch dem vorsprachlichen Kind bereits differenzierende Reaktionsmöglichkeiten auf Lautmuster verschiedener Art möglich zu sein.

Die zweite hier darzustellende Arbeit wählt Säuglinge im Alter von vier bis fünf und von acht bis neun Monaten zur Untersuchung aus (Kaplan und Kaplan 1971). Den Säuglingen werden Sätze wie »Schau die Katze« in verschiedener Betonung vorgelesen: Einmal liest der Versuchsleiter mit allmählich abfallender Tonhöhe, dann mit langsam ansteigender Tonhöhe und schließlich als Aussage und als Frage. Um eine gleichmäßige Darbietung zu gewährleisten, werden die Sätze auf Tonband gesprochen und den Säuglingen vom Band vorgespielt. Als Reaktionen registrieren die Autoren die Veränderungen der Herzfrequenz und des motorischen Verhaltens während der Reizdarbietung. In dieser Untersuchung reagieren die vier Monate alten Säuglinge nicht zuverlässig auf die vier Formen der Betonung. Erst mit acht Monaten kann eine Veränderung der Herzfrequenz bei Fragen gegenüber Aussagen registriert werden. Die gleiche Differenzierung spiegelt sich im motorischen Verhalten wider.

Die Ergebnisse dieser Arbeiten werfen nicht weniger Fragen auf, als sie beantworten. Der linguistisch Interessierte möchte natürlich erfahren, auf welche Merkmale der sprachlichen Reize die Reaktionen erfolgen. Für das zuletzt berichtete Experiment z. B. bleiben noch die Fragen offen, ob die gesamte Betonungsfolge oder nur die Endbetonung ausschlaggebend für

* von der Hirnrinde ausgehend, in der Hirnrinde sitzend

die Reaktion ist. Warum reagieren die Säuglinge nicht auf die regelmäßig ansteigenden bzw. abfallenden Tonhöhenmuster? In diesem Bereich stehen noch eine Reihe von Untersuchungen zum Lautverständnis aus, deren Ergebnisse weitere Aufschlüsse über vorsprachliche Wahrnehmung von Lauten geben könnten.

Die Analysen der Lautwahrnehmung bei Kindern in der dritten Periode erlauben bereits eindeutigere Schlußfolgerungen, auf welche phonologisch-phonetische Merkmale die Kinder ihre Aufmerksamkeit bei der Lautwahrnehmung richten. Für Kinder zu Beginn der dritten Periode bedarf es noch einiger eigens dafür entwickelter Techniken, um die anstehenden Fragen in einer der Wirklichkeit angenäherten Versuchsanordnung klären zu können.

Schwachkin (1973) entwirft eine Versuchstechnik, die erlaubt, Differenzierungen in der Wahrnehmung von Lauten bereits bei einjährigen Kindern zu erfassen. Er geht folgenden Weg:

1. Der Versuchsleiter kommt mit einem Gegenstand zum Kind (Alter der Versuchskinder: 1 Jahr bis $1^3/_4$ J.). Er benennt den Gegenstand mit einem einsilbigen Namen (z. B. ›bak‹), dessen Phoneme nach bestimmten Kriterien zusammengestellt sind. Er lenkt die Aufmerksamkeit des Kindes auf den Gegenstand und spricht den Namen dabei aus. Er wiederholt ihn so lange, bis er überzeugt ist, daß das Kind einen Zusammenhang zwischen Gegenstand und Namen herstellt.

2. An einem anderen Tag wird ein zweiter Gegenstand mit einem neuen Namen vorgestellt (z. B. ›sub‹).

3. In einer weiteren Phase des Experimentes werden beide Gegenstände zusammen dem Kind angeboten. Einer der beiden Namen wird genannt, das Kind muß sich nun dem zugehörigen Objekt zuwenden. Mit wenig Übung gelingt es den Kindern, diese Aufgabe zu bewältigen.

4. Nun wird ein drittes Objekt eingeführt (z. B. mit Namen ›mak‹) zunächst zur Unterscheidung von Objekt ›bak‹, und danach zur Abhebung von Objekt ›sub‹.

5. Zum Schluß werden alle drei Objekte dem Kind vorgelegt, und das Kind zeigt durch eine plausible Verhaltensweise an, wie weit die kritische Unterscheidung in der Wahrnehmung von ›b‹ und ›m‹ in ›mak‹ und ›bak‹ gelungen ist.

Die ›plausible‹ Verhaltensweise, die das Verständnis der Laute anzeigen soll, kann sein:

1. Zeigen des Gegenstandes,
2. Reichen des Gegenstandes,

3. Legen des Gegenstandes an einen bestimmten Ort,
4. Finden des Gegenstandes,
5. Handhaben der zwei Gegenstände in einer bestimmten Weise,
6. Ersetzen eines Gegenstandes.

Die Zusammenstellung der einzelnen Lautkombinationen, die dem Kind im Experiment vorgestellt werden, erfolgt bei Schwachkin unabhängig von der Systematik Jakobsons. Seine Ergebnisse weisen auf 10 Stadien der Phonementwicklung hin, die im einzelnen hier nicht dargestellt werden sollen. In groben Umrissen lassen sich zwei Hauptstadien der Phonementwicklung erkennen, die schwerpunktmäßig aufeinander folgen:

Die *erste phonemische Phase* der *Unterscheidungen* von Selbstlauten untereinander gliedert sich in drei deutlich voneinander abgehobene Teilprozesse:

1. Trennung von ›a‹ und nicht ›a‹,
2. Trennung von ›i‹-›u‹ und ›e‹-›o‹, Trennung von ›i‹-›o‹ und ›e‹-›u‹,
3. Trennung von ›i‹-›e‹ und ›u‹-›o‹.

In der zweiten Phase werden Konsonanten von Vokalen und Konsonanten untereinander getrennt; sie zeigt sehr komplexe Entwicklungsmuster. Die Abtrennung der Mitlaute von den Selbstlauten steht am Beginn und geht dann über in eine Abgrenzung der Selbstlaute gegeneinander. Hier zeigen sich ähnliche Folgen des Phonemerwerbs, wie sie Jakobson für die Lautproduktion postuliert. Edwards (1974) berichtet allerdings von einer Nachuntersuchung, einem Unternehmen einer Stanforder Projektgruppe, mit wenig übereinstimmenden Ergebnissen.

Eines läßt sich den Untersuchungen Schwachkins entnehmen: Die Hypothese, Phoneme würden auf der Ebene der Wahrnehmung in ähnlicher Reihenfolge erworben wie in der Produktion, läßt sich aufrechterhalten, wie immer die Reihenfolge der Phoneme im Erwerbsprozeß angeordnet sein mag.

Die Plausibilität dieser Annahme wird gestützt durch einige Arbeiten, die zusätzlich der Frage nachgehen, ob die Phonemdifferenzierungen in der Wahrnehmung zeitlich früher erfolgen als im Sprechen. Diese Hypothese ist analog der Erkenntnis im Bereich der Grammatik formuliert: Grammatische Regeln werden früher verstanden als sie im Sprechen angewendet werden. Die erste Studie, die hier zu erwähnen ist, wurde von Menyuk und Anderson (1969) unternommen. Die Autoren untersuchen die Lautpaare ›l‹/›w‹, ›l‹/›r‹ und ›w‹/›r‹ auf ihre Repräsentation in der Wahrnehmung und beim Sprechen. Sie stellen fest, daß zu einem gewissen Zeitpunkt Kinder die Laute besser aus anderen heraushören, als daß sie sie beim Sprechen wiedergeben können. Sie schließen daraus auf eine zeitliche Verzögerung des Erwerbs von Phonemen beim Sprechen gegenüber dem Erwerb der gleichen Phoneme in der Wahrnehmung. Phoneme sind also zunächst Wahrnehmungskategorien und werden dann erst zu Kategorien der Lautproduktion.

Fünf Jahre später trägt Edwards (1974) Ergebnisse bei, die diese Schlußfolgerung teilweise stützen. Edwards verwendet Schwachkins Methode, um die Beziehung von Phonemwahrnehmung und Phonemproduktion zu untersuchen. Sie wählt die englischen Phoneme: |s| - |ʃ|; |d| - |ð|, außerdem ›l‹, ›r‹, ›w‹ und andere. Die Kinder der Untersuchungen sind von 1;8 bis 3;11 Jahre alt. In jeder Sitzung wird sowohl die Wahrnehmung als auch die Produktion von bestimmten Phonempaaren wiederholt geprüft. Erst wenn 7 von 10 richtigen Antworten gegeben werden, wird das Phonem als richtig wahrgenommen oder produziert in das Versuchsprotokoll aufgenommen.

Nicht alle im Versuch getesteten Laute liefern einheitlich interpretierbare Ergebnisse. Die Ergebnisse können jedoch ihrer Tendenz nach folgendermaßen zusammengefaßt werden:

1. Die Phonemwahrnehmung folgt in ihrem Aufbau bestimmten Regelmäßigkeiten; d. h. bezogen auf die Versuchsanordnung: Die Fähigkeit, stetig zwischen zwei Lauten zu unterscheiden, sie als Bezeichnung für den zugehörigen Gegenstand zu lernen und jenen Gegenstand nach seiner Bezeichnung herauszufinden, wächst im Laufe des Spracherwerbs.

2. Die Diskrimination zweier zu vergleichender Laute gelingt bereits vor der Produktion dieser Laute. Diese Regelmäßigkeit hat nur wenige Ausnahmen; die Umkehrung der genannten Reihenfolge ist selten. Häufiger ist eine Gleichzeitigkeit von Wahrnehmung und Produktion zu beobachten. Die Laute unterscheiden sich im Grad, in dem sie dieser Regel entsprechen.

3. Die Reihenfolge des Erwerbs einzelner Phoneme zeigt eine gewisse Einheitlichkeit: Im Englischen werden etwa Verschlußlaute vor Frikativen und stimmlose Frikative vor stimmhaften erworben. Doch gibt es in Einzelfällen bedeutsame Ausnahmen.

4. Phoneme werden nicht in derselben Reihenfolge diskriminiert wie sie artikuliert werden. Der zeitliche Abstand zwischen dem Erscheinen eines Lautes in der Wahrnehmung und in der Produktion kann deshalb verschieden lang sein.

Die Ergebnisse müssen wegen der geringen Zahl der Versuchspersonen je Testaufgabe, wegen der Versuchstechnik, die nur die Anfangsposition überprüft, sowie wegen der Verwendung nur einer Sprachstichprobe mit Zurückhaltung bewertet werden. Zumindest das unter 2. aufgeführte Ergebnis zeichnet sich jedoch schon in anderen Untersuchungen ab und steht im Einklang mit dem allgemeinen Befund zum Erwerb von Grammatik: Sprachverständnis geht der Sprachproduktion voran. Auch die Einschränkung, daß einige Laute gleichzeitig in Wahrnehmung und Produktion erscheinen, ist wiederholt gefunden worden (vgl. Zlatin/Koenigsknecht 1974). Somit gilt für die Theorie des Lauterwerbs vorläufig sowohl die These von der Vorsprüngigkeit des Verständnisses vor der Produktion wie die These von der Gleichzeitigkeit beider Prozesse im Entwicklungsverlauf.

Dieser Abschnitt über Untersuchungen und theoretische Ansätze des Lauterwerbs in der dritten Periode (nach Bever) sollte nicht abgeschlossen werden, ohne daß andere theoretische Ansätze wenigstens kurz skizziert werden. Sie werden hier deshalb so knapp behandelt, weil die Zahl ihrer Belege so gering ist. Erwähnt wurde bereits der Ansatz der Transformationstheorie aus der Monographie von Chomsky und Halle (1968). Chomsky und Halle postulieren Morphem-Struktur-Regeln (morpheme structure rules) mit der gleichen Begründung, wie sie syntaktische Strukturregeln annehmen: Genau so wie grammatisch akzeptable und nicht-akzeptable Sätze beurteilt werden können, lassen sich auch Folgen von Phonemen angeben, die einer bestimmten Sprache als ›angemessen‹ oder ›nichtangemessen‹ zugeordnet werden können. Messer (1967) findet diese Annahme bei Dreijährigen bestätigt. Er fragt sie, welche von vorgesprochenen Lautfolgen Wörter sein könnten und welche nicht; er erhält Antworten, die mit der Sprachkonvention übereinstimmen. Im Wiedererkennen von ›erlaubten‹ und ›nicht erlaubten‹ Phonemfolgen kann Menyuk (1968) jedoch keine Leistungsunterschiede bei Kindern feststellen, obwohl nach Chomsky und Halle zu erwarten wäre, daß die erlaubten Sequenzen besser eingeschätzt und behalten werden können.

Eine weitere Möglichkeit, den Lauterwerbsprozeß sowohl auf der Ebene der Wahrnehmung als auch auf der Ebene der Produktion theoretisch zu fassen, stellt die Lerntheorie dar. Es sei hier auf die Nachahmungstheorie von Miller und Dollard und auf die Lerntheorie Mowrers verwiesen, die bereits im dritten Kapitel kurz dargestellt wurden. Es fehlen dazu jedoch Untersuchungen, die Arbeiten von Autoren mit anderem theoretischem Bezugssystem vergleichbar sind. Die festgestellten Regelmäßigkeiten im Phonemerwerb sollten – wenn sie auch im einzelnen noch weiterer empirischer Erhärtung bedürfen – doch für Lerntheoretiker ein Anreiz sein, die eigene Position möglichst experimentell zu überprüfen, da eine fixierte Reihenfolge im Phonemerwerb mit einer lerntheoretischen Position nur schwer zu vereinbaren sein dürfte.

Kapitel 6

Der Erwerb der Syntax

6.1 Vorbemerkung

Unter Syntax faßt man in der Linguistik die Regeln für Wortverbindungen (meist Verbindungen von Wörtern zu Sätzen) zusammen. Gelegentlich trägt der Begriff Syntax die gleiche Bedeutung wie der Begriff Grammatik. Jedoch wird der Begriff Grammatik häufig als übergeordneter Begriff gebraucht, der die Begriffe Syntax, Phonologie, Morphologie (Lehre von der Form und Struktur von Worten) und Sprachlexikon einschließt; diese Darstellung hält an dem enger definierten Begriff Syntax fest. Die kleinste Einheit der Syntax ist das Morphem, einer Folge von Phonemen, die als kleinste, abtrennbare Bedeutungseinheit definiert wird (Pei 1966). Ein Morphem kann unter anderem ein Wort sein, ein Wortstamm oder eine Wortendung (vgl. McCawley 1968).
Bei einer Durchsicht linguistischer und psycholinguistischer Literatur kann oft nur schwer zwischen Arbeiten unterschieden werden, die sich mit dem Erwerb von Syntax und mit dem Erwerb von Bedeutungen (Semantik) befassen. Die Bedeutungen von Worten und Wortfolgen drücken sich ebenfalls in Verbindungsregeln aus; syntaktische und semantische Aspekte sind deshalb bei der Analyse empirischer Daten nur schwerpunktmäßig zu trennen.
Eine Gruppierung in Arbeiten des Syntaxerwerbs einerseits und des Bedeutungserwerbs andererseits fällt noch am leichtesten zu

einem Zeitpunkt des Spracherwerbs, der in der vorsprachlichen Phase im Übergang zu den ersten sprachlichen Äußerungen anzusetzen ist. Der Erwerb fester Lautmuster und ihr Bezug zu ganz bestimmten Gegenständen der Umgebung, Tätigkeiten, eigenen Wünschen usw. kann wohl als reiner Vorgang des Bedeutungserwerbs angesehen werden. Aber bereits für das sogenannte Ein-Wort-Stadium, dem ersten Stadium der eigentlichen Sprachentwicklung, ist es kontrovers, ob Ein-Wort-Äußerungen lediglich eine Bezeichnung für einen Gegenstand oder Tätigkeit sein sollen oder ob sie Rudimente von Sätzen sind. Im letzten Fall wird eine syntaktische Struktur unterstellt, in der nur die übrigen Elemente des Satzes ausgelassen sind. Die gleiche Diskussion wird auch für das folgende Zwei-Wort-Stadium geführt. Will man sich nicht von vornherein theoretisch festlegen, kann man ohne Widerspruch von eindeutigem Vorhandensein syntaktischer Elemente erst nach dem Zwei-Wort-Stadium mit Beginn des Mehrwortstadiums sprechen.

6.2 Ein-Wort-Sätze

Ein Kind beginnt gewöhnlich mit dem 12. bis 18. Monat die ersten sprachlichen Einheiten mit fester Bedeutung (Morpheme) hervorzubringen. Charakteristisch sind Äußerungen wie ›Ball‹, ›ham‹. Solche Morpheme unterscheiden sich jedoch in ihrem Lautbild oft sehr von Vorbildern in der Aussprache des Erwachsenen. Es werden offenbar zunächst wichtige syntaktische und semantische Einheiten bzw. Strukturen erworben, bevor eine korrekte Aussprache einsetzt. Lenneberg (1967) deutet dies als eine Unterstützung der These, daß man mit einer rein lerntheoretischen Interpretation dem Spracherwerbsprozeß nicht gerecht wird. McNeill und andere Psycholinguisten, die sich an Chomsky und seiner Transformationsgrammatik orientieren, sind der gleichen Meinung und können dafür auch eine Reihe von Untersuchungsbefunden in die Diskussion einbringen.

Die Bedeutung erster Morpheme zu analysieren, war ein entscheidender Schritt in der Erforschung der Syntaxentwicklung. Er wurde bereits von Stern und Stern (1907), de Laguna (1927) und später von Leopold (1949) unternommen. Einzelne identifizierbare Wörter oder Morpheme anderer Art werden ihrer Funktion nach als Stellvertreter eines vollständigen Satzes gedeutet. Als Beispiel: ›weg‹ steht für ›lege es weg‹. Die Information über die vollständige Satzstruktur ergibt sich meist aus dem Handlungskontext. Aber die Erfahrung mit kleinen Kindern zeigt deutlich, wie mehrdeutig diese Information oft ist, so daß sich mehrere Möglichkeiten anbieten, den Ein-Wort-Satz zu verstehen. In der Kommunikationssituation hilft sich das Kind dann meist damit, daß es das Wort so oft wiederholt, bis der Erwachsene die verschiedenen Interpretationsmöglichkeiten in seinen Reaktionen zum Ausdruck bringt und an der Antwortreaktion des Kindes klar wird, daß es sich verstanden fühlt.

McNeill (1970) hebt drei Funktionen der Ein-Wort-Sätze (Holophrasen) hervor:

1. Ein-Wort-Sätze drücken Bedürfnisse und Wünsche aus (konative Funktion K);
2. Ein-Wort-Sätze drücken Gefühle und Empfindungen aus (expressive Funktion E);
3. Ein-Wort-Sätze beziehen sich auf Gegenstände oder Ereignisse der Umwelt (Referenzfunktion R).

Leopold hat die allerersten Morpheme mit feststellbarer stabiler Bedeutung festgehalten. Sie erfüllen oft mehrere der genannten Funktionen gleichzeitig. McNeill hat die folgende Zuordnung der von Leopold (1949) erhobenen Morpheme zu den von ihm definierten Funktionen versucht.

Tabelle 2: Die ersten sieben ›Worte‹ eines zweisprachig aufwachsenden Kindes

Äußerung	Alter in Monaten	Definition	Funktion
Pa?	8	Ausruf. Auch bei Hinweis auf etwas; an Personen gerichtet, entfernte Objekte und herausgefallene Spielzeuge.	E, R? K?
dididi	9	Mißfallen (laut); Zufriedenheit (sanft).	E
mam:a	10	Vager Bezug auf Essen. Bedeutet auch: ›Schmeckt gut‹ und ›hungrig‹.	E, R
nenene	10	Schimpfen.	E? K?
tt!	10	Ruf, um Eichhörnchen herbeizulocken.	K
pIti	10	Wird immer von einer Geste begleitet und immer geflüstert. Scheint ›interessant‹ zu bedeuten.	E, R
dɛ:	10	Ein Ausruf. Auch Hinweis auf etwas. Wird von derselben Geste wie oben begleitet.	E, R

Der expressive und der konative Aspekt lassen sich am ehesten ohne linguistischen Hintergrund deuten. Im konativen Aspekt ist die Verschmelzung von Handlung und Sprache impliziert, während im expressiven Aspekt sich nach McNeill die stammesgeschichtlich früheste Form der Kommunikation, wie sie auch zwischen Tieren möglich ist, niederschlägt. Diese beiden Aspekte machen es jedoch nicht notwendig, die geäußerten Morpheme als analoge Bildungen zu den Sätzen der Erwachsenen anzusehen. Vielmehr ist es der Bezug zu Gegenständen und Ereignissen, der die Deutung des Morphems als Ein-Wort-Satz nahelegt.

De Laguna (1927) bezeichnet die ersten Worte als *Kommentare* über die das Kind umgebende Situation. Mit dem Kontext der Situation bildet das Wort eine vollständige Aussage und kommt somit begrifflich einem Satz gleich.

Nach der frühen Phase, aus der die Daten Leopolds stammen, treten Morpheme auf, welche größere Ähnlichkeit mit denjenigen erwachsener Sprecher aufweisen. Auch für sie gelten die drei Funktionskategorien McNeills. Doch mit ihrem Erscheinen vervielfältigen sich die Bedeutungs- und Satzstrukturen, für die das eine Wort stehen kann. Sie sind z. B. Ausdruck für Eigentumsverhältnisse und Ortsbestimmungen. Syntaktisch analysiert kann das eine Wort des Ein-Wort-Satzes wahlweise die Funktion eines Objektes für ein Verb (z. B. ›wau-wau‹ für ›Fange den *wauwau*‹), eines Objektes für eine Feststellung (z. B. ›wau-wau‹ für ›Sie hat einen *wauwau*‹) und des Subjektes eines Satzes (z. B. ›wau-wau‹ für ›Der *wau-wau* bellt‹). Die Ein-Wort-Sätze werden meistens mit Hauptwörtern gebildet, wenige bestehen aus Eigenschaftswörtern, Zeitwörter fehlen ganz. Die Bevorzugung von Hauptwörtern macht die Mehrdeutigkeit der Ein-Wort-Sätze aus, denn nur sie lassen sich so vielseitig im Kommunikationskontext einsetzen.

McNeill gibt eine zeitliche Übersicht über die Produktion der verschiedenen Funktionen des Ein-Wort-Satzes, die in Figur 2 dargestellt ist. Der Autor geht also in seiner Interpretation der Ein-Wort-Sätze davon aus, daß der einfachen Performanzstruktur ein komplexerer Satz von syntaktischen Regeln in der Sprachkompetenz des Kindes entspricht. Einzig die Beschränktheit des kindlichen Gedächtnisses, welches nur die Merkmale und Eigenschaften eines einzelnen Morphems oder Wortes speichern kann, bildet das Hindernis für das Erscheinen entsprechend komplexer Performanzstrukturen.

McNeills Überlegungen sind insofern recht hilfreich bei der Interpretation des Syntaxerwerbs, als sie die Annahme eines

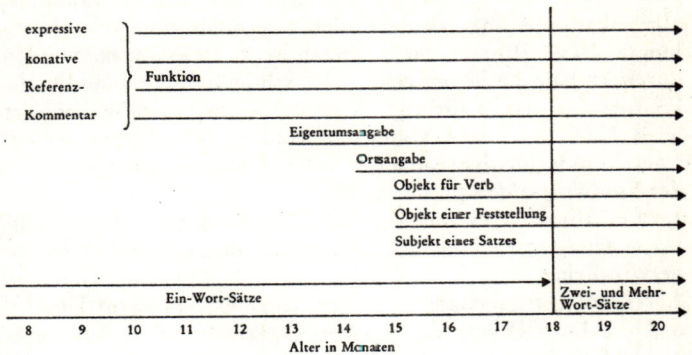

kontinuierlichen Übergangs vom Stadium der Ein-Wort-Sätze zu den folgenden plausibel erscheinen lassen. Weiterhin können sie die Beobachtung erklären, daß Kinder komplexere Strukturen verstehen als sie selbst beim Sprechen verwenden.

Für eine syntaktische Grundlage der Ein-Wort-Äußerungen treten weiterhin Anhänger der in den letzten Jahren entstandenen funktional-pragmatischen Richtung ein. Greenfield, Smith und Laufer (1975) leiten das Ein-Wort-Stadium aus dem Handlungskontext ab, dem es entspringt. Kognitive Wahrnehmungs-Handlungs-Strukturen werden mit einzelnen Worten angereichert. Die semantischen Funktionen ›Handelnder‹, ›Handlung‹, ›Objekt‹, ›Ortsangabe‹ werden im Einwortstadium zwar jeweils nur durch ein Wort vertreten, bleiben aber in der Analyse in die komplexe Situation eingebettet. Diese wird damit Teil der Kommunikation und verleiht dem Gesagten erst seine Eindeutigkeit. Ein Beispiel: Ein einjähriges Kind versucht, einen Turm zu bauen; das mißlingt ihm. Sein großer Bruder baut den Turm schließlich auf. Das Kind strahlt und sagt ›Ani‹ (›Dany‹ von Daniel, der Name des Bruders). ›Ani‹ ist hier Handelnder der Aussage ›Danny macht den Turm (kann den Turm

bauen)‹. Nur diese eine semantische Kategorie ist in der Äußerung enthalten; die übrigen sind durch den Kontext repräsentiert.

Der Prozeß des Syntaxerwerbs besteht nach diesem Ansatz im
allmählichen Aufbau der verbalen Repräsentation von Handlungskontext. Immer mehr semantische Funktionen werden
durch verbale Einheiten erfüllt, bis schließlich der Handlungskontext für das eindeutige Verständnis nicht mehr benötigt
wird. Nach Leuninger, Miller und Müller (1973) bleiben jedoch
zwei Punkte an der Annahme einer syntaktischen Grundlage
der Ein-Wort-Sätze problematisch:

1. Weshalb werden nur bestimmte syntaktische oder semantische Funktionen und nicht andere als die jeweils geäußerten
verwirklicht?

2. Neuere Untersuchungen belegen (Mehler/Savin, im Druck),
daß die Entwicklung der Speicherkapazität des Gedächtnisses
nicht bloß als eine quantitative Vergrößerung, sondern auch als
eine qualitative Veränderung begriffen werden muß.

Die Einwände stellen die Argumentationsgrundlage McNeills in
Frage, da er syntaktische Regeln der Erwachsenensprache der
kindlichen Kompetenz zuschreibt. Der Ausformulierung von
Ein-Wort-Sätzen in die Sprache der Erwachsenen sollte mit
Mißtrauen begegnet werden, denn sie vernachlässigt die kogni-
tiven Möglichkeiten des Kindes.

Lenneberg (1967) berücksichtigt gerade diesen Vorwurf. Seiner
Meinung nach ist es Kindern auf dieser Entwicklungsstufe noch
nicht möglich, verschiedene syntaktische Wortklassen zu unterscheiden und semantischen Einheiten zuzuordnen (S. 357). Die
Syntax der Ein-Wort-Sätze besteht nur aus der einen umfassenden Kategorie ›W‹ (für ›Wort‹) und alle Wörter gehören dieser
Klasse an. Die Syntax des Kindes im Ein-Wort-Stadium ist
also einfach, insofern als alle seine Wörter dieselbe syntaktische
Funktion haben.

Bereits früher wird ein rein formales Argument gegen eine Interpretation der ersten Worte als Sätze erhoben. So schreibt Jesperson (1922), man müßte mit gleichem Recht auch das Hände-
klatschen als Satz ansehen können, denn es drücke ja aus: ›Das
ist wunderbar‹. Die Bezeichnung ›Satz‹ setze aber eine bestimmte grammatische Struktur voraus, die der Ein-Wort-
Äußerung schon deshalb abgehe, weil sie nur aus *einem* Wort
bestehe.

In der gegenwärtigen Diskussion um die Grammatikalität der
Ein-Wort-Sätze gehört Piaget (1952) auf die Seite derer, die

diese Grammatikalität leugnen. Seiner Ansicht nach sind die ersten Worte des Kindes deshalb keine Sätze, weil sie als Zeichen nicht den sozial von allen akzeptierten, willkürlichen Symbolen der Sprache entsprechen. Außerdem haben Kinder in diesem Stadium ihrer intellektuellen Entwicklung symbolische Repräsentationen noch nicht ausreichend ausgebildet.

L. Bloom (1973) schließt sich der Ansicht Piagets an, jedoch mit einer anderen Begründung. Ihre Argumente wenden sich gegen die Behauptung (u. a. von McNeill), die Kenntnis von Sätzen sei vor deren Produktion anzusetzen. Bloom führt dagegen an:

1. Es wird in dieser Phase des Spracherwerbs manchmal mehr als nur ein Wort geäußert.

2. Es werden Folgen von Worten produziert, die keine syntaktische Beziehung zueinander haben.

3. Verschiedene Betonungsweisen sprechen keineswegs für verschiedene syntaktische Strukturen.

4. Die Kenntnis linguistischer Strukturen ist nicht angeboren, sondern Ergebnis eines Lernvorganges.

Vor allem das erste und zweite Argument sprechen gegen die Lennebergschen Thesen.

Das zweite Argument belegt Bloom an einem Beispiel einer Äußerung, die von ihrer Tochter (1;4 Jahre) stammt: ›Papa. Pfirsich‹ (›papa. peach‹); sie gibt dem Vater den Pfirsich. Die Worte sind gleichmäßig betont, es besteht keine erkennbare syntaktische Relation zwischen ihnen, obwohl mehr als ein Wort in der Äußerung des Kindes zu einem gegebenen Zeitpunkt enthalten ist.

Weiterhin führt sie aus ihren Untersuchungen an: Aus der Betonung kann nicht ohne weiteres auf eine zugrundeliegende syntaktische Struktur geschlossen werden, da nur eine unsichere Zuordnung von Betonungsmustern und Bedeutung vorgenommen werden kann. Zum Beispiel bedeute es nicht immer eine Frage, wenn die Stimme am Ende eines Wortes gehoben werde.

Auch das Argument, das Verstehen von komplexeren Satzaufbauten entstehe vor deren Produktion, muß nach Bloom in Frage gestellt werden. Befunde von Shipley, Smith und Gleitman (1968) kann sie hier als Belege anführen: Die Kinder reagieren bei Aufforderungen nicht auf den ganzen Satz, sondern auf die am meisten betonte, lexikalische Einheit. In der Aufforderung ›Fang den Ball‹ ist das zum Beispiel das Wort ›fang‹. Verstanden wird also nur ein einziges Konzept.

Die Streitfrage wartet zum gegenwärtigen Stand der Diskussion noch auf eine Klärung. Zu bedenken wäre, ob nicht der Begriff des Satzes in solchen Problemstellungen eine zu große Rolle spielt.

Bloom erklärt dann auch nicht den Übergang von Ein-Wort-Äußerungen zum Erwerb von Syntax dadurch, daß Wissen in Produktion umgesetzt wird, sondern sie postuliert Lernvorgänge, in denen die Syntax aufgebaut wird. Kinder lernen Syntax, indem sie früher entwickelte begriffliche Repräsentationen von Erfahrungen in sprachliche Form überführen. Dies ist jedoch noch keine Erklärung dafür, wie der Erwerb der Syntax in Gang gesetzt wird.

Die Forschung sieht sich also hier mit vier Problemen konfrontiert:

1. Es gibt einerseits keine sicheren Hinweise, daß die Fähigkeit zum Erlernen der Syntax angeboren ist, andererseits läßt es sich schwer vorstellen, wie Syntax im einzelnen gelernt werden könnte.

2. Die Beobachtungen Blooms stehen im Gegensatz zu einer Reihe von anderen, z. T. auch experimentellen Befunden, in denen Betonung für die Bedeutung der ersten kindlichen Äußerungen und für deren Verständnis bei Erwachsenen eine Rolle spielt. Es läßt sich auch experimentell nachweisen, daß Säuglinge verschieden auf einzelne Betonungsmuster reagieren (Kaplan/Kaplan 1971; Bruner 1975).

3. Welches kann man als die adäquate Repräsentation der kindlichen linguistischen Kompetenz ansehen, das Verständnis oder die Produktion?

4. Sind kleinkindliche Äußerungen syntaktisch, semantisch oder nur begrifflich oder noch etwas viertes?

Wie Dore in einem 1975 erschienen Artikel zusammenstellt, bleibt die theoretische Interpretation der Ein-Wort-Sätze widersprüchlich. Einmütigkeit besteht lediglich in dem einen Punkt, daß sie nämlich den Anfang des Spracherwerbs im engeren Sinne darstellen.

6.3 Zwei-Wort-Sätze

Wie aus McNeills chronologischer Darstellung (S. 71) zu ersehen ist, gehen etwa vom 18. Lebensmonat ab die Ein-Wort-Äußerungen in Zwei-Wort-Äußerungen über. Auch hier stellt sich die Frage, ob man die Zwei-Wort-Kombinationen als Sätze deuten kann, das heißt: wieweit ihnen eine syntaktische Struktur eigen ist.

An Zwei-Wort-Äußerungen fällt ihr telegrammartiger Stil auf: ›Mamma kommen!‹ ›Wo Hut?‹ Es werden wie in Telegrammen hauptsächlich Hauptwörter, Zeitwörter im Infinitiv und wenige Adjektive verwendet. Die Kinder verzichten auf Präpositionen (›auf‹, ›unter‹, ›neben‹), bestimmte Artikel (›der‹, ›die‹, ›das‹), unbestimmte Artikel (›eine‹, ›einer‹, ›eines‹), Konjunktionen (›und‹, ›oder‹, ›aber‹), Hilfszeitwörter (›bin‹, ›ist‹, ›sind‹, ›hat‹ etc.) und Flexionsendungen wie z.B. Pluralendungen oder Zeitwortveränderungen (vgl. Brown/Fraser 1964; Brown/Fraser/Bellugi 1964; Brown/Bellugi 1964; Ervin 1964).

Bei all diesen Verkürzungen bleibt jedoch die Wortstellung, die aus den Erwachsenensätzen bekannt ist, erhalten. Brown (1973) interpretiert diese Beobachtungen als Hinweis auf eine Grammatikalität der Zwei-Wort-Sätze: Die gehörten Sätze werden als Strukturen verarbeitet, in denen jedes Element seinen Stellenwert habe, und nicht als zusammenhanglose Folge von Worten, deren Stelle in der Reihe beliebig austauschbar sei. Da die Verarbeitungsmöglichkeiten des Kindes beschränkt seien, produziere das Kind nur einige Elemente der Struktur; dazu wählt es jedoch nach Browns Meinung die wichtigsten aus.

Bevor wir die umfassende Untersuchung von Brown über die Zwei- und Mehr-Wort-Sätze näher kennenlernen, soll eine ältere, jedoch weit beachtete Untersuchung des Zwei-Wort-Stadiums von Braine (1963 a, b) vorgestellt werden. Im Zwei-Wort-Stadium beginnt eine explosionsartige Vermehrung der Wörter, die in Äußerungen kombiniert werden. Diese Vielzahl von Elementen tritt nach Meinung der meisten Psycholinguisten nur in beschränkten Kombinationen auf, so daß die Annahme von Sprachregeln in dieser Phase plausibel erscheint. Die Frage, welches Grammatikmodell diese Sprachregeln angemessen darstellen kann, beschäftigt in den letzten Jahren viele Psycholinguisten.

Ein Versuch, ein solches Grammatikmodell auszuarbeiten, unternimmt Braine. Er sammelt die Zwei-Wort-Äußerungen dreier Kinder über mehrere Monate hinweg und unterzieht sie einer Verteilungsanalyse.

In einer Verteilungsanalyse wird überprüft, ob Worte regelmäßig in dem gleichen verbalen Kontext auftauchen. Dieser Technik liegt die Annahme zugrunde, das, was im gleichen

Kontext auftrete, gehöre der gleichen Wortklasse an (s. S. 39 f.).
Der Kontext ist im Zwei-Wort-Satz immer das zweite Wort.
Braines mit dieser Methode erhobene Befunde weisen auf zwei
Wortklassen hin: Eine Gruppe besteht aus relativ wenigen Elementen, die aber sehr häufig verwendet werden, der *pivot*
Klasse (P): (Pivot-Worte erscheinen also mit vielen verschiedenartigen Worten zusammen.) Die restlichen Worte faßt er zu
einer *offenen* Klasse (O) zusammen, die aus vielen, aber seltener verwendeten Wörtern bestehen. Worte der *offenen*
Klasse haben eine kleine Anzahl verschiedener Worte als Kontext. In der *pivot*-Klasse tauchen wesentlich zögernder neue
Elemente auf als in der offenen Klasse. Die *pivot*-Elemente
können an erster oder an letzter Stelle in den Äußerungen vorkommen, aber es kommen in einem Satz nicht zwei *pivot*-
Wörter zugleich vor. Die möglichen vorkommenden Wortfolgekombinationen sind die folgenden:

$$P + O$$
$$O + P$$
$$O + O$$
$$O$$

Beispiele sollen Vertreter der beiden Wortklassen und die Wortfolgekombinationen veranschaulichen:

Tabelle 3: Vertreter der Wortklassen nach Braine

P	O
alle weg	Baby
mehr	Mamma
groß	Papa
hübsch	Boot
mein	Auto
guck	Milch
Nacht-Nacht	Schuh
Tag	heiß
aus	

Wortfolgekombinationen

P + O	Tag	Auto
	(Begrüßung eines Autos)	
O + P	Wasser	aus
O + O	Milch	Tasse
O	heiß	

In den Protokollen der Untersuchung von Miller und Ervin (1964) sind es vor allem die ›pivots‹: diese (r, s) (this), jene (r, s) (that), der, die, das (the), ein (e, r, s) (a), hier (here), da (there), die jeweils mit bestimmten Wörtern der offenen Klasse kombiniert werden. Die folgende Zusammenstellung ist von McNeill (1970) angefertigt worden:

Tabelle 4: Pivot und Offen-Kombinationen nach Miller und Ervin (1964)

P	O
	Arm
	Baby
dies (this)	Puppe (Genitiv)
das (that)	hübsch
	gelb
	kommen
	getut (getan)
	.
	.
	.
	ander
der, die, das	Baby
(the)	Puppe (Genitiv)
a	hübsch
(ein, eine, eines)	gelb
	.
	.
	.
	Arm
hier	Baby
(here)	Puppe (Genitiv)
da	hübsch
(there)	gelb

Die Listen der P + O Kombinationen zeigen, daß in den Protokollen nicht jedes ›pivot‹ mit jedem Wort der offenen Klasse kombiniert wird. Miller und Ervin isolieren die Gruppen innerhalb der ›pivot‹ Klasse, nämlich 1. dies, das; 2. der, die, das, ein, eine, eines; 3. hier, da. Jede Gruppe hat nur bestimmte Wortpartner im Zwei-Wort-Satz. Es fällt auf, daß ein Wort ›hübsch‹ in den Protokollen des einen Untersuchers als ›pivot‹ (bei Braine), in den anderen Protokollen als Wort der ›offenen‹ Klasse erscheint. Da es sich hier um nur sehr wenige untersuchte Kinder handelt, können sich individuelle Unterschiede niederschlagen. Welche Wörter bei einem einzelnen Kind der einen oder der anderen Wortklasse zuzurechnen sind, schwankt offenbar.

Welche Argumente kann man nun für die Gültigkeit der von Braine getroffenen Unterscheidung anführen? Handelt es sich hier um mehr als nur um ein künstliches, durch die Methode hervorgerufenes Ergebnis? McNeill führt einen wichtigen Grund für die Zweiklassengrammatik an: Die ›pivot‹-Wörter kommen nie miteinander in Zwei-Wort-Sätzen vor, ebenso erscheinen sie nie allein. Weiterhin bestehen Zwei-Wort-Sätze aus Wortfolgen, die bei Kindern konsistent sind, aber bei Erwachsenen in dieser Form nicht vorkommen: ›Alle weg Auto‹ ist z. B. eine Umkehrung der Erwachsenenform: ›Die *Autos* sind *alle weg*‹. Oder: ›dies getut‹ kann so nicht durch Nachahmung der Erwachsenensprache erworben worden sein.

Brown (1973) zweifelt allerdings in seiner umfassenden Betrachtung der ersten Stufen des Spracherwerbs an der Allgemeingültigkeit der beiden Wortgruppen. Schon allein die Annahme, P + P oder P allein käme nie vor, läßt sich, wenn man eine genügend große Sprachstichprobe berücksichtigt, nicht aufrechterhalten. Solche Kombinationen kommen vor, sind allerdings seltener.

Bowermann (1973) kann bei ihrer Untersuchung des Spracherwerbs von finnischen Kindern das Grammatikmodell Braines mit seiner Trennung von P- und O-Worten nicht bestätigen. Auch andere Untersuchungen im englischsprachigen Bereich lassen Zweifel an der Allgemeingültigkeit dieses Modells aufkommen (vgl. Brown 1973).

Bloom (1971) leitet aus ihren Untersuchungsbefunden ebenfalls eine Kritik des ›pivot‹-›offen‹-Grammatikmodells ab. Die von ihr festgestellten großen individuellen Schwankungen bei den Äußerungen der Kinder erlauben nicht, sich auf einen einheitlichen Konstruktionstypus für Zwei-Wort-Sätze festzulegen. Die ›pivot‹-›offen‹-Klassifizierung ist nach Meinung Blooms lediglich eine unter einigen möglichen Strategien, beim Spracherwerb zu komplexeren syntaktischen Konstruktionen zu gelangen.

Bloom setzt diesem Ansatz ihre eigenen Überlegungen und Beobachtungen entgegen. Die Grundlage für ihre Analyse ist die Chomskysche Transformationsgrammatik. Sie gehört damit zu jener Gruppe von Linguisten, die von einer Kontinuität im Grammatikerwerb von der Kindersprache zur Erwachsenensprache ausgehen. Doch wie schon erwähnt, beschränkt sie sich nicht darauf, nach Universalien zu suchen, sondern bemüht sich gerade um die genauere Analyse der Variationsbreite der kindlichen grammatischen Strukturen. Die Schwankungen in den Sprachprotokollen ihrer Untersuchungen deutet sie als Hinweis darauf, daß in den ersten Phasen des Spracherwerbs (Ein-Wort-, Zwei-Wort-Stadium) kein einzelnes verfügbares Grammatikmodell zwingend für zutreffend erklärt werden kann. Deshalb müsse auch McNeills Annahme eines angeborenen Spracherwerbsmechanismus angezweifelt werden, da ihm ja ein bestimmtes Grammatikmodell als Zielvorstellung zugrundeliege. Vielmehr müsse die Wechselwirkung zwischen anregender Umwelt, dem kognitiven Entwicklungsstand und der sprachlichen Entfaltung beim Erwerb der Syntax in dieser frühen Phase mit einbezogen werden.

Blooms Analyse ergibt eine beschränkte Anzahl von syntaktischen Strukturen, die den Zwei-Wort-Sätzen zugrundeliegen können. Die kindlichen Kernstrukturen können durchaus abgeleitet werden aus denjenigen der Erwachsenensprache; sie sind deshalb komplexer, als der syntaktische Aufbau der Äußerungen es zunächst vermuten läßt.

Hier einige Beispiele:

Tabelle 5: Syntaktische Strukturen in Zwei-Wort-Sätzen (nach Bloom)

Äußerung	syntaktische Struktur der Äußerung	Beispiele einer entsprechenden Erwachsenenform
Mamma Strumpf	Subjekt–Objekt	Mamma zieht den Strumpf an
Mamma Strumpf	Genitiv	Mammas Strumpf
Fest Hut	Attributiv	Der Hut für das Fest (Der festliche Hut)
Pulli Stuhl	Lokativ	Der Pulli liegt auf dem Stuhl

Ein Fortschritt im Syntaxerwerb wird also nach Bloom nicht in erster Linie durch den Erwerb neuer Kernstrukturen (Tiefenstrukturen) erreicht, sondern durch die Vervollständigung der Äußerungen mit syntaktischen Einheiten nach dem Modell der Erwachsenensprache.

Einen dritten Ansatz zur theoretischen Verarbeitung von Zwei-Wort-Sätzen trägt Schlesinger (1971, verfaßt 1968) bei.

Schlesinger hat wohl zuerst die grammatische Analyse der Kernstrukturen durch eine Analyse der Bedeutung ersetzt, d. h.

hier im besonderen Fall eine Analyse der Absichten (Intentionen) des Sprechers. Die Absichten sind ihrer Natur nach nichtsprachlich und sind deshalb in sprachliche Einheiten umzuwandeln. Intentionsmuster (intention-markers) müssen über sogenannte *Verwirklichungsregeln* zu Sätzen geformt werden. In den Verwirklichungsregeln ist festgelegt, welche Position eine bestimmte Intentionseinheit in einem Satzgefüge einnimmt und in welche grammatische Kategorie sie überführt werden soll. Die Verwirklichungsregeln sind nicht unabhängig voneinander: Wenn z. B. in der Intention eine Verneinung angestrebt wird, so wird durch die entsprechenden Verwirklichungsregeln gleich ein Bündel von Satzeinheiten gesteuert.

Schlesingers Intentionsmodell scheint sich besonders gut für die Analyse von Zwei-Wort-Sätzen zu eignen, deshalb wird es in diesem Abschnitt dargestellt. Eine Verallgemeinerung auf die Erwachsenensprache steht noch aus. Die Intentionen, die sich in *Sätzen, Konzepten* und *Relationen* ausdrücken, werden geformt durch die kognitiven Möglichkeiten des Kindes. Diese kognitiven Anlagen sind nach Meinung Schlesingers universell und nicht nur spezifisch menschlich. Sie können daher in verschiedene Form gekleidet werden, je nach der Kommunikationsweise der Gemeinschaft, in die das Individuum hineinwächst.

Die Verwirklichungsregeln ordnen Konzepte zu einer Beziehung und zielen dann auf eine bestimmte grammatische Kategorie. In Zwei-Wort-Sätzen findet Schlesinger acht verschiedene Beziehungen. Die Konzepte sind – gemessen an der Erwachsenensprache – in der richtigen Reihenfolge, sie haben jedoch in diesem Sprachstadium noch nicht immer die richtige grammatikalische Form. Das Phänomen der ›erwachsenen‹ Wortfolge bedeutet in den Überlegungen Schlesingers, daß *bestimmte Konzepte nach bestimmten Regeln zueinander in Beziehung gebracht werden.*

Die acht Grundbeziehungen sind die folgenden:

1. Handelnder und Handlung: Zum Beispiel ›Auto weg‹, ›Mamma kommen‹;

2. Handlung und Objekt: Zum Beispiel ›Guck Strumpf‹, ›geben Auto‹;

3. Handelnder und Objekt: Zum Beispiel ›Eva Mittagessen‹ (Eva ißt Mittagessen);

4. Modifikator und modifizierte Einheit: Zum Beispiel: ›Hübsches Boot‹, ›mehr Nüsse‹;

5. Verneinung und Verneintes (X ist eine beliebige Variable): Zum Beispiel ›nein waschen‹, ›nein naß‹;
6. X mit Dativ: ›Papa werfen‹ (zum Papa werfen);
7. Einführungsklausel und X: Zum Beispiel ›Guck Junge‹, ›da Buch‹;
8. X und Ortsbestimmung: Zum Beispiel ›Baby Stuhl‹ (Baby im Stuhl), ›Mauer laufen‹.

Diese auf semantischen Einheiten beruhende Grammatik könnte, wenn sie weiter ausgebaut würde, eine Alternative zur Transformationsgrammatik Chomskys werden. Kurz nach Schlesingers Äußerungen erscheinen noch weitere Abhandlungen, die von dem gleichen Gedanken ausgehen (Kernan 1969, Fillmore 1968, McCawley 1968). Sie sollen jedoch hier nicht weiter besprochen werden. Die acht Grundbeziehungen erinnern an einige der bereits eingeführten Kategorien Blooms.

In seiner neuen, umfassenden Monographie über die einzelnen Stufen der Sprachentwicklung (ab dem Zwei-Wort-Stadium) untersucht Brown (1973), wie weit aus den Ansätzen Schlesingers und Blooms eine vollständige Grammatik des Zwei-Wort-Satzes entwickelt werden kann. Der Autor selbst erklärt diesen Versuch zunächst für noch nicht gelungen; doch scheint er einige neue Deutungen sprachlicher Erscheinungen in dieser Phase zu enthalten. Die Analyse Browns ergibt, daß Kinder ihre Sätze so aufbauen, als ob kein Strukturelement für irgendeinen Satz unbedingt notwendig sei. Weiterhin sind die Auslassungen keineswegs nur auf solche Regelmäßigkeiten beschränkt, wie sie sich in der Telegrammsprache der Erwachsenen zeigen. Diese von anderen Autoren vertretene Meinung vernachlässige die zahlreichen Ausnahmen, bzw. die Datenbasis zur Analyse sei zu schmal. Kleine Kinder lassen auch linguistisch unentbehrliche Elemente aus, z. B. ›Gib Hundi‹, läßt aus: ›dem‹ und das Objekt ›Ball‹.

Diese Befunde legen nach Brown eine Deutung nahe, die die Äußerungen des Kindes aus der Kommunikationssituation heraus versteht. Das Kind bringt mit seinen sprachlichen Äußerungen die Erwartung zum Ausdruck, immer verstanden zu werden (S. 245). Diese Erwartung wird auch keineswegs enttäuscht, so lange sich das Kind in vertrauter Umgebung bewegt unter Menschen, die mit seinen Absichten und Eigenarten vertraut sind. Das Stadium der Zwei-Wort-Sätze läßt sich deshalb beschreiben als eine sprachliche Phase, in der die Formulierungen sich einer bestimmten Umgebung angepaßt haben, aber ganz speziell auf diese Umgebung zugeschnitten sind. In

neuer Umgebung fühlt sich das Kind – meist mit Recht – mißverstanden. Brown leitet daraus ab, daß das Kind im Laufe
des Spracherwerbs lernen muß, gewisse Elemente immer wieder
zu explizieren (Handelnder, Handlung, Anzahl, Zeit etc.),
auch wenn die Bedeutung aus dem Kontext klar ist und es als
Wiederholung erscheint, sie noch einmal zu formulieren. Je
weiter der Aktionsbereich eines Kindes wird, um so breiter
muß der Anpassungsbereich seiner sprachlichen Äußerungen
werden, wenn eine eindeutige Kommunikation möglich sein
soll. Ideales Endziel ist dann eine allgemein verständliche
Sprache, die sich auf möglichst viele Kommunikationspartner
einstellen kann.

6.4 Mehr-Wort-Sätze

Kinder im Alter zwischen 2¹/₂ und 3 Jahren beginnen Äußerungen von mehr als zwei Worten zusammenzufügen. Die Verlän-
gerung der Äußerungen geht einher mit einer Organisation der
Elemente zu einer umfassenderen linguistischen Einheit, die
nun auch formal den Kriterien eines Satzes entspricht. Der
Übergang vom Zwei-Wort-Satz zum Mehr-Wort-Satz kann
theorieneutral beschrieben werden als eine kontinuierliche An-
reicherung der Kerneinheiten des Zwei-Wort-Satzes mit mehr
und mehr syntaktischen Elementen: ›Auto fahren‹ wird zu ›Ich
Auto fahren‹ oder zu ›Auto fährt weg‹.
Der Zuwachs in einer zusammenhängenden Äußerung vom
Zwei-Wort-Stadium zur nächsten Phase beträgt nach Brown
im Durchschnitt nur ein halbes Wort. Doch dann wächst die
Länge der Äußerung schneller an. Es treten auch mit wachsen-
der Äußerungslänge bedeutungstragende Veränderungen der
Worte auf (Flektionen). Aus ›fahren‹ wird ›fährt‹, aus ›viele
Puppe‹ wird ›viele Puppen‹. Die syntaktische Form der Äuße-
rungen steht nun außer Zweifel.
Für die linguistische Analyse im Bereich des Spracherwerbs hat
Brown eingeführt, die Länge einer Äußerung nicht nach Wor-
ten, sondern nach Morphemen auszuzählen. (Morpheme sind
– wie bereits erwähnt – kleinste Spracheinheiten mit eigener
Bedeutung. Sie können Worte sein – etwa ›Ball‹, aber auch
Wortteile wie das Mehrzahl anzeigende -n am Ende eines
Hauptwortes, die Vorsilbe ›un-‹ am Anfang eines Eigenschafts-
wortes usw.) Betrachtet man nun quantitativ den Spracherwerb
vom Zwei-Morphem-Stadium an, so ergibt die Auszählung

Browns in den von ihm beobachteten drei Fällen folgenden
Häufigkeitsverlauf:

*Figur 3: Durchschnittliche Länge der Äußerung in Morphemen
in verschiedenen Altersstufen*

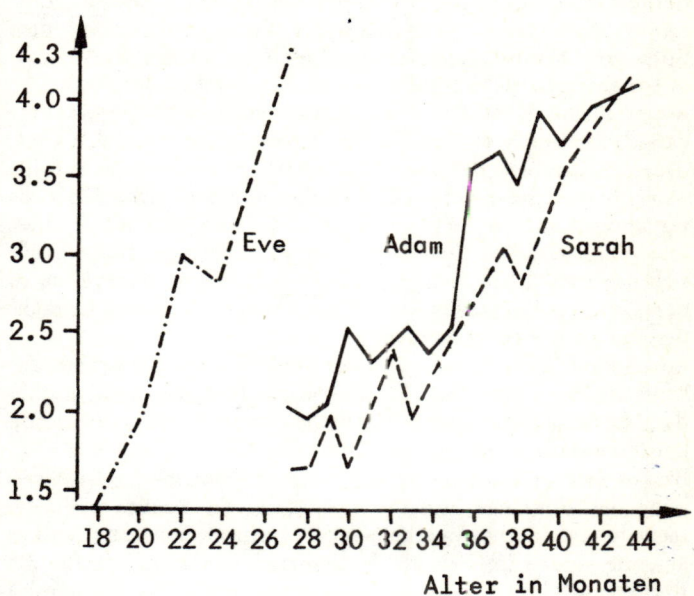

Die bildliche Darstellung zeigt zum ersten den kontinuierlichen
Morphemzuwachs in wenigen Monaten bei allen drei Kindern;
zum zweiten verdeutlicht sie aber auch die beträchtlichen individuellen Schwankungen. Die kleine Eve spricht bereits über
vier Morpheme aus zu einem Zeitpunkt, zu dem die anderen
beiden Kinder noch im Zwei-Morphem-Stadium sind.
Über den allmählichen Ausbau der einzelnen syntaktischen
Elemente gibt es eine Fülle von Einzeluntersuchungen, deren
Zusammenstellung eine neue Monographie von beträchtlichem
Umfang ergeben würde. Dies kann hier in einem Abschnitt
nicht geleistet werden. Der Leser, der an einer ins einzelne
gehenden Übersicht über den Aufbau der Syntax interessiert
ist, kann auf entsprechende umfassendere Zusammenstellungen
hingewiesen werden: Bowerman (1973), Brown (1973), Miller/
Ervin (1964), Menyuk (1971), Ruke-Dravina (1963), Slobin

(1971). Für diesen Abschnitt sollen aus der Fülle des vorliegenden Materials nur einige Befunde ausgewählt werden, die allgemeine Grundzüge oder Regelmäßigkeiten des Syntaxerwerbs erkennen lassen.

Im Verlauf des Erwerbs syntaktischer Elemente lösen nach Berko (1958) drei Phasen einander ab. In der *Phase der Imitation* ahmt das Kind syntaktische Veränderungen aus dem Sprachangebot Erwachsener von Einzelfall zu Einzelfall nach; es spricht z. B. richtig nach: ›ging‹. Mit wachsender Aufmerksamkeit bemerkt es jedoch unter anderem, daß häufig die Vergangenheit durch die ›te‹-Endung gekennzeichnet wird. Es bildet sich daraus eine Regel und verallgemeinert nun auf die Vergangenheitsform aller Zeitwörter; aus dem zunächst richtig übernommenen ›ging‹ wird nun ›gehte‹. Man nennt diese Übergangszeit die *Phase der Übergeneralisation*. Ihr schließt sich dann als dritte Phase die *Phase der Differenzierung* an, in der Unregelmäßigkeiten und Abweichungsregeln dem Sprachbestand eingegliedert werden.

Berko kann diese Phasen in zwei Bereichen des Spracherwerbs nachweisen, in der oben beschriebenen Tempusflexion und in der Mehrzahlbildung – im Englischen meist Verallgemeinerung der Mehrzahlendung ›s‹ (vgl. Ervin 1964).

Berkos Beobachtungen ergeben eine chronologische Beschreibung der Vorgänge beim Syntaxerwerb. Sie kommt ohne die recht hypothetische Annahme der Transformationsgrammatiker aus, die gerade im Erwerb der Syntax ein Paradigma für die Entfaltung des Spracherwerbsmechanismus sehen (Chomsky 1965; McNeill 1970).

Für die Vertreter der Transformationsgrammatik bedeutet der Erwerb der Syntax vor allem Erwerb von Transformationsregeln. McNeills Ausführungen über die Grammatik der Ein- und Zwei-Wort-Sätze kann man ohne Bedenken so auslegen, daß bereits in diesen frühen Phasen die allgemeinen (universalen) Tiefenstrukturen Bestandteil der Sprachkompetenz des Kindes sind. In der nachfolgenden Zeit des Syntaxerwerbs bleibt nur noch der Erwerb der Transformationen, d. h. der Umsetzung der Tiefenstrukturen in die variablen Oberflächenstrukturen der gesprochenen Sprache. Es müssen also Wortstellungen in einem Satzgefüge erworben werden, bedeutungstragende Wortveränderungen (Inflektionen), Satzelemente, Satzverschachtelungen, Satztypen (Aussage, Frage, Verneinung) usw. Übereinstimmend mit Berko stellt McNeill eine Entwicklung vom Allgemeinen zum Differenzierten fest. Es werden zunächst solche Transformationsregeln erworben, deren Gültigkeitsbereich möglichst breit ist, d. h. die wenigsten Ausnahmen kennt. Breite Regeln treffen auf mehrere Sätze zu und werden früher erworben als spezielle Regeln, die sich auf verschiedene Strukturen innerhalb eines Satzes beziehen. Ein Beispiel für eine solche breite Regel: In einem Satz sollte ein Subjekt und ein Prädikat vorhanden sein, wobei im Englischen noch die relativ fixierte Wortstellung beider zueinander als Teil der Regel gilt; Beispiele für spezielle Regeln: Regeln der Mehrzahlbildungen und Regeln für den Anschluß eingebetteter Sätze.

Der von McNeill postulierte Mechanismus, der den Erwerb der Transformationen steuert, ist ein kontinuierliches induktives Erkennen und Ordnen von Transformationsregeln. Osgood (1963 a, b) bemerkt zu dieser Auffassung, sie sehe im Kind einen ›kleinen Linguisten‹, der von Geburt an seine Aufgabe wahrnimmt. Aus dem umfangreichen Datenmaterial, das Brown (1973) einer Analyse unterzieht, ergibt sich die verallgemeinerbare Beobachtung, daß eine beträchtliche Zeit vom ersten Auftauchen einer syntaktischen Form (eines Morphems) bis zu dessen zuverlässigem Erscheinen beim Sprechen vergeht. Dies kann unter Umständen eine Dauer von einem Jahr und länger beanspruchen. Im dazwischenliegenden Zeitraum tritt das Morphem nur mit einer geringen, allerdings langsam anwachsenden Wahrscheinlichkeit auf. Brown, Cazden und Bellugi (1968) betrachten ein Morphem erst als erworben, wenn es in 90 % der einschlägigen Fälle registriert werden kann. Nach Brown läßt sich dieser Befund nicht mit der Auffassung vereinbaren, es würden Regeln gelernt, denn dann müsse nach Kenntnis der Regeln ihre richtige Anwendung garantiert sein.

Der Annahme eines Lernens von Regeln widerspricht nach Brown auch der Verlauf der Entwicklung verschiedener Komplexitätsgrade unter den syntaktischen Formen. Mit ›komplex‹ bezeichnet Brown eine aus vielen verschiedenen Varianten zusammengesetzte Form. Betrachtet man z. B. die regelmäßigen und unregelmäßigen Zeitwortformen in den einzelnen Konjugationen (nach Personen bzw. nach den Zeiten gegliedert), so besteht hier ein rein syntaktischer, jedoch kein semantischer Unterschied in den einzelnen Komplexitätsgraden.

Nicht immer wird die regelmäßige Form vor der unregelmäßigen erworben. Die Reihenfolge kann durchaus umgekehrt sein. Brown führt als Beispiel dafür den Erwerb der unregelmäßigen Vergangenheitsformen vor den regelmäßigen an, während aber unregelmäßige Bildungen von Zeitwortformen in der 3. Person Einzahl (im Englischen) nicht vor den regelmäßigen Formen gelernt werden; der Unterschied im Zeitpunkt ist jedoch nach Browns Daten recht gering.

Weiterhin ergeben die Daten, daß die einzelnen syntaktischen Veränderungen sich bei den untersuchten Kindern auffallend gleichförmig vollziehen. Dabei spielt die Häufigkeit, mit der die einzelnen Formen in der Sprache der Erwachsenen vorkommen, keine Rolle. Die syntaktischen Wortveränderungen verändern zugleich auch die Bedeutung der Namen- und Zeitwörter (Nomen und Verben), und es bedarf aus dieser Sicht die Beobachtung keiner weiteren Erklärung, daß zunächst Nomen und Verben und dann erst die syntaktischen Veränderungen erworben werden.

Darüber hinaus macht aber Brown geltend: Grammatische Veränderungen sind in einem bestimmten, den Kommunikationspartnern bekannten Kontext redundant. Deshalb werden sie vom Kind zunächst weggelassen. (Auch in der gesprochenen Erwachsenensprache kann man diese Erscheinung feststellen.) Diese Redundanz hat zur Folge, daß z. T. weder durch die Erwachsenensprache noch durch Mißverständnisse in der Sprechsituation ein Druck ausgeübt wird, bestimmte syntaktische Formen zu erlernen. Jedenfalls wird dieser Druck nicht in der typischen Sprechsituation des Kleinkindes ausgeübt, nämlich in der Familie in vertrauter Umgebung. Da die Kinder auch kompliziertere Konstruktionen schließlich erlernen, muß man wohl annehmen, daß von außen ein Entwicklungsanreiz gesetzt wird. Dies kann z. B. durch die Kommunikation mit anderen Kindern und mit Erwachsenen außerhalb der Familie geschehen.

Diese allgemeine Darstellung des Erwerbs von Syntax im Mehr-Wort-Stadium wird in einem späteren Kapitel noch einmal aufgegriffen werden. Während in der bisherigen Übersicht der Erwerb der Syntax im wesentlichen bei Kindern bis zu vier Jahren besprochen worden ist, soll noch einmal gesondert auf einzelne Aspekte des Spracherwerbsprozesses von fünf Jahren bis etwa zehn Jahren eingegangen werden (s. Kapitel 8). In diesem Zeitraum macht der Syntaxerwerb noch bedeutsame Fortschritte – entgegen der Ansicht einiger Psycholinguisten, die den Spracherwerb in einem Alter von vier bis fünf Jahren in wesentlichen Teilen für abgeschlossen halten (vgl. Menyuk 1971; Lenneberg 1967).

Kapitel 7

Der Erwerb von Bedeutungen

7.1 Vorbemerkungen

In den letzten Jahren hat die Spracherwerbsforschung ihre Aufmerksamkeit verstärkt auf den Bereich der Semantik gerichtet (Olson 1970; Grimm 1976); der Begriff der Semantik wird durch diese Diskussion vielschichtiger und breiter. Traditionell umfaßt die Semantik die Beziehung zwischen Zeichen und Bezeichnetem, zwischen Namen und Gegenstand. Diesen beiden Einheiten wird als dritte die Einheit des Begriffes hinzugefügt; sie repräsentiert alle Bedeutungsaspekte. Die Beziehung der drei Einheiten läßt sich nach Schmidt (1969) in einem Dreiecksschema veranschaulichen:

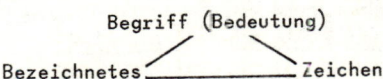

Unter Bedeutung ist zunächst die im Lexikon fixierte Bestimmung des Bezeichneten im Hinblick auf das zugehörige Zeichen zu verstehen (*lexikalische oder denotative Bedeutung*).

Der lexikalischen Bedeutung kommt die Funktion eines Standards, einer Norm zu, an dem sich die Mitglieder einer Sprachgruppe orientieren. Die Psychologie umgeht meist das Normkonzept in diesem Zusammenhang. Sie definiert die lexikalische Bedeutung lediglich als eine Übereinstimmung, die von einer Anzahl von Individuen getragen wird. Die gemeinsame Bedeutung eines Zeichens wird durch die Erhebung von Assoziationen zu diesem Zeichen ermittelt. Der Vorgang des Sammelns von Bedeutungen läuft in den traditionellen Erhebungstechniken folgendermaßen ab: Einer Reihe von Versuchspersonen werden nacheinander Reizworte (Zeichen wie ›Hund‹, ›Baum‹ usw.) vorgelegt. Auf jedes Reizwort soll die Versuchsperson mit dem ersten Einfall antworten, der ihr in den Sinn kommt. Es können auch weitere Einfälle auf ein Reizwort erfragt werden. Die Gemeinsamkeiten zwischen Antworten (die häufigsten Assoziationen) repräsentieren psychologisch die Bedeutung des Reizwortes. Zwei Reizworte haben eine um so ähnlichere Bedeutung, je höher die Anzahl der übereinstimmenden Assoziationen ist. Dieses Verfahren zur Bestimmung der Bedeutung eines Wortes kann lediglich eine Art ›Bedeutungsumfeld‹ – gemessen an der lexikalischen Bedeutungsbestimmung – erbringen. Bedeutung wird hiermit definiert durch die im Gedächtnis gespeicherten Worteinheiten, die mit einem kritischen Wert assoziativ verbunden sind. Ist dieses Bedeutungsumfeld eine ungeordnete Ansammlung von Bestimmungselementen oder birgt es eine Ordnung? Die Analysen der Assoziationen haben bis jetzt einige Ordnungsprinzipien ergeben: Zum Beispiel sind die Assoziationen auf Eigenschaftswörter oft Kontrastassoziationen; es wird auf ›hell‹ gewöhnlich mit ›dunkel‹, auf ›weiß‹ gewöhnlich mit ›schwarz‹ geantwortet. Weiterhin werden zu Hauptwörtern oft Oberbegriffe angegeben, zum Beispiel ›Tier‹ zu ›Hund‹. Allgemein bestätigt ist auch der Befund der einseitigen Gerichtetheit der Assoziationen: Auf ›Hund‹ folgt häufig ›Tier‹, auf ›Tier‹ jedoch nicht ebenso häufig ›Hund‹. Für die Spracherwerbsforschung ist der Befund wichtig, daß Erwachsene und Kinder verschiedene Assoziationsgewohnheiten zeigen. Erwachsene geben meist Assoziationen aus der gleichen Wortklasse, zum Beispiel ›Mensch‹ – ›Tier‹, ›Hund‹ – ›Katze‹, also auf ein Hauptwort folgt als Antwort wieder ein Hauptwort (paradigmatische Assoziationen). Jüngere Kinder neigen dazu, Antworten aus verschiedenen Wortklassen zu geben (syntagmatische Assoziationen), zum Beispiel assoziieren sie zu ›Hund‹ ›bellen‹ (Woodrow und Lowell 1916; Ervin 1961 b).

Clark (1970) analysiert den Prozeß der Assoziationsbildung, um ihn für eine psycholinguistische Betrachtung des Erwerbs von Bedeutungen fruchtbar zu machen. Er unterscheidet bei der Assoziationsbildung drei Stadien:

1. Verständnis des verbalen Reizes,
2. Verarbeiten der Bedeutung des Reizes,
3. Hervorbringen der Antwort.

Im ersten Stadium werden dem Reiz *Bedeutungsmerkmale* zugeordnet, wie zum Beispiel beim Reizwort ›Mann‹ die Merkmale (a) lebendiges Wesen, (b) Mensch, (c) Erwachsener, (d) männlich. Im zweiten Stadium wird eine Assoziationsregel aktiviert, zum Beispiel die häufig angewendete, daß das unterste Merkmal in der Merkmalshierarchie verändert wird, aus ›männlich‹ wird ›weiblich‹; dieses Merkmal wird dann einem Wort der gleichen Klasse zugeordnet, nämlich ›Frau‹ (Prinzip des Minimalkontrastes). Kinder bevorzugen jedoch die Kontrastbildung innerhalb von syntaktischen Kategorien

(›gehen‹ – ›kommen‹). Für den Fall der syntagmatischen Assoziation läuft neben dem Verarbeitungsprozeß, der die Merkmalshierarchie ausnutzt, noch ein zweiter Vorgang ab, der im Gedächtnis verankerte Redewendungen einbezieht (idiom completion rule). So könnte die Assoziationsregel lauten: Finde eine idiomatische Wendung, in der das Reizwort enthalten ist, und nehme das nächstfolgende Wort zur Assoziation, zum Beispiel: ›rosa‹ – ›Brille‹.

McNeill (1970) hat nun die Schwerpunktverschiebung in den Assoziationsgewohnheiten von syntagmatischen zu paradigmatischen Assoziationen auf den Umstand zurückgeführt, daß die Hierarchie semantischer Merkmale sich erst im Laufe der kognitiv-sprachlichen Entwicklung ausbilden muß. Dieser Zeitpunkt ist den Erhebungen nach erst im Alter zwischen fünf und acht Jahren erreicht.

Als weiterer Ansatz, Bedeutung psychologisch zu erfassen, schlägt Osgood (1952) die Erhebung von *Konnotationen* (Nebenbedeutungen) vor. Nebenbedeutungen sind Bedeutungsnuancen, die über die lexikalische Bedeutung hinausgehen. Sie sind meist emotionaler, bewertender Natur und stark subjektiv oder von Gruppennormen bestimmt. Ein Beispiel: Das Wort ›Kollektiv‹ hat für Personen, die der sozialistischen Gesellschaftsform zuneigen, eine positive Nebenbedeutung, für andere, die ihr ablehnend gegenüberstehen, eine negative Nebenbedeutung. H. H. !

Osgood entwirft ein Verfahren zur Erhebung von Nebenbedeutungen. Er legt Eigenschaften als Gegensatzpaare vor, die Pole auf einer zweipoligen Skala darstellen. Anhand mehrerer solcher Eigenschaften bzw. Skalen läßt sich der Eindruck von Wörtern (Begriffen) und anderen Gegenständen wiedergeben. Beispiele für häufig benutzte Skalen sind:

```
langsam ┬───┬───┬───┬───┬───┬───┬ schnell
        1   2   3   4   5   6   7

    gut ┬───┬───┬───┬───┬───┬───┬ böse
        1   2   3   4   5   6   7
```

Die Versuchspersonen können ein vorgegebenes Wort auf dieser Skala nach der Intensität der Eigenschaft einstufen, die sie für das betreffende Wort als zutreffend empfinden.

Nach einer Reihe von Vorerhebungen entwickelt Osgood ein festes Instrument mit einer Liste von vorgegebenen Eigenschaften. Die Einstufungen einer großen Stichprobe von Versuchspersonen analysiert er faktorenanalytisch und erhält für eine

Vielzahl vorgegebener Reizworte drei Grunddimensionen der Nebenbedeutungen:

1. Eine *Aktivitätsdimension* (repräsentiert durch polare Eigenschaften wie ›schnell-langsam‹),
2. eine *Potenzdimension* (z. B. ›stark-schwach‹),
3. eine *Bewertungsdimension* (z. B. ›gut-böse‹).

Wie sich dieser Aspekt der Bedeutung im Laufe des Spracherwerbs verändert, kann zum jetzigen Zeitpunkt noch nicht zusammengefaßt werden; für dieses Standardverfahren müssen die Versuchspersonen schon im Schulalter sein, um es bewältigen zu können.

Die empirischen Analysen von Bedeutungsaspekten sind der Einfachheit halber meist von der Einheit ›Wort‹ ausgegangen. Es wird in neueren Arbeiten jedoch auch auf weitere Einheiten übergegangen, auf Sätze, ja auf ganze Texte (Kintsch 1974, Engelkamp 1975). Einzelne Arbeiten liegen auch für Kindertexte vor (Kintsch 1976). Sie können jedoch in dieser Einführung wegen ihrer spezialisierten Fragestellung nicht berücksichtigt werden.

7.2 Horizontaler und vertikaler Erwerb semantischer Merkmale

Den Erwerb von Bedeutungen einzelner Worte, der Aufbau des Lexikons, versucht die Theorie der Bedeutungsmerkmale (semantic features) zu beschreiben. Als Beispiel diene der Erwerb der lexikalischen Einheit ›Hund‹: Die Merkmale, die das Kind zunächst wahrnimmt, könnten sein: ›Gegenstand‹, ›lebend‹, ›Tier‹, ›vier Beine‹, ›macht wau-wau‹ usw. Das Kind scheint zunächst sehr allgemeine Merkmale wahrzunehmen und erst nach und nach Abgrenzungen gegen andere Einheiten durch den Erwerb differenzierter Merkmale (z. B. ›hat keine Schnurrbarthaare wie eine Katze‹) zu erreichen.

Es bestehen jedoch zur Zeit noch keine detaillierten Annahmen über die Reihenfolge, in der die semantischen Merkmale erworben werden. McNeill stellt zwei Möglichkeiten einander gegenüber (1970, S. 116):

1. Horizontale Entwicklung. Beim Erwerb eines Wortes werden nur einige der vielen möglichen Merkmale registriert. Der Fortschritt im Bedeutungserwerb zeigt sich im Erschließen weiterer differenzierender Merkmale mit jedem neu erworbenen Wort.

2. Vertikale Entwicklung. Alle semantischen Merkmale sind gleich bei der Aufnahme einzelner Wörter in den Wortschatz des Kindes gegeben, aber es muß noch eine systematische Ordnung der Merkmale aufgebaut werden.

Horizontale und vertikale Entwicklung sind nicht als einander ausschließende Möglichkeiten konzipiert. McNeill führt Befunde an, die sowohl für eine horizontale als auch für eine vertikale Entwicklung sprechen.

Zum Beispiel kann man syntagmatische Assoziationen als sehr breite paradigmatische Antworten deuten, wenn man bei Kindern bereits semantische Kategorien annimmt. Geht man von dieser Hypothese aus, so erscheint die Möglichkeit einer horizontalen Entwicklung semantischer Merkmale plausibler.

Eine Assoziationsstudie von Anderson und Beh (1968) an Kindern, die gerade das Stadium der paradigmatischen Assoziationen erreicht haben, ergibt bei einem nachfolgenden Gedächtnistest, in dem die Reizworte zu den Assoziationen wiedererkannt werden sollen, daß Reizworte wie ›gehen‹ und ›kommen‹ nachträglich verwechselt werden; dies ist nur aufgrund einer vertikalen Entwicklung denkbar.

Die semantische Entwicklung ist – verglichen mit dem syntaktischen Spracherwerb – langsam. Der Schwerpunkt der Syntaxentwicklung liegt zwischen vier und fünf Jahren. Die semantischen Merkmale werden jedoch nach diesem Alter auch noch gleichmäßig weiter erworben und differenziert. Beim Erwerb der Syntax kann bereits auf ein System von Regeln zurückgegriffen werden, während ein System von Merkmalen in der Semantik erst gebildet werden muß.

Grimm und Wintermantel (1975) befassen sich in einer Untersuchung für den deutschen Sprachbereich ebenfalls mit der Frage, wie das Kind semantische Merkmale erwirbt und sie zu differenzieren lernt. Sie zentrieren für ihre Untersuchung u. a. die Fragestellung um, indem sie semantische Merkmale vorgeben und beobachten, welche Bedeutungen die Merkmale nahelegen.

Zur Interpretation dieser Erscheinung muß man noch bedenken, welches Abstraktionsniveau die Analyse vieler Merkmale erfordert (z. B. den angemessenen Oberbegriff als semantisches Merkmal zu finden). Eine Hilfe für das Kind wären zweifellos wahrnehmbare Qualitäten der Worte, die Hinweise auf Bedeutungsmerkmale geben könnten. Dies wäre etwa der Fall, wenn Laute mit festen Bedeutungen verknüpft wären (z. B. Worte mit ›u‹ Unangenehmes bedeuten). Doch wie Untersuchungen zur Lautmalerei zeigen, besteht in der natürlichen Sprache keine Beziehung zwischen Lautbild und Bedeutung

(Ertel 1969), wenn auch die Anmutungsqualitäten von Lautmustern oft überraschend einheitlich beurteilt werden.

7.3 Nominaler Realismus

Noch vor einigen Jahren herrschte im Bereich des Bedeutungserwerbs die Meinung vor, die frühe Phase sei gekennzeichnet
durch einen ›nominalen Realismus‹. Mit ›nominaler Realismus‹
wird jene Denkweise bezeichnet, die den Namen eines Gegenstandes als Teil des Gegenstandes selbst auffaßt. Noch bis zum
Alter von 10 Jahren zeigen Kinder in einigen Untersuchungen
verbales Verhalten, das auf ›nominalen Realismus‹ schließen
läßt (Brooks nach Bever 1971). Bever bezweifelt diesen Befund, er hält ihn für ein durch die Versuchstechnik künstlich
hervorgebrachtes Ergebnis. Mit einer neu entworfenen Versuchstechnik findet er bei Kindern im Alter zwischen zwei und
fünf Jahren bereits bei 70 % der Versuchspersonen eine Trennung von Namen und Gegenstand.
In dem neuen Verfahren wird den Kindern ein Spieltier
(Giraffe) gezeigt und auf verschiedene Körperteile des Tieres
mit einer festgelegten Fragefolge gedeutet:
»Ist der Fuß ein Teil der Giraffe?«
»Ist die Nase ein Teil der Giraffe?« usw.
Der Giraffe wird ein Halsband umgelegt und erneut wird
gefragt:
»Ist das Halsband ein Teil der Giraffe?«
und abschließend:
»Ist der Name ein Teil der Giraffe?«
Zur Kontrolle werden dann noch weitere Fragen angeschlossen:
»Könnte man eine Giraffe auch eine Katze nennen?«
»Könnte man sie eine ›Gip‹ nennen?«
»Könnte man sie eine ›Raffe‹ nennen?«
Nach den Versuchsprotokollen zu schließen, ergeben diese
Folgen von Fragen oft nicht die erwartete Eindeutigkeit in den
Antworten. Die Antworten erfordern ihrerseits wieder Nach-
fragen, die die knappen Formulierungen der Kinder aufklären
helfen. In den Gesprächen zeigen jedoch auch jüngere Kinder
bereits die Einstellung, daß Namen von Gegenständen grund-
sätzlich austauschbar seien, wenn alle anderen Gesprächspart-
ner davon Kenntnis hätten.
Der Versuch Bevers läßt eine größere Variationsbreite von
Objekten und zugehörigen Namen vermissen. Untersuchungen

Sinclairs (1971) ergeben nämlich bei Kindern vergleichbaren Alters Antworten, die auf ›nominalen Realismus‹ hindeuten. Sie verwendet allerdings Namen von Gegenständen, die außerhalb des Erfahrungsbereiches der Kinder liegen, wie das z. B. bei ›Engel‹ der Fall ist. Für die Beantwortung der Frage, inwieweit für kleine Kinder Namen und Bezeichnetes kognitiv eine Einheit bilden, sind auch die Befunde interessant, die sich mit der kognitiven Verarbeitung von Homonymen beschäftigen. Homonyme sind identische Wörter mit verschiedenen Bedeutungen (z. B. ›Hahn‹ als ›Wasserhahn‹ und ›männlicher Vogel‹). Asch und Nerlove (1960) finden in ihren Untersuchungen zwar bereits früh den Gebrauch von Homonymen, doch den Bedeutungsunterschied können die Kinder erst im Schulalter erkennen. Als Beispiel diene das Homonym ›süß‹. Bereits zwischen zwei und drei Jahren beschreiben Kinder einen Geschmack als ›süß‹ und verwenden das gleiche Wort, um einen Hund als ›süß‹ zu bewerten. Auf die Frage, was ›süß‹ in dem einen und in dem anderen Falle bedeute, erhält man jedoch erst einige Jahre später Antworten, die auf ein Verständnis der Bedeutungsvariation schließen lassen.

7:4 Das Lernen von Bedeutungen

Nach den bisher berichteten Arbeiten kann der Eindruck entstehen, der Erwerb von Bedeutungen könne theoretisch nur durch die Annahme von analytischen Denkprozessen erklärt werden. Einmal leiste die kognitive Analyse die Identifikation semantischer Merkmale, dann abstrahiere sie die Zeichen vom Bezeichneten. Der Erwerb von Bedeutungen hängt also nach dieser Auffassung ganz davon ab, wie der kognitive Entwicklungsstand des Kindes ist.
Ohne die Berücksichtigung kognitiver Voraussetzungen kommt der lerntheoretische Ansatz aus. Es gibt von Vertretern der Lerntheorie Erklärungen für den Erwerb von Bedeutungen, die einfache Lernmechanismen (Konditionierungsvorgänge) für ausreichend halten, auch den Erwerb komplexer Bedeutungszusammenhänge zu leisten. Andere Vertreter meinen jedoch, die Mechanismen des Konditionierens reichen zur Erklärung von Verhalten auf der symbolischen Repräsentationsebene nicht aus.
Konsequente Vertreter der einfachen Konditionierungsvorgänge zur Erklärung des Spracherwerbs sind Skinner (1957)

und Staats (1968). Zunächst zu Staats' Überlegungen und Experimenten: Staats geht zunächst davon aus, daß Lernen allgemein nach dem Gesetz des wiederholten raum-zeitlichen Vorkommens von Reizen vor sich geht. Manchen Reizen sind (angeborene) Reaktionen verläßlich zugeordnet. Der Geschmack von Essen auf der Zunge löst biochemische Veränderungen aus, einem schnell sich bewegenden Reiz vor den Augen folgt ein Lidschlag. Diese feste Reiz-Reaktionenverbindung heißt ›Reflex‹. Wenn nun ein Reiz, dem keine feste Reaktion zugeordnet ist, wiederholt mit einem Reiz gepaart wird, der eine Reflexreaktion auslöst, wird der fremde Reiz nach einigen Wiederholungen die Reflexreaktion auslösen. Diese Art, Verbindungen zwischen Reizen und Reaktionen herzustellen, nennt man ›klassisches Konditionieren‹ (Pawlow 1953–1955).

Staats versucht nun darzulegen, wie mit diesem einfachen Lernprinzip auch sprachliche Reaktionen erlernt werden können. In einem Experiment vermag er die Annahme zu stützen, daß z. B. die emotionale Bedeutung eines Wortes (Konnotation) mit Hilfe des klassischen Konditionierens erworben werden kann: Reize, die positive Gefühle erwecken, haben als Begleiterscheinung gewisse physiologische Reaktionen, ebenso die Reize, die negative Gefühle hervorrufen. In unserem Spracherwerbsprozeß werden Wörter wie ›glücklich‹, ›hübsch‹, ›gut‹ mit positiven Gefühlen gepaart, während Wörter wie ›ärgerlich‹, ›schmutzig‹, ›krank‹ mit negativen Gefühlen gepaart werden. Diese auslösende Wirkung für entweder positive oder negative Gefühle haben die Wörter nach der Auffassung Staats erst erworben durch Kopplung mit direkt gefühlsauslösenden Reizen.

Er entwirft folgende Versuchsanordnung: Gefühlsauslösende Reize in seinem Experiment sind ein elektrischer Schock (unangenehm, aber nicht schmerzhaft) und ein unangenehm lautes Geräusch. Die Stärke der emotionalen Reaktion wird mittels ihrer physiologischen Begleiterscheinung, der elektrischen Hautwiderstandsänderung, gemessen. Die Fragestellung des Versuchs lautet: Wird das Wort ›groß‹ durch die Paarung mit den Sinnesreizen die gleichen negativen Gefühle auslösen wie die negativen Reize selbst? Nachdem das Wort ›groß‹ mehrmals mit beiden Reizen gemeinsam dargeboten worden ist (zur Ablenkung der Versuchspersonen als ein Wort in einer längeren Wortreihe), stufen die Versuchspersonen das Wort ›groß‹ auf einer Skala ein, die den negativen emotionalen Gehalt quantitativ erfassen soll:

Die Versuchspersonen, denen ›groß‹ zusammen mit unangenehmen Reizen dargeboten wurde, stufen das Wort nachher als wesentlich unangenehmer ein als eine Gruppe, die dieses Wort nicht zusammen mit den unangenehmen Reizen dargeboten erhielt.

Weiterhin zeigt die Gruppe mit Elektroschock und Geräuschen, wenn ihr später das Wort ›groß‹ allein geboten wird, wesentlich stärkere Hautwiderstandsreaktionen als dies in der anderen Gruppe (Kontrollgruppe) der Fall ist. Aus diesem Versuch schließt Staats, daß die gefühlsmäßige Bewertung eines Wortes, d. h. seine emotionale Bedeutung, über einen einfachen Lernvorgang erworben werden könne.

Der Mechanismus dieses Erwerbs von Bedeutung läßt sich schematisch so darstellen:

Figur 4: Konditionierungsvorgang nach Staats

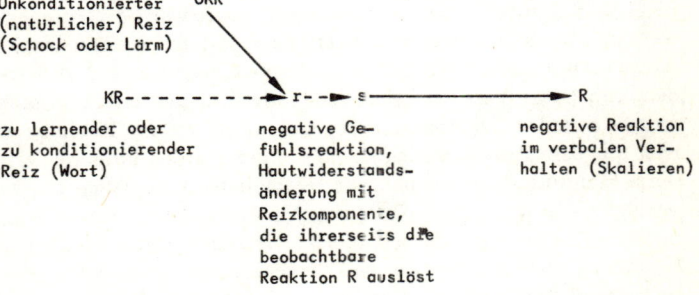

Staats unternimmt Versuche ähnlicher Art, um den Erwerb lexikalischer (denotativer) Bedeutung zu demonstrieren (vgl. Leuba 1940; Ellson 1941). Auch Bedeutungsübertragungen von Wort zu Wort lassen sich im Lernversuch nachvollziehen: Seit Pawlow ist bekannt, daß konditionierte Reize ihre Wirkung auf andere Reize übertragen können. Hierfür hat sich der Ausdruck ›Konditionieren höherer Ordnung‹ eingebürgert. Auch dieses Prinzip versucht Staats in einem Versuch auf den Erwerb von Bedeutungen zu übertragen. Mit einer dem bereits geschilderten Experiment vergleichbaren Technik koppelt Staats ein Wort mit bereits gelernter positiver Bedeutung, wie z. B. ›Schönheit‹, ›Gewinn‹, ›Geschenk‹ usw. mit sinnlosen Silben, die aus drei Buchstaben bestehen, z. B. ›Qug‹. Getestet wird nach der Konditionierungsphase, ob ›Qug‹ eine positive Einstufung auf der Skala ›angenehm-unangenehm‹ aufweist. Diese Art des Bedeutungserwerbs kann verläßlich, auch in nachfolgenden Experimenten, nachgewiesen werden (vgl. Staats 1968, S. 31). Staats geht nicht so weit anzunehmen, daß das Lernen durch Verstärkung (instrumentelles Konditionieren) beim Spracherwerb keine Rolle spielen könnte. Beim Menschen ist das Repertoire an Reflexen gering, verglichen mit der Vielzahl von Reaktionen im Bereich des sprachlichen Verhaltens, deshalb erscheint es unumgänglich, noch einen anderen Lernmechanismus in Betracht zu ziehen, der nicht an die Existenz von Reflexen gebunden ist. In einem Tierversuch kann er auch die Wirksamkeit des instrumentellen Konditionierens auf den Bedeutungserwerb nachweisen (1968, S. 59 ff).

Auch Gegenstände und Abbildungen können durch Kopplung mit emotionalen Reaktionen in ihrer Bedeutung verändert werden. So bezeichnen Versuchspersonen in den Versuchen von Ertel und Stubbe (1968) Scheiben mit negativen Bewertungen, weil sie vorher mit negativ bewertenden Adjektiven und negativ bewerteten sinnlosen Namen gekoppelt worden sind. Außerdem führt der Versuchsleiter liebevolle und aggressive Handlungen mit den Scheiben aus (er drückt sie an die Brust bzw. tritt mit dem Absatz auf sie). Die Kinder werden aufgefordert, diese Handlungen nachzuahmen. Anschließende Größenschätzversuche, in der die Größe der Versuchsscheibe einem von mehreren entfernt dargebotenen Kreisen unterschiedlicher Größe zugeordnet werden soll, ergeben ein »Abfärben« der Bezeichnungen und Handlungen auf die Größenschätzung: Positive Bewertungen führen zu einer Größenüberschätzung; bei negativen Bewertungen ist die Überschätzung eher gering und schlägt in Unterschätzung um.

Der lerntheoretische Ansatz Osgoods (1952, Osgood/Seboek 1969) sieht in der ›internen Reiz-Reaktions-Verbindung‹ eine Repräsentation der Bedeutung. Interne Reiz-Reaktionsketten sind nach Osgood die Verbindungen zwischen dem Reiz der Außenwelt und der beobachtbaren Reaktion. Osgood bezeichnet sie als ›vermittelnde Reaktion‹, den Prozeß der Vermittlung, also die Verarbeitung von Bedeutung, als Vermittlungsprozeß (Mediationsprozeß).

Osgood sieht den internen Verlauf der Reiz-Reaktionskette ähnlich wie Staats:

Figur 5: Reiz-Reaktionskette nach Osgood

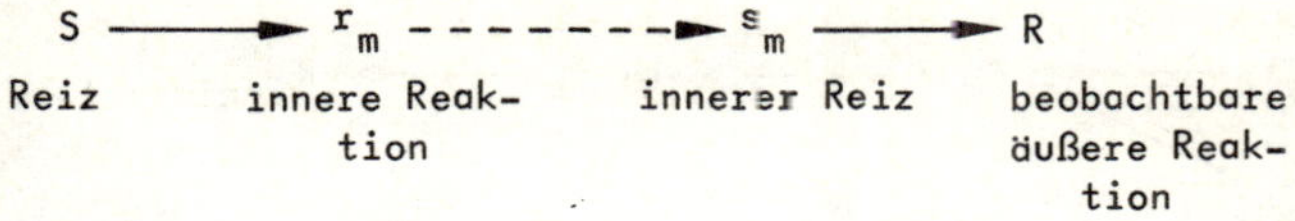

S ⟶ r_m – – – – – – – ➤ s_m ⟶ R

Reiz   innere Reak-   innerer Reiz   beobachtbare
            tion   äußere Reak-
                                               tion

m = meaning (Bedeutung)

Im Falle sprachlichen Verhaltens läuft der interne Vermittlungsprozeß auf symbolischer Ebene ab. Die inneren Reaktionen werden mit hoher Wahrscheinlichkeit von neurophysiologischen Vermittlungsprozessen begleitet, doch kann dies für eine psychologische Analyse des Bedeutungserwerbs vernachlässigt werden.

Das Lernen neuer Bedeutungen geschieht nach Osgood, indem ein neuer Reiz (z. B. eine Bezeichnung) mit dem ersten Reiz S (z. B. ein Gegenstand) gepaart wird und durch Konditionieren mit der inneren Reiz-Reaktionskette des ersten Reizes gekoppelt wird:

Figur 6: Konditionierungsvorgang nach Osgood

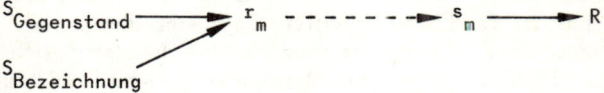

Nach einer ausreichenden Anzahl von Kopplungen löst die Bezeichnung den gleichen internen Vermittlungsprozeß und damit auch die gleiche Reaktion aus.

Osgood berichtet auch, daß der umgekehrte Konditionierungsvorgang experimentell belegt ist: Reaktionen, die auf bestimmte Worte konditioniert wurden, können auch über den vermittelnden Vorgang auf das entsprechende Objekt, welches mit dem Wort bezeichnet ist, übergehen (eine Form von ›semantischer Generalisation‹). Razran (1939) weist nach, daß bedeutungsähnliche Worte wie ›style‹ und ›fashion‹ dieselbe Reaktion hervorrufen können (z. B. Speichelfluß), wenn diese Reaktion nur auf eines der beiden Worte gelernt wird. Solch eine Generalisierung der Reaktion ist plausibel durch die Vermittlung über die Bedeutung der beiden Worte zu erklären, da die physikalischen Eigenschaften der beiden Worte (phonetisches Klangbild und Buchstabenfolgen) verschieden sind:

Figur 7: Semantische Generalisation nach Razran

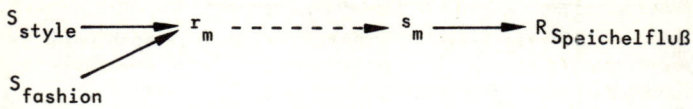

In Razrans Untersuchung ergibt sich aufgrund von Bedeutungsähnlichkeit der Reizwörter häufiger Generalisation als aufgrund von physikalischen Ähnlichkeiten: So lösen ›stile‹ und ›style‹ nicht so häufig die gleiche Reaktion aus wie ›style‹ und ›fashion‹.

Da aber auch eine Reaktionsgeneralisation im ersten Fall auftritt, kann nicht alle Generalisation über die Bedeutung vermittelt werden. Wie Osgood betont, ist dieser Mechanismus nicht ›erfunden‹ worden, um allein die Forderungen der Semantik zu erfüllen. Es handelt sich vielmehr um ein allgemeines und empirisch gut abgesichertes Phänomen, mit dem man plausibel erklären kann, wie wir durch Sprache lernen können, wie wir generalisieren oder übertragen können, ohne daß physikalische Ähnlichkeit vorhanden sein muß (Osgood 1953, S. 462).

Über die Beschaffenheit der internen vermittelnden Vorgänge bestehen Meinungsverschiedenheiten. Sind sie symbolischer Natur und nur auf der Ebene kognitiver Repräsentation anzusiedeln? Osgood neigt dieser Auffassung zu. Oder handelt es sich, wie Staats (1968) u. a. behaupten, um *inneres* Sprechen, welches durch Assoziationsvorgänge mit dem Reiz gekoppelt wird? Es soll hier keine Antwort versucht werden, da eine Darstellung der einzelnen Argumente und Befunde den Rahmen dieser Einführung sprengen würde.

Mit Skinner begegnet man einem der konsequentesten Lerntheoretiker aus der behavioristischen Schule, der Aussagen über den Erwerb von Sprache gemacht hat. In seinem 1957 geschriebenen Buch über »Sprachverhalten« legt er dar, daß innerorganismische Vorgänge auch beim Spracherwerb in einer verhaltenswissenschaftlichen Analyse keinen Platz haben. Sie sind im strengen Sinne nicht meßbar, und alle Versuche, sie zu objektivieren, sind mühsam und unökonomisch. Skinner schlägt vor, an ihrer Stelle eine funktionale Betrachtung einzuführen. Welche Bedingungen führen zu welchem Verhalten? Von welchen Variablen ist Verhalten eine Funktion? Diese Fragen sind für alle Kategorien von Verhalten gleich. Sprachverhalten soll im Rahmen einer allgemeinen Verhaltenstheorie betrachtet und analysiert werden, und zwar sowohl das Sprachverhalten des Sprechers als auch das Verhalten des Zuhörers, denn beides ist Bestandteil einer ›sprachlichen Episode‹ (verbal episode). Skinner bezeichnet als sprachliche Episode einen sprachlichen Kommunikationsvorgang, der eine abgrenzbare Einheit innerhalb des Kommunikationsgeschehens bildet.

Der semantische Bezug einer sprachlichen Episode muß genauso gelernt werden wie das sprachliche Ereignis selbst mit seiner Lautfolge und seinem Betonungsmuster. Skinner formuliert das so: Mit dem sprachlichen Verhalten muß auch der Bezug zu einer spezifischen Situation erlernt werden; das sprachliche Ereignis wird unter ›Umweltreizkontrolle‹ gebracht. Ein Beispiel: Wenn das Kind zum erstenmal die Lautkombination ›Papa‹ hervorbringt, wird es mit hoher Wahrscheinlichkeit dafür belohnt, auch wenn der Vater nicht anwesend ist. Es wird dieses Wort nun in Anwesenheit verschiedener Personen hervorbringen, wenn es bereits den Bezug der Laute zu Erwachsenen durch entsprechende Verstärkung gelernt hat; es wird das Wort in Anwesenheit von Männern sagen, wenn es gelernt hat, daß es einen Bezug zu männlichen Erwachsenen hat, und es wird es schließlich nur auf seinen Vater anwenden, wenn durch günstige Verstärkungsbedingungen der Bezug zum männlichen Elternteil klar geworden ist. Das Verhalten ist nun in einer der Erwachsenensprache angemessenen Weise unter der Kontrolle eines spezifizierten Umweltreizes, nämlich des Reizes ›Vater‹. Das Lernen der genauen Bedeutung eines Reizes nach Skinner ist also ein Prozeß der fortschreitenden Diskrimination zwischen Reizen.

Gegen die lerntheoretische Auffassung beim Erwerb von Bedeutungen spricht einmal die Auffassung der Vertreter der generativen Transformationsgrammatik, es könnten die Regelmäßigkeiten des Erwerbs grammatischer Strukturen, die ja Bedeutungserwerb implizieren, nicht durch solche schrittweisen Lernvorgänge plausibel erklärt werden, denn jede Umgebung biete andere Reizkonstellationen. Die beobachtete Einheitlichkeit im Spracherwerbsprozeß, auch in verschiedensprachigen Umgebungen, dürfte sich so kaum ergeben. Weiter wird das Argument angeführt, daß die Umweltreize auf einen als passiv konzipierten Organismus einwirken, der sich lediglich reaktiv verhält. Ihrer Überzeugung nach *konstruiert* das Kind jedoch seine Sprachregeln und damit auch die in ihnen implizierten Bedeutungen. Die Einwände sind allgemeiner Natur; es wird ihnen kein alternatives Modell des Bedeutungserwerbs gegenübergestellt.

Weitere Gegenargumente kommen aus der Reihe der Vertreter eines kognitiven Ansatzes. Einige ihrer Argumente stimmen mit denen der Transformationsgrammatiker überein, sie versuchen jedoch, die aktive Rolle des Organismus beim Erwerb von Bedeutungen detaillierter zu bestimmen. Sie verzichten auf die Annahme angeborener Mechanismen, wie sie im Anschluß an Chomsky von Transformationsgrammatikern vertreten wird, und heben die allgemeinen kognitiven Voraussetzungen für den Erwerb von Bedeutungen hervor. Ihre Position soll im folgenden Abschnitt dargestellt werden.

7.5 Der kognitive Ansatz

Jeder Versuch der Zuordnung von Handlung und Sprache oder von Kognition und Sprache kann Ausgangspunkt für eine Theorie des Bedeutungserwerbs werden. Aber es fehlen in diesem Bereich ausgearbeitete und umfassende Theorien. Eine Ausnahme bilden die Überlegungen Wells (1974) und Bruners (1975); ihnen soll deshalb dieser Abschnitt hauptsächlich gewidmet sein.
Eine Brücke zwischen Lerntheorie und Kognitionstheorie schlägt Paivio (1971). Er schreibt zwar dem Lernmodell in den frühen Phasen des Spracherwerbs eine wichtige Rolle zu; dabei beschränkt er sich aber nicht auf die Annahme einfacher Reaktionen, sondern lenkt die Aufmerksamkeit auf bildhafte Vorstellungen, die die kognitive Verarbeitung von Reizen der Umwelt begleiten. Das Kind *konstruiert* diese bildhaften Vorstellungen und speichert sie im Gedächtnis. Auf diesen bildhaften Vorstellungen baut sich nun der Erwerb von Bedeutungen und dessen Überführung in Sprache auf. Sie vermitteln zwischen lexikalischen Einheiten sowohl beim Spracherwerb als auch später beim Abrufen lexikalischer Einheiten aus dem Gedächtnis. Paivio beschreibt den Vorgang folgendermaßen: Ein Kind erzeugt beim Anblick eines Stuhles eine bildliche Vorstellung dieses Stuhles. Es lernt die Bezeichnung ›Stuhl‹ zunächst zugeordnet zu dem Gegenstand ›Stuhl‹, überträgt sie dann aber auch auf ihre bildliche Vorstellung. Je abstrakter das Bezeichnete ist, um so schwieriger wird die Konstruktion einer bildhaften Vorstellung. Entsprechend werden im Verlauf des Spracherwerbs abstrakte Bedeutungen erst nach den konkreten gelernt. Nach Piaget (1972) kann man die gleiche Vorhersage formulieren, jedoch aufgrund anderer Voraussetzungen. Eine zentrale

These seiner kognitiven Entwicklungstheorie lautet: Das Kind kann erst relativ spät abstrakte Denkprozesse leisten, entsprechend spät muß man den Erwerb abstrakter Bedeutungen ansetzen; denn – eine weitere These der Piagetschen Theorie – es kann im Spracherwerb kein Fortschritt vonstatten gehen ohne vorherigen Fortschritt der kognitiven Fähigkeiten.

Nach Sinclair (1969) kann man die Piagetschen Überlegungen zum Spracherwerb in drei Punkten zusammenfassen:

(a) Das Kind bringt keine linguistischen Universalien mit auf die Welt, sondern vielmehr kognitive Funktionen, die in Denk-Universalien übergehen.

(b) Linguistische Universalien existieren, weil es universelle Denkstrukturen gibt; diese Denkstrukturen sind universell, da sie sich notwendig aus den autoregulatorischen Faktoren und Gleichgewichtsprozessen ergeben.

(c) Die Verstandesfunktionen existieren in der Stammesgeschichte des Menschen und in seiner individuellen Entwicklung vor der Sprache; der Erwerb linguistischer Strukturen ist eine kognitive Funktion, deshalb sollte Spracherwerb durch kognitive Strukturen erklärt werden und nicht umgekehrt.

Diese allgemeinen Punkte enthalten lediglich implizit Annahmen über den Erwerb von Bedeutungen; sie bedürfen noch der expliziten Formulierung und Überprüfung. Der Forderung nach einer Definition der universalen Denkstrukturen ist Piaget selbst nachgekommen. Nun müßte auch speziell eine Definition von Bedeutungsstrukturen folgen und ihre Entwicklungssequenz aus der allgemeinen kognitiven Entwicklung abgeleitet werden. Diese Aufgabe bleibt von Vertretern des Piagetschen Ansatzes noch zu leisten.

Neue Überlegungen zum Erwerb von Bedeutungen sind kürzlich von Wells (1974) veröffentlicht worden. Er stellt sich die Frage ›Wie erwirbt das Kind Bedeutungen?‹, indem er die Ausführungen Wygotskis (1969) noch einmal aufgreift. Wygotski betrachtet die sprachliche Kommunikation als Resultat zweier Komponenten, des Denkens und des Sprechens. Wells äußert eine Möglichkeit, wie die beiden Komponenten theoretisch in Einklang gebracht werden könnten. Gleichzeitig knüpft er an Piaget an und versucht, die bei Piaget noch nicht geleistete theoretische Betrachtung speziell des Bedeutungserwerbs ein Stück voranzutreiben. Wells stellt in einer Inhaltsanalyse der Äußerungen kleiner Kinder ein Kategorienschema zusammen, das detaillierte Informationen über die Entwicklungsfolge bestimmter Bedeutungskategorien zu liefern vermag. Die Inhalts-

Tabelle 6: Durchschnittliche Länge von Äußerungen verschiedenen Inhaltes in Morphemen

	Jacq. III (3,75)	Adam III (2,92)	Dawn III (2,71)	Paul II (2,66)	Lara III (2,23)	Benj. III (2,16)	Wayne III (1,78)	Jacq. II (1,54)	Lara II (1,31)	Paul I (1,31)	Dawn I (1,17)	Benj. II (1,17)	Adam I (1,01)	Polly I (1,00)
Ereignis	3	–	–	–	–	–	–	–	–	–	–	–	–	–
Besitzwechsel	2	2	–	–	–	–	2	–	–	–	–	–	–	–
Handelnder bewirkt gerichtete Bewegung	–	1	3	–	–	–	–	–	–	–	–	–	–	–
Handelnder bewirkt Veränderung einer körperlichen Erfahrung	–	–	1	1	–	–	–	–	–	–	–	–	–	–
Körperliche und emotionale Erfahrungen	2	1	7	1	2	1	–	–	–	–	–	–	–	–
Quantitative Zuordnung von Handlungen mit positivem Ziel (Zweck)	1	2	6	1	–	1	1	–	–	–	–	–	–	–
Handelnder bewirkt kognitive Erfahrungen	8	–	5	3	–	5	–	2	–	–	–	–	–	–
Handelnder übt eine Funktion auf ein(en) Erleidendes(n) aus	6	4	2	3	10	–	2	3	–	–	–	–	–	–
Bewegung auf ein Ziel zu	6	8	–	13	–	7	2	9	–	1	–	–	–	–
Zuschreiben körperlicher Eigenschaften oder Zustände (körperl. Attribution), Handelnder bewirkt Veränderungen der körperl. Attribution	5	19	–	8	5	9	10	7	–	–	1	–	–	–

Klassifikation und Äquivalent	Polly I (1,00)	Adam I (1,01)	Benj. II (1,17)	Dawn I (1,17)	Paul I (1,31)	Lara II (1,31)	Jacq. II (1,54)	Wayne III (1,78)	Benj. III (2,16)	Lara III (2,23)	Paul II (2,66)	Dawn III (2,71)	Adam III (2,92)	Jacq. III (3,75)
Klassifikation und Äquivalent	–	–	–	1	17	2	3	6	2	20	3	7	–	21
Handelnder handelt; setzt eine instrumentelle Funktion in Gang	–	–	–	1	2	–	6	1	5	2	7	6	6	7
Gerichtete Veränderungen des Ortes	–	–	–	2	1	4	17	3	3	6	11	8	14	7
Kognitive und konative Erfahrungen	–	–	5	4	–	3	3	1	1	30	13	14	21	10
Besitz. Handelnder bewirkt Veränderungen der Besitzverhältnisse	–	–	2	–	–	1	10	7	–	2	–	5	1	11
Bewertende Urteile über Personen oder Sachverhalte	–	–	–	1	–	1	2	–	–	3	–	1	1	5
Statische Ortsangabe, Richtungsveränderung des Ortes	–	28	2	8	2	1	8	18	17	26	26	16	30	39
Operator (Verb, Artikel etc.) und Nomen	–	13	22	49	40	36	58	22	12	29	55	3	5	9
ohne Struktur	34	32	25	40	30	27	40	62	19	58	5	51	34	33
Gesamt	34	73	56	107	93	75	168	137	82	193	150	135	149	175

Auszug aus Wells (1975, S. 260/61)

analyse ergibt den überraschenden Befund, daß der Anzahl der Bedeutungseinheiten für die Folge des Erwerbs einer Bedeutungskategorie kein solches Gewicht zukommt, wie man aufgrund von Kenntnissen über die beschränkten Gedächtnismöglichkeiten bei Kindern vermuten sollte. So taucht die Äußerung ›Marie singt‹ (Handelnder und Handlung) später auf als ›Marie Pulli Stuhl legt‹ (Handelnder, Handlung, erleidendes Objekt, Ortsangabe). Diese Reihenfolge wird auch im individuellen Entwicklungsverlauf mit einiger Regelmäßigkeit beobachtet, wie aus der Tabelle auf S. 102 u. 103 zu ersehen ist.

Zu den Ergebnissen im einzelnen: Die unstrukturierten Äußerungen (z. B. ›ja‹, ›nein‹, oder solche Äußerungen, deren Bedeutungen nicht erkennbar ist) nehmen mit wachsendem Alter ab. Während sie noch bei den gerade Einjährigen gegenüber den anderen Äußerungen überwiegen, schwindet ihr Anteil schon bald im Laufe des zweiten Lebensjahres. Ebenso ist der Verlauf einer anderen frühen Äußerung: Operator + Nomen. Das Nomen ist meist ein Objekt der Umgebung, dessen Namen bekannt ist, und der Operator soll die Äußerung eines Vorhabens in bezug auf ein Objekt sein (›Puppa ham‹). Je länger die Äußerungen des Kindes werden, um so geringer ist der Anteil dieser Kategorie.

Weiterhin ist zu bemerken, daß die beiden Bedeutungsgruppen ›zwischenmenschliche Funktion‹ und ›kognitiver Inhalt‹ bei kleinen Kindern in ihren Äußerungen deutlich getrennt sind, während sie mit wachsendem Alter in einer Äußerung durchaus integriert vorkommen können. An zwischenmenschlichen Anliegen überwiegt vor allem die ›instrumentelle‹ Äußerung, d. h. eine Äußerung, die die Befriedigung eigener Wünsche zum Gegenstand hat. Fast gleichgewichtig ist die ›Zeige-Funktion‹ (ostentative Funktion) in den interpersonellen Funktionsäußerungen. Das Kind läßt damit die Umwelt an seinen Erfahrungen teilnehmen.

Auf dieser ersten Sprachstufe bleibt das Kind jedoch nur kurze Zeit stehen. Innerhalb weniger Wochen bis Monate erscheinen Äußerungen mit reichhaltigerem kognitiven Inhalt: Physikalische Eigenschaften von Gegenständen werden kommentiert, Gegenstände werden bewertet, Ortsbestimmungen von Gegenständen und deren Besitzverhältnisse werden angegeben.

Relativ früh erscheinen auch Ortsangaben, wie wir bereits aus vorher vorgestellten Studien erfahren haben. Jedoch nicht jede Form von Ortsbestimmung läßt sich zur gleichen Zeit aus den Protokollen entnehmen. Wells entdeckt, daß Ortsveränderun-

gen früher sprachlich formuliert werden als statische Ortsangaben. Bei Ortsveränderungen werden solche zuerst ausgesprochen, die eine Richtungsänderung durch eine äußere Ge-
walt beinhalten (›Blatt fällt‹) als solche Ortsveränderungen, wo
Handelnder und Erleidender dieselben sind (›Mama erhebt
sich‹). Wiederum später erst kommen Ortsangaben ohne die
Implikation der Richtung. Auffallend ist noch, daß Ortsveränderungen mit Angabe des Handelnden früher kommen als
solche ohne diese Angaben.

Mit einer mittleren Länge der Äußerung von 1.5 Morphemen
erscheinen zwei weitere semantische Kategorien, nämlich diejenigen, die die Funktion von Personen oder Gegenständen um-
schreiben: ›Baby spielen‹, ›Mama essen‹, ›Auto brrrm‹. Etwa
zur gleichen Zeit werden Erfahrungen ausgedrückt aus dem
Bereich der Gefühle, der Empfindungen und der Wahrnehmung. Das Gemeinsame dieser Formulierungen besteht nach
Wells darin, daß sie abhängen von einer Bewußtheit der eigenen Zuständlichkeit und der Selbstwahrnehmungen, während
die früher zum Ausdruck kommenden semantischen Kategorien
sich eher mit der Beziehung zur Außenwelt und mit Zuständen
der Außenwelt befassen. Nach diesen ersten Stadien füllen sich
alle semantischen Kategorien kontinuierlich auf, bis sie mit
einer Länge der Äußerung von vier Morphemen ungefähr die
Gesamtzahl vierzig erreicht haben.

Die Regelmäßigkeiten, die sich in dieser Studie ergeben haben,
sind bemerkenswert, zumal sie – wie bereits erwähnt – relativ
unabhängig von der Zahl der beanspruchten semantischen Einheiten zu sein scheinen.

Wells Beitrag kann als Versuch gewertet werden, die von
Piaget postulierten universellen kognitiven Strukturen in der
Sprachentwicklung durch eine semantische Analyse der frühen
Sprachentwicklungsphasen aufzudecken. Wells bleibt jedoch im
einzelnen die Explikation von Parallelen schuldig.

Mit seinen Ausführungen gibt allerdings auch Wells keine
klare Antwort auf die Frage, wie das Kind den Schritt von der
erworbenen Bedeutung zu der angemessenen linguistischen
Struktur vollzieht. Global betrachtet, muß zumindest eine
Situation gegeben sein, die es bereits kennt und ›verstanden‹
hat und in der sprachliche Formulierungen anderer erscheinen.
Die ideale Situation umreißt Wells so: Ein Kind und ein Erwachsener nehmen gemeinsam an einer Tätigkeit teil; der Erwachsene faßt die Bedeutung, die das Kind kennt und auf die
es gerade seine Aufmerksamkeit richtet, in sprachlicher Form.

Diese Situationen ergeben sich tatsächlich, aber nicht ständig. Einmal kommt es häufig vor, daß für den gleichen Sachverhalt verschiedene Formulierungen von den Erwachsenen angeboten werden, die jeweils einen anderen Aspekt betonen. Dann werden in den Formulierungen Worte verwendet, die kein sichtbares Pendant in der Situation aufweisen, z. B. Worte wie ›und‹, ›oder‹, ›weil‹. Wells Erklärung für die offensichtlich schnelle Überwindung solcher Schwierigkeiten greift auf die Piagetsche These von vorsprachlichen kognitiven Strukturen zurück, die das Kind darauf vorbereiten, beim Spracherwerb auf bestimmte Unterschiede, Zentrierungen usw. zu achten.

Man sollte jedoch auch beim Erwerb von Bedeutungen berücksichtigen, welche Tätigkeiten und Eigenschaften von Erwachsenen an das Kind herangetragen werden. Außerdem hat die Erfahrungswelt um das Kind herum ihre eigene Struktur, die wahrgenommen, organisiert und im Gedächtnis gespeichert werden muß. Für Piaget ist eine selbstverständliche Voraussetzung, daß die Ordnungsprinzipien und Bedeutungen, die das Kind erworben hat, um seine nichtsprachliche Umwelt kognitiv zu verarbeiten, allgemein genug sind, auch sprachliche Umweltreize in ihrer Bedeutung aufzufassen.

Was jetzt noch aussteht, ist eine genaue Untersuchung der Strategien, die Kinder anwenden, um Bedeutung zuerst zu verstehen und dann selbst sprachlich mitzuteilen. Bever (1970), Bruner (1975), Clark (1973 a, b) und Slobin (1973) geben erste Überlegungen und Auskünfte in dieser Richtung, eine umfassende Ausarbeitung der Fragestellung steht jedoch noch aus. Die genannten Arbeiten sind in ihrem Ansatz gleichermaßen geeignet, den Erwerb der Grammatik wie den Erwerb semantischer Kategorien zu beleuchten. Sie wurden deshalb bereits im Kapitel über den Erwerb der Syntax erwähnt. Bruners Ausführungen sollen jedoch hier noch etwas detaillierter besprochen werden, weil sie den Gedanken am besten verdeutlichen, daß Sprache über Handlungskategorien, die gleichermaßen semantische und grammatische Kategorien sind, aufgebaut wird. Sie enthält außerdem den neuesten Stand der Überlegungen zu der hier angesprochenen Fragestellung.

7.6 Die Entwicklung von Sprechakten

Bruner (1975) geht davon aus, daß Sprache eine spezialisierte und konventionalisierte Erweiterung kooperativer Handlungen ist (funktionaler Ansatz). Sprache bedeutet eine Transformation von Verhaltensweisen, die diese Kooperation absichern sollen. Die Handlungen sind vorsprachlich im phylogenetischen und ontogenetischen Sinne.

Grundlage des funktionalen Ansatzes ist die Annahme einer Strukturgleichheit von Handlung und Sprache. Sie zeigt sich durch fundamentale, allgemein anwendbare semantisch-syntaktische Kategorien wie die Unterscheidung von Handelnden und Erleidendem, der Handlung selbst und ihrer Wirkung an einem bestimmten Ort etc. Grundlegende Kategorien bei Bruner sind:

Handelnder–Handlung (agent–action),
Handlung–Gegenstand (action–object),
Handelnder–Gegenstand (agent–object).

Diese stellen Teilverwirklichungen der vollständigen Sequenz Handelnder/Handlung/Objekt dar. Erste semantische Operationen innerhalb dieser Grundkategorien sind nach Bruners Beobachtungen: Aufzählung (Benennung), Nicht-Vorhandensein, Wiederholung, Ortsangabe, Besitzangabe und Zuschreiben einer Eigenschaft (Attribution). Greenfield (im Druck) fügt noch die Kategorie ›belebte und unbelebte Gegenstände‹ hinzu. Für diese semantische Unterscheidung spricht die Beobachtung von Trevarthen (1975), daß bereits mehrere Wochen alte Säuglinge deutlich in ihren Reaktionen zu trennen wissen zwischen belebten und unbelebten Kontaktpartnern.

Wie kommt es nun von diesen vorsprachlichen semantischen Schemata zur Encodierung in sprachliche Muster? In der Interaktion mit der Mutter – so meint Bruner – lernt das Kind bestimmte Handelnder/Handlung/Gegenstand-Muster voneinander abzugrenzen als Segmente komplexen Verhaltens. Weiterhin lernt es, festgelegte Folgen in ihrer Reihenfolge umzukehren; das Handelnde wird zum Erleidenden etc. Zunächst drückt das Kind diese Bedeutungsfolgen in eigenen idiosynkratischen Formeln aus, später benutzt es die konventionalisierten sprachlichen Muster.

Dieser Übergang von Handlung zu Sprache wird noch durch einige andere Vorgänge gefördert und beeinflußt:

(a) Mutter- und Kind-Interaktionen sind darauf zentriert, ihre Aufmerksamkeit auf gleiche Gegebenheiten zu richten. Dies fängt ganz konkret an mit dem Ausrichten der Augen auf das gleiche Ziel und das gegenseitige Sich-aufmerksam-Machen. Sobald die Sprachentwicklung eingesetzt hat, trägt das Benennen von Gegenständen dazu bei, die Aufmerksamkeit des

Partners sicherzustellen, besonders wenn es sich um einen gemeinsamen Handlungskontext handelt.

Nach der Versicherung der Aufmerksamkeit folgen meist Handlungen oder Kommentare über das gemeinsame Objekt der Handlung. Die Folge Aufmerken-Einwirken als Handlungssequenz findet sich dann in der Sprache wieder. Hieraus läßt sich auch plausibel ableiten, daß Wortfolgen zunächst eine bedeutsamere Rolle spielen (Braine 1963 b) als z. B. Wortveränderungen, die die gleiche Bedeutung tragen können (z. B. Endungen, die erlauben, Subjekt und Objekt voneinander zu trennen).

Bruner schreibt weiterhin dem Spiel einen bedeutsamen Einfluß auf die Symbolisierung von Handlungsfolgen in der Sprache zu. Das Spiel hilft, die Handlung aus ihrer Zielgerichtetheit und Notwendigkeit herauszulösen. Der Instrumentalcharakter der Handlung geht verloren zugunsten einer affektiven Grundlage, die zugleich erlaubt, Varianten und Ersatzmuster einzuführen. Das Kind gewinnt mit der Lösung vom Ziel bestimmter Handlungen zugleich auch die Freiheit, neue Kombinationen innerhalb der Teile einer Sequenz einzuführen und neue Zeichen einzusetzen. Die Interpretationen der Mutter geben dem Kind Verstärkungen oder lassen bestimmte Äußerungen ohne solche Verstärkungen. Bruner belegt seine Handlungskategorien an eigenen systematischen Beobachtungen von Säuglingen und ihrer Mutter. Mit dem bis jetzt berichteten Material lassen sich seine Schlußfolgerungen nur unvollkommen belegen. Sie bleiben mehr theoretischer Entwurf als belegte Interpretation.

Die Untersuchungen und theoretischen Überlegungen zum Erwerb von Bedeutungen stehen in der Psycholinguistik noch am Anfang ihrer Möglichkeiten. Erst in den letzten Jahren wird die Notwendigkeit empfunden, neue Wege für eine operationale Definition von Bedeutung zu gehen, die über die Erhebung von Assoziationen hinausgehen. Es mangelt auch an einer entsprechenden linguistischen Semantiktheorie, deren Anwendung auf psycholinguistische Fragestellungen sich unmittelbar anbietet.

Die Wende der letzten Jahre zeigt sich bis jetzt darin, daß im Spracherwerbsprozeß das Primat der Semantik vor der Syntax als Entwicklungsprinzip eingeführt worden ist. Daraus ergibt sich das neue Problem, den Übergang von der Semantik zur Syntax plausibel zu machen. Aus diesem Blickwinkel heraus ist die Vielzahl der Untersuchungen über die ersten Anfänge sprachlicher Äußerungen zu verstehen.

Kapitel 8

Übergangsstadien im Spracherwerb

8.1 Der Übergang vom vorsprachlichen zum frühen sprachlichen Stadium

Die bisherige Darstellung der Versuchsergebnisse beschränkte sich darauf, die drei Aspekte Lauterwerb, Syntaxerwerb und Bedeutungserwerb jeweils einzeln darzustellen. Sie folgt damit der Tendenz empirischer Untersuchungen, sich in der Fragestellung auf einen operationalisierbaren Aspekt zu beschränken. Einige wenige Arbeiten versuchen jedoch, mehrere Aspekte gleichzeitig zu beachten, um aus einer Wechselwirkung oder Parallelität der Bereiche neue Erkenntnisse für den Spracherwerbsprozeß zu gewinnen.

Es sollen hier zwei solcher Arbeiten vorgestellt werden. Die eine Arbeit von Dore, Franklin, Miller und Ramer (1976) versucht, den Übergang von der vorsprachlichen Phase zu ersten sprachlichen Äußerungen zu erkunden und eine Analyse des gesamten sprachlichen Geschehens einzuleiten. Die andere Arbeit betrachtet zusammenfassend jenen langsamen Fortschritt im Spracherwerb, der nach dem Alter von fünf Jahren einsetzt (Palermo und Molfese 1972).

Zunächst jedoch zu den Ausführungen Dores. Zum festen Bestand der Untersuchungen im Bereich der Spracherwerbsforschung gehören die vier Phasen:

1. vorsprachliche Phase,
2. Ein-Wort-Phase,
3. Zwei-Wort-Phase,
4. Mehr-Wort-Phase.

Nach den bisherigen Untersuchungen folgen die einzelnen Phasen nicht unvermittelt aufeinander. Es ist jedoch wahrscheinlich notwendig, für jeden der Übergänge zwischen den vier Phasen andere Prozesse anzunehmen. Dore und Mitarbeiter konzentrieren sich auf den Übergang zwischen vorsprachlicher und Ein-Wort-Phase.

Im vorsprachlichen Stadium beginnen bereits stabile Lautkombinationen, die eine feste Bedeutung haben (vgl. Kapitel 5). Sie entsprechen nicht den konventionellen Phonemmustern, werden jedoch wie Worte benutzt. Gute Beispiele sind Bezeichnungen für Geschwister: ›Nana‹ für ›Undine‹, ›Ana‹ für Danny. Es handelt sich hier um idiosynkratische Gebilde, die gelegentlich unter der Einwirkung von Erwachsenensprechern konventionalisiert werden können; es bilden sich daraus die Konzepte der Babysprache.

J. Piaget (1972) nennt diese stabilen Lautkombinationen ›halbverbale Zeichen‹. Sie sind seiner Definition nach rein idiosynkratischer Natur. Werner und Kaplan (1963) führen dafür die Bezeichnung ›Vokabeln‹ ein.

In ihrer eigenen Untersuchung verwenden Dore und Mitarbeiter sorgfältig erhobene Sprechstichproben von 4 Kindern zwischen 0;11 bis 1;4 Jahren über einen Zeitraum von acht Monaten hinweg. Sie ermitteln in der Zeit, in der Plappern in das Ein-Wort-Stadium übergeht, sogenannte ›phonetisch-konsistente Formen‹, die sie nach folgenden Kriterien zusammenstellen:

a) Sie lassen sich als Lautgruppen isolieren, die durch Pause getrennt sind.

b) Sie tauchen wiederholt auf.

c) Sie können bestimmten Situationen zugeordnet werden.

d) Sie sind phonetisch stabiler als die Lautkombinationen der Plapperphase, jedoch noch weniger stabil als die Worte der Erwachsenensprache.

Dore und Mitarbeiter versuchen die phonetisch konsistenten Formen ihrer Funktion nach zu analysieren. Sie erkennen zunächst, daß sie Ausdruck einer Freude oder Befriedigung sein können *(affektiver Ausdruck)*. Weiterhin dienen sie auch dazu, Wünsche oder Bedürfnisse zu äußern *(instrumenteller Ausdruck)*. Mit Hilfe der phonetisch konsistenten Formen deuten die Kinder auf Gegenstände, um sie einem Gesprächspartner zu zeigen *(demonstrativer Ausdruck)*, und schließlich werden diese frühen ›Vokabeln‹ dazu benutzt, um Gruppen von Gegenständen zu bezeichnen *(Kategorisierungsausdruck)*. Gemeinsam ist allen der Bezug zu Gegebenheiten der Umwelt (referentieller Aspekt).

Hier wird zum erstenmal der Versuch unternommen, die phonetisch konsistenten Formen von den ersten Worten des Kleinkindes abzuheben. Die zusammengestellten Funktionskategorien ähneln denjenigen, die bereits in den Kapiteln 6 und 7 genannt wurden.

Die phonetisch konsistenten Formen werden weiterhin auf erste Andeutungen einer Grammatikalität überprüft. Sie erscheinen zum Teil zu Folgen aneinandergereiht, so daß man hier die ersten Anfänge einer Syntax vermuten kann. Zunächst muß das Fehlen einer festen Bedeutung bei einem beträchtlichen Anteil der Lautfolge hervorgehoben werden. Von einer ausgebildeten Syntax zu sprechen, wäre noch verfrüht, die Autoren bezeichnen deshalb Äußerungen mit stabiler Bedeutung als *›vorsyntaktische‹* (presyntactic devices). In ihrer Analyse des Materials finden sie fünf gegeneinander abgrenzbare Kategorien von vorsyntaktischen Formen:

1. *Einzellaut + Wort:* z. B. ›ə mehr‹. Einem Wort der Standardsprache geht ein einzelnes Phonem voraus, das jedoch phonetisch etwas unsicher ist.

2. *Silbe + Wort:* z. B. ›də Flasche‹. Einem Wort der Standardsprache geht eine Gruppe von Einzellauten voraus, die zusammen eine Silbe ergeben.

3. *Wiederholung:* z.B. ›Teddy, Teddy‹. Ein Wort wird zweimal unmittelbar hintereinander gesagt; die Folge gehört jedoch der Betonung nach zusammen.

4. *Vokabel + Wort* bzw. *Wort + Vokabel:* z. B. ›idi Flasche‹, ›Flasche idi‹. Eine phonetisch stabile Einheit geht einem Wort voraus oder folgt ihm nach. Es kann eine Einheit mit mehr als einer Silbe sein.

5. *Wort + Wort:* z. B. ›alle auf‹. Zwei Worte der Erwachsenensprache werden – so meinen die Autoren – automatisch aneinandergereiht.

Die Entwicklung in der Übergangsphase geht von *phonetisch konsistenten Formen* zu *vorsyntaktischen Äußerungen.* In diese Entwicklung werden die ersten, der Erwachsenensprache angenäherten Worte einbezogen.

Andere Untersuchungen, die diese Entwicklungsphase berühren, kommen zu dem Schluß, Syntax und semantische Kategorien ergäben sich unmittelbar aus dem Plapperstadium. Dore und Mitarbeiter argumentieren jedoch – gestützt auf ihre Befunde – für ein Zwischenstadium der vorsyntaktischen Formen und Vor-Wörter (Vokabeln). Eine vorsyntaktische Form bezeichnen sie in Anlehnung an McNeill (1974) mit ›Syntagma‹. Sie verstehen darunter eine Struktureinheit, die ein Ergebnis eines Zuordnungsprozesses von Lauten zu festen Bedeutungen ist. Die Autoren vertreten also die theoretische Auffassung, das Kind müsse zwei Aspekte, die sich zunächst in den ersten Stadien der Sprachentwicklung getrennt entfalten, zusammenfügen, nämlich die eigenen kognitiven Konzepte (bzw. Bedeutungszusammenhänge) mit den phonetischen Folgen auf der Ebene der Ar-

tikulation. Der Ansatz erscheint im Augenblick vielver-
sprechend, da er vermeidet, von den Sprachkategorien der Erwachsenensprache aus nach deren Vorhandensein oder Nicht-
vorhandensein in der frühen Phase des Spracherwerbs zu suchen. Gibt man die Untersuchungsstrategie auf, das erste Erscheinen von Standardformen zu ermitteln, ergeben sich neue
Möglichkeiten der Erkenntnis über sprachliche Prozesse; z. B.
läßt sich so die Frage angehen, wie Sätze als Lautmuster, als
Bedeutungseinheit und als syntaktische Einheit in interpretier-
ter Form entstehen. Dore und Mitarbeiter stellen die Hypothese auf, daß zumindest Lautmuster und Bedeutungseinheit
sich getrennt entwickeln und erst nachher aufeinander bezogen
werden. Doch fehlt es noch an weiteren Hinweisen, die die Annahme stützen könnten.

8.2 Der Übergang von der Kinder- zur Erwachsenensprache

Die zweite Übergangsphase betrifft das Stadium nach dem Erwerb der grundlegenden phonologischen, phonetischen und syntaktischen Regeln und nach dem Erwerb wichtiger Bedeutungen.
Wenn das Kind in das Stadium der Mehrwortsätze gelangt, ist
der Spracherwerb in wesentlichen Teilen noch nicht abgeschlossen. Noch nicht alle Aspekte der Sprache entsprechen der Erwachsenensprache. In der Zeit vom Eintritt in die Mehr-Wort-
Phase mit etwa drei Jahren bis zum Vorschulalter erfolgt noch
ein großer Entwicklungssprung, in dem eine Annäherung an die
Erwachsenensprache erreicht wird. Eine Übereinstimmung
kommt aber erst weit nach dem Alter von fünf Jahren zustande.
Es sollen nun einzelne Aspekte der Sprachentwicklung von
Fünfjährigen und älteren Kindern hervorgehoben werden.
Der *Phonemerwerb* schreitet nach einer umfassenden Unter-
suchung von Templin (1957) sehr schnell zwischen drei und
vier Jahren fort, stagniert dann zwischen vier und fünf Jahren
und macht dann wieder von fünf Jahren an aufwärts weitere
Fortschritte. Die Entwicklung ist mit dem Alter von acht Jahren weitgehend abgeschlossen.
Die Phoneme in den Anfangspositionen werden vor denjenigen
in der Mittelposition und diese wiederum vor denjenigen in der
Endposition erworben. Die meisten Fehler werden in höherem
Kindesalter bei drei- und mehrfachen Konsonantenfolgen beobachtet (im Englischen ›twelfth‹, ›months‹). Schwierige Laute
auch für größere Kinder sind nach McNeill (1970) solche, die

in der Mitte des Gaumens geformt werden (z. B. ›t‹ – ›d‹ Unterscheidung).

Palermo und Molfese (1972) fassen einige Arbeiten zusammen, die zeigen, daß auch das größere Kind zunächst den semantischen Aspekt einer neuen sprachlichen Einheit (meist ein Wort oder eine Silbe) und dann – global – die Phonemstruktur wahrnimmt. Erst ab acht Jahren gelingt es, einzelne Phoneme aus der Lautgestalt herauszulösen. Mit sieben Jahren kann aber das Kind schon komplexe phonologische Regeln anwenden und die Koordination ist weitgehend ausgebildet.

Es fehlt für diese Altersstufen an eingehenden Untersuchungen, die sowohl den Aspekt des Hörens von Phonemstrukturen als auch die Produktion von Lauten systematisch untersuchen. Ein abschließendes Urteil über den Lauterwerb in diesem fortgeschrittenen Stadium ist deshalb nicht möglich.

Wie bereits erwähnt, vertreten Menyuk und Lenneberg die Meinung, alle grundlegenden *syntaktischen Strukturen* seien bereits im Vorschulalter erworben, doch zeigen einige Untersuchungen, welche bedeutsamen Fortschritte auch noch nach diesem Alter zu verzeichnen sind.

Die Sätze der Kinder werden nun mit mehr Satzteilen angereichert. Es tauchen z. B. Neben- und Unterordnungen von Sätzen und Adverbialkonstruktionen auf; der richtige Gebrauch der Verneinung sowie der Passivkonstruktionen wird beobachtet. Immer mehr Abweichungen von der einfachen, aktiven, affirmativen, deklarativen Form des Satzes werden im Laufe der späteren Sprachentwicklung versucht. Allgemein wird die Variationsmöglichkeit des Kindes, Sätze zu konstruieren, größer.

Aus den Zusammenfassungen des Sprachgeschehens in dem hier betrachteten Zeitraum läßt sich entnehmen, daß die Aufnahme neuer Konstruktionsmöglichkeiten nicht immer nur in Form einer kumulativen Bereicherung des Sprachrepertoires abläuft. So können Konstruktionen, die das Kind einmal beherrschte, auch wieder verdrängt werden durch Neuerwerbungen (Kessel 1970, Chomsky, C. 1969).

C. Chomsky kann z. B. zeigen, daß die Entwicklung des Verständnisses von Sätzen mit ›bitten‹, ›auffordern‹ und ›versprechen‹ sich abhängig voneinander vollzieht; englischsprachige Kinder wählen jeweils das Hauptwort zum Subjekt des Satzes, welches diesen drei Wörtern am nächsten steht: Das ist jeweils ›Peter‹ in den folgenden Sätzen, ›Hans fordert Peter auf zu gehen.‹ Aber auch: ›Hans verspricht Peter zu gehen‹. Hier führt die oben erworbene Regel zu der Fehlinterpretation, Peter solle gehen.

Bei ›bitten‹ können beide Möglichkeiten zutreffen: ›Hans bittet Peter zu gehen‹ oder ›Hans bittet Peter, gehen zu dürfen‹. Das richtige Verständnis dieser Konstruktion wird noch nach dem Verständnis von ›versprechen‹-Konstruktionen erworben. Grimm/Schöler/Wintermantel (1975) ergänzen diesen Befund mit Beobachtungen an deutschen Kindern. Sie vergleichen Satzkonstruktionen der Kinder, die eine Bitte enthalten, im freien Sprechen mit dem Verständnis einer Bitte (Satz mit dem Verb ›bitten‹ + Infinitivkonstruktion) im Experiment. Die Kinder reagieren meist nicht angemessen auf die grammatisch korrekte Form der Bitte im Experiment, während sie im Handlungskontext des eigenen Sprechens Bitten in gut verständlicher Form hervorbringen.

Auch das richtige Verständnis von Pronominalkonstruktionen setzt erst nach dem sechsten Lebensjahr ein. Chomsky findet, daß Kinder zwischen fünf und sechs Jahren Pronominalbezüge nur dann richtig verstehen, wenn es sich um zwei verschiedene Personen handelt. Zum Beispiel ›Er wußte, daß Hans gewinnen würde‹: Hier bezieht sich ›er‹ auf eine andere Person als Hans. Hingegen: ›Hans wußte, daß er das Rennen gewinnen würde‹ bezieht sich auf die gleiche Person ›Hans‹. Diese Form von Personenidentität, ausgedrückt durch Personalpronomina, verstehen nach Chomskys Beobachtung erst Siebenjährige richtig. Palermo und Molfese führen in diesem Zusammenhang an, daß solche Schwierigkeiten bis in die ersten Jahre der höheren Schule fortdauern können.

Wie bereits erwähnt, erscheinen Passivverständnis und Passivkonstruktionen erst relativ spät in der Sprachentwicklung. Slobin (1966) untersucht diese Fragestellung und kann eine kontinuierliche Vervollkommnung vom Alter von sechs Jahren bis zum Alter von zwölf Jahren feststellen. Ein frühes Passivverständnis und eine richtige Passivkonstruktion sind immer dann vorzufinden, wenn Handelnder und Erleidender nicht umkehrbar sind, wie in dem Satz: ›Der Sack wurde von Peter geschoben.‹

Dieses Ergebnis berichten auch Turner und Rommetveit (1967). Doch ist die Hilfe durch den Sinn der Passivkonstruktion keineswegs eine Garantie für richtiges Verständnis. Noch 33 % Vertauschungen der beiden Hauptworte sind auch in den Fällen zu beobachten, in denen sich keine sinnvolle Handlung ergibt. Erst mit fast neun Jahren erreichen Kinder

60 % richtige Passivkonstruktionen und Passivverständnis. Der spontane Gebrauch des Passivs ist bei freier Rede jedoch immer noch sehr gering.

Weiterhin tauchen spät im Sprachrepertoire des Kindes Verbindungswörter wie ›deshalb‹, ›obwohl‹, ›und‹ (als Verbindung zwischen zwei Sätzen) auf. Die Verbindungswörter ›weil‹ und ›aber‹ hört man schon von Dreijährigen, doch regelmäßig werden sie erst im Schulalter benutzt.

Noch in den ersten Schuljahren werden ›weil‹, ›dann‹, ›deshalb‹ mehr für die zeitliche Verbindung zwischen zwei Ereignissen gewählt als für die Aussage von Ursache-Wirkungs-Verhältnissen (Katz und Brent 1968). Dies gilt auch für die Verwendung von ›aber‹ und ›obwohl‹.

Shine und Walsh (1971) stellten bei englischsprechenden und japanischen Kindern fest, daß ›oder‹ Konstruktionen meist im Sinne von ›und‹ Konstruktionen mißverstanden werden. Dieses Mißverständnis erstreckt sich bis in das zwölfte Schuljahr hinein. Olds (1968) bestätigt ebenfalls den späten richtigen Gebrauch des englischen ›unless‹ (außer). ›Unless‹ wird meist ersetzt durch ›if‹ (wenn).

Wie bereits im Abschnitt über den Erwerb syntaktischer Formen dargestellt, werden Präpositionen erst nach der Grundform Subjekt-Prädikat-Objekt erlernt. Eine Untersuchung von Goodglass, Gleason und Hyde (1970) macht deutlich, daß der Erwerb von Präpositionen von drei Jahren bis zehn Jahren andauert; im Alter zwischen fünf und sechs Jahren werden die größten Fortschritte gemacht. Der Fortschritt in diesem syntaktischen Bereich ist unregelmäßig, und es können unter Umständen bereits richtige Produktionen für eine bestimmte Zeit wieder verschwinden.

Palermo und Molfese versuchen eine Verbindung zwischen kognitiven Entwicklungsvorgängen zu ziehen, die sich nach der Piagetschen Entwicklungstheorie zwischen fünf und 13 Jahren abspielen einerseits, und den beobachteten linguistischen Entwicklungsverläufen andererseits. Nach Piaget fällt in die Periode zwischen fünf und acht Jahren der Übergang zu konkreten Denkoperationen und in die Phase zwischen zehn und 13 der Übergang zu formal-logischen Operationen. In diese beiden Phasen fallen auch die sichtbarsten Fortschritte in der Entwicklung schwierigerer syntaktischer Formen.

Auch in der Entwicklung des semantischen Systems erscheint es aufgrund einiger Arbeiten erlaubt, eine Verbindung zur kognitiven Entwicklungstheorie Piagets herzustellen. Ganz offensichtlich lernt das Kind in jeder Phase seiner sprachlichen Entwicklung neue Wörter und damit auch neue *Bedeutungselemente* hinzu. Es vervollständigt sein *Lexikon*. Diese Erweiterung sagt jedoch nichts über einen Ausbau des semantischen Systems aus. Es genügt z. B. nicht, sich die Worte ›wünschen‹ und ›verlangen‹ anzueignen, sondern man muß auch den Kontext mit erlernen, den beide Worte erfordern. Diesen Anspruch befriedigen jedoch die vorliegenden Untersuchungen nicht. Man muß sich deshalb vorläufig mit einigen Untersuchungen über den Erwerb bestimmter Elemente des Lexikons begnügen.

Asch und Nerlove (1960) untersuchen Worte mit doppelten Bedeutungen, wovon die eine eine übertragene Bedeutung ist, die andere einen Bezug auf eine physikalische Eigenschaft eines Objekts hat. Als Beispiele seien genannt: ›kalt‹, ›süß‹, ›hart‹. In Interviews von Asch und Nerlove können die Drei- bis Vierjährigen die Eigenschaftswörter nur in ihrem Bezug auf physikalische Objekte definieren; verstehen und benutzen können die Kinder allerdings auch die übertragene Bedeutung. Dasselbe ist bei den Fünf- bis Sechsjährigen zu beobachten. Die Sieben- bis Achtjährigen können bereits einen Teil der Doppelbedeutungen angeben, aber erst die Neun- bis Zehnjährigen beginnen, die beiden Wörter in einem angemessenen Kontext zu verwenden und können beide in ihrer Doppelbedeutung aufeinander beziehen. Abgeschlossen scheint die Entwicklung jedoch erst mit zwölf Jahren zu sein.

Die Doppelfunktion wird also erkannt, wenn Piagets Stadium der formal-logischen Operationen beginnt. Eine weitere Untersuchung von Wolman und Baker (1965) stützt diese Aussage noch direkter: Erst mit zehn bis zwölf Jahren werden die konkret funktionalen Definitionen von Wörtern abgelöst von abstrakten Definitionen (vgl. dazu auch Anglin 1970).

Eine Untersuchung von Ervin und Foster (1960) erschließt noch einen weiteren Gesichtspunkt, der für die Entwicklung eines semantischen Systems heranzuziehen ist: Eigenschaften, deren Bedeutungen sich zu einem Teil überlappen, werden von jüngeren Kindern als bedeutungsgleich aufgefaßt. Dazu gehören z. B. ›hübsch‹ und ›glücklich‹ (in einer englischsprachigen Untersuchung), ebenso ›groß‹, ›stark‹, ›schwer‹. Die Interpretation dieses Befundes kann auf McNeills (1970) Überlegungen zur semantischen Entwicklung zurückgreifen: Nach McNeill verläuft sie hier ›horizontal‹, d. h. die lexikalischen Einheiten kommen mit unvollständig erkannten Bedeutungsdimensionen in das Sprachrepertoire des Kindes und werden erst nach und nach mit der Beachtung neuer Dimensionen gegenüber anderen lexikalischen Einheiten abgegrenzt.

Aber es gibt in der Untersuchung von Asch und Nerlove auch Hinweise auf eine vertikale Entwicklung: Die Eigenschaften mit Doppelbedeutung sind mit ihren beiden Bedeutungen voll mit allen semantischen Merkmalen vertreten, jedoch werden die beiden Bedeutungen nicht aufeinander bezogen.

Zusammenfassend kann man sagen: Nach den Stadien, denen die meisten Untersuchungen des Spracherwerbs gewidmet sind, ereignen sich noch einige wichtige Entwicklungsschritte. Die konsequente Fortsetzung der Untersuchungen nach den ersten Jahren könnte deshalb einen bedeutsamen Beitrag zur Verifizierung oder zur Generalisierung von theoretischen Ansätzen zum Spracherwerb leisten.

Zweitspracherwerb

Kapitel 9

Erst- und Zweitspracherwerb. Ein Vergleich

9.1 Fragestellungen

Der Zweitspracherwerb stößt im Vergleich zum Erstspracherwerb zur Zeit vorwiegend auf ein pragmatisches Interesse. Der Schwerpunkt der Bemühungen in den vergangenen Jahren liegt fast ausschließlich in der Verbesserung von Unterrichtsmethoden. Versuche einer Theorie des Zweitspracherwerbs, die dem Vergleich mit dem Stand der theoretischen Überlegungen im Erstspracherwerb standhalten könnten, sind bis jetzt nur vereinzelt festzustellen (vgl. Wienold 1974, Felix 1975). Dies gilt für alle Fachbereiche, die sich diesem Gegenstand zuwenden sollten, nämlich der Pädagogik, der Psychologie und der Linguistik. Wienold schreibt:

»Bestimmend dafür scheint die Auffassung zu sein, daß mit dem Erwerb einer ersten Sprache im Kindesalter die Voraussetzungen für Kommunikation mit Hilfe von Sprache im wesentlichen geschaffen sind, d. h. der Erwerb solcher Fähigkeiten ein vorwiegendes wissenschaftliches Interesse findet gegenüber der Ausweitung der Verwendung dieser Fähigkeiten mit Erlernen einer zweiten und dritten Sprache.
Weiterhin liegt die Vernachlässigung des Zweitsprachenerwerbs durch systematisches wissenschaftliches Interesse daran, daß die Vielzahl der in Betracht zu ziehenden möglichen Variablen so unübersichtlich scheint, daß man kaum mit baldigen anerkennbaren Erfolgen der Forschung rechnen darf. Zwar ist die Möglichkeit, Experimente durchzuführen, in den Altersstufen, in denen zweite Sprachen erworben werden, durchaus besser einzuschätzen als im frühen Kindesalter, doch hat sich dieser Vorteil bislang nicht recht nutzen lassen« (S. 9).

Die Betonung der Unterrichtsmethoden bei den Untersuchungen zum Zweitspracherwerb hat wohl ihren Grund darin, daß Zweit- bzw. Drittsprachenerwerb meist in der gesteuerten Form des Unterrichts stattfindet, der wiederum einem gewissen Erfolgszwang unterliegt. Derjenige, der sich für den Zweitspracherwerb anderer einsetzt, lädt gleichzeitig auch die Verantwortung für das Gelingen seiner aus den Forschungskenntnissen abgeleiteten Vorschläge auf sich.

Dieses Problem ergibt sich nicht im Bereich des Erstspracherwerbs. Hier wird der Erwerbsprozeß den zufälligen Bedingungen der Umgebung überlassen. Es herrscht ja die Auffassung
vor, der Erwerbsprozeß sei von innen gesteuert und reguliere
sich damit von selbst (vgl. Kapitel 3). Es bleibt der Forschung
im Erstspracherwerb der Freiraum, sich mit den Regelmäßigkeiten des Erwerbsprozesses zu beschäftigen, ohne an deren Anwendung in der Praxis denken zu müssen.

Theoretisches Denken im Bereich des Zweitspracherwerbs wird
also stark behindert durch die von allen Seiten geforderte
Schwerpunktbildung im Unterricht. Es gilt nun – will man den
Zweitspracherwerb auf den gleichen theoretischen Stand bringen – sich von dieser einseitigen Betrachtungsweise freizumachen und den Prozeß des Zweitspracherwerbs zunächst einmal
losgelöst von Fragen des gesteuerten Unterrichts zu erforschen.

In analoger Weise zum Erstspracherwerb nähert man sich diesem Ziel dann, wenn man sich den Fällen des natürlichen
Zweit- bzw. Mehrspracherwerbs zuwendet. Unter natürlichem
Zweit- bzw. Mehrspracherwerb versteht man den Erwerb einer
zweiten oder weiteren Sprache ohne Unterricht in täglichen
Kommunikationssituationen mit Partnern, die nur die zu erlernende Sprache benutzen. Diese natürliche Lernsituation entspricht in ihren äußeren Bedingungen der Lage des Kindes beim
Erstspracherwerb. Beim Erlernen der Zweitsprache im Unterricht gibt man schon – etwa in Form eines Lehrbuches – ein Erwerbsmodell vor, ohne zu wissen, ob unter natürlichen Bedingungen die Reihenfolgen, in denen die sprachlichen Aspekte bewältigt werden, sich auch so ergeben würden.

Die Darstellung der Problemlage könnte den Eindruck erwecken, als sei Erstspracherwerb völlig ungesteuert, während
Zweitspracherwerb im Normalfall nur unter dem Einfluß des
Unterrichts stattfindet. Auch für den Erstspracherwerb sind
Methoden zur Förderung der Sprache entworfen worden, die
dem Ausmaß nach formalem Sprachunterricht gleichkommen,
sie wirken nur ›spielerischer‹, weil sie dem Alter des Kindes angepaßt sein müssen (vgl. Brown/Cazden/Bellugi 1968; Cazden
1965; Feldmann/Rodgon 1970; Robinson 1971). Der Schulunterricht in der Erstsprache ist eine Fortsetzung der Bemühun-

gen um die Steuerung des Erwerbs der ersten Sprache. Bei genauer Betrachtung des Erstspracherwerbs, insbesondere vom soziolinguistischen Standpunkt aus, ist eine scharfe Trennung zwischen Erst- und Mehrsprachenerwerb nicht berechtigt.

Soziolinguistische Analysen zeigen, daß der Erwerb der vermeintlichen Erstsprache durchaus auch unter dem Aspekt der Mehrsprachigkeit gesehen werden kann: Bis zum Erwachsenenalter können verschiedene Varianten der einen Sprache erworben werden. So begegnet das Kind oft zuerst einem Dialekt, den es in der Familie lernt. Im Kindergarten und auch schon von der Mutter, wenn mit Außenstehenden gesprochen wurde, lernt das Kind eine Variante der Hochsprache, nämlich diejenige, die seinem sozialen Status entspricht. Sicherlich ist seine Variante dann zusätzlich noch mit Dialektresten (oft nur in der Aussprache) gefärbt. Steigt das Kind dann in Gruppen auf, deren Mitglieder einer anderen sozialen Schicht angehören, so lernt es die dritte Variante einer Sprache (Fishman 1971). Spracherwerb kann auf dieser Ebene beständig andauern (Riegel 1968). Inwieweit es sich hier um verschiedene Sprachen mit eigenem, voneinander abgehobenem Regelsystem handelt, soll zunächst dahingestellt bleiben. Jede Variante hat jedoch mehr oder weniger deutlich von der Standardsprache abgehobene linguistische Merkmale; daraus kann man die Berechtigung ableiten, von eigenen Sprachen zu sprechen, bzw. von eigenen ›Codes‹ (Bernstein 1962).

Für den Erwerb der ersten Sprache und für den Erwerb weiterer Varianten bzw. neuer Sprachen ergeben sich parallele Fragestellungen. So ist zum Beispiel zu fragen, ob der natürliche Zweitspracherwerb im Vorschulalter von den gleichen Bedingungen abhängt wie der Erstspracherwerb. Wie steht es mit dem Verhalten der Eltern beim Zweitspracherwerb? Ist es vergleichbar mit dem Verhalten beim Erstspracherwerb? Sicher spielt hier eine wichtige Rolle, ob ein Elternteil die Zweitsprache des Kindes selbst als Erstsprache gelernt hat oder ob beide Elternteile die Erstsprache des Kindes ebenfalls zur Erstsprache haben und dann möglicherweise den Zweitspracherwerb des Kindes nicht so steuern können wie dessen Erstspracherwerb. Das Kind ist in einem solchen Fall zum Spracherwerb auf die Kommunikation mit Kindern und Erwachsenen der Zweitsprachgruppe angewiesen. Die zuletzt beschriebene Situation trifft auf die meisten Gastarbeiterkinder in europäischen Ländern zu, die noch nicht zur Schule gehen und meist keinen Sprachunterricht erhalten.

Der Zweitspracherwerb im Unterricht arbeitet mit vorgegebenen Erwerbssequenzen, ohne sicher zu wissen, ob sie auch unter
natürlichen Bedingungen anzutreffen sind. Es wird dabei implizit von einer Konzeption über die Zusammenhänge von
kognitivem Entwicklungsstand und Sprache ausgegangen, die
mehr intuitiver als wissenschaftlicher Natur ist. Hier müßte
nun eine systematische Forschung einsetzen, die Erkenntnisse im
natürlichen Spracherwerb in bestimmten Altersstufen überträgt
auf die Spracherwerbssituation im Unterricht. Die Unterrichtsverfahren müßten so eingerichtet werden, daß sie den Spracherwerb fördernde Bedingungen, die im natürlichen Zweitspracherwerb erkannt worden sind, im Unterricht berücksichtigen.

Im einzelnen sind für einen kontrollierten Zweitspracherwerb
theoretische Überlegungen zu vier verschiedenen Aspekten notwendig (Wienold 1974):

a) Eigenschaften des Lerners,
b) Eigenschaften der beteiligten Sprachen,
c) Eigenschaften der Unterrichtsverfahren und
d) Eigenschaften des sprachlichen Unterrichtsmaterials.

Gardner und Lambert (1972) würden hier noch hinzufügen:

e) Eigenschaften des Lehrers.

Dabei darf nicht unberücksichtigt bleiben, daß der Prozeß des
Erstspracherwerbs sich während des Zweitspracherwerbs fort-
setzt und möglicherweise eine gegenseitige Beeinflussung beider
Vorgänge stattfindet.

Eine Theorie des Zweitspracherwerbs sollte zunächst zwischen
natürlichem und gelenktem Zweitspracherwerb trennen. Neben
einigen Gemeinsamkeiten, die bereits erwähnt werden, sollte
man auch eine Reihe von wichtigen Unterschieden zwischen
beiden Arten des Zweitspracherwerbs herausstellen. Dies wird
Inhalt des folgenden Abschnitts sein. Danach wird auf einige
unterscheidende Merkmale zum Erstspracherwerb eingegangen.

9.2 Gelenkter und natürlicher Zweitspracherwerb

Aufgrund der bisherigen Ausführungen könnte der Eindruck
entstehen, kenne man erst die Bedingungen des natürlichen
Zweitspracherwerbs, so könne man im Sprachunterricht die
einzelnen Erwerbsstadien nachvollziehen und damit den Lernprozeß optimal gestalten. Bei genauerer Betrachtung beider
Situationen ergeben sich jedoch entscheidende Unterschiede:

Zunächst einmal steht im Unterricht der Erwerb linguistischer Einheiten im Vordergrund (z. B. Aussprache, Lexikon, Syntax). Der natürliche Zweitspracherwerb spielt sich jedoch im konkreten Kommunikationsbezug ab, in dem der *Inhalt* des Gesprochenen den absoluten Vorrang hat vor allen linguistischen Aspekten. Dadurch wird der Spracherwerbsprozeß auf unterschiedliche Ziele hin ausgerichtet. Ziel des natürlichen Spracherwerbs ist zunächst, sich Mitgliedern der anderen Gruppe verständlich zu machen, mit ihnen kommunizieren zu können. Im Unterricht fehlt die Gegenwart dieser Zielgruppe meist ganz, bzw. sie bleibt abstrakt, weil nur in der Vorstellung vorhanden. Ziel des Unterrichts ist es in der Regel, die Standardsprache fehlerlos zu sprechen oder eine möglichst gute Annäherung an dieses Ziel zu erreichen. Eine Unterweisung in einer gesprochenen Variante (z. B. Dialekt oder Ausdrucksweise einer bestimmten Schicht) ist im Unterricht nicht üblich. Beim natürlichen Spracherwerb ist dies jedoch der gewöhnliche Fall.

Weiterhin muß im natürlichen Zweitspracherwerb der Lernende zum Verständnis der Zweitsprache ohne den Weg über die eigene Sprache gelangen. Im Extremfall kann eine solche Lernsituation so aussehen: Eine japanische Familie kommt in die Vereinigten Staaten ohne Kenntnis des Englischen und versucht, sich zu verständigen. Treffen sie in einzelnen Kommunikationssituationen keinen Dolmetscher, so müssen sie – genau wie das Kleinkind – über die Objekte der Umgebung und über Handlungskontexte versuchen, die Bedeutung des Gesprochenen herauszufinden. Dies bedingt eine lange Zeit des Zuhörens in der ersten Phase des Spracherwerbs (Laws 1975).

Die Begegnung mit der fremden Sprache ist im natürlichen Zweitspracherwerb umfassender als dies im Unterricht der Fall ist. Dadurch ergeben sich meist auch schnellere Lernfortschritte, da lebensnotwendige Dinge wie Einkaufen, Arztbesuche mit Hilfe der neuen Sprache bewältigt werden müssen. Im Unterricht fällt dieser Druck der Lebensnotwendigkeiten fort; an dessen Stelle tritt – vielleicht – schulischer Leistungsdruck. Auch die Zeit, die man sich im Unterricht mit der Sprache befaßt, ist keineswegs vergleichbar mit der Zeit, die man beim Zweitspracherwerb für die Sprache aufwendet.

Ein bedeutsamer Unterschied zwischen natürlichem und gelenktem Zweitspracherwerb liegt in der Person des Lehrers. Im üblichen Zweitsprachunterricht ist die zu erlernende Sprache für den Lehrer auch eine Zweitsprache. Wenn auch Bemühungen in allen Schulen bestehen, diesen Mangel zu beheben, so sind diese Bemühungen doch oft zum Scheitern verurteilt. Der einheimische Sprachenlehrer ist eben kein Repräsentant der anderen Sprachgruppe und vermag deshalb kein so lebendiges Bild vom kulturellen Kontext der Zielsprache zu vermitteln, wie dies bei Lehrern der Fall ist, die dem zu vermittelnden Sprach- und Kulturbereich selbst entstammen.

Auch im durchschnittlichen Alter, mit dem der natürliche und der gelenkte Zweitspracherwerb üblicherweise einsetzen, liegt ein Unterschied. Grundsätzlich ist gelenkter und natürlicher Zweitspracherwerb in allen Altersstufen möglich, in denen Erstspracherwerb erfolgt. Sicherlich können Zweitsprachen grundsätzlich in allen Altersstufen erlernt werden. Im Durchschnitt wird den Kindern in der Bundesrepublik Deutschland jedoch im Alter von zehn Jahren eine Zweitsprache angeboten. Man kann hier bereits von einem kognitiven Entwicklungsstand ausgehen, der erlaubt, Erklärungen von Regeln zur Methode zu wählen. Dies macht den Unterricht in fortgeschrittenem Kindesalter ökonomischer. Alle Versuche, im Vorschulalter oder in den ersten Grundschuljahren mit dem Zweitsprachunterricht anzufangen, müssen auf diese Methode verzichten und einen (nur behutsam gelenkten) natürlichen Zweitspracherwerb anregen, wobei das Modell dieses Lernprozesses aus dem Erstspracherwerb des Kleinkindes übertragen wird. Läßt sich aber eines der Modelle des Erstspracherwerbs auf den natürlichen Zweitspracherwerb übertragen? Im folgenden Abschnitt sollen einige Gesichtspunkte zur Beantwortung dieser Frage zusammengetragen werden.

9.3 Erstspracherwerb und natürlicher Zweitspracherwerb

Die Fragestellung, wie weit Erst- und Zweitspracherwerb sich gleichen, wird erst häufiger in der neuen Literatur zur Entwicklungspsycholinguistik gestellt (vgl. Felix 1975; Wode 1974; Wienold 1974). Es liegen sehr wenige Untersuchungen vor, denen man Hinweise auf Unterschiede oder Parallelen entnehmen könnte.

Zwei Alternativhypothesen sind denkbar:

1. Erstspracherwerb und Zweitspracherwerb verlaufen nach den gleichen Gesetzmäßigkeiten (*Identitätshypothese*).
2. Der Zweitspracherwerb profitiert oder wird gestört von der Tatsache, daß eine erste Sprache bereits zu einem gewissen Grad beherrscht wird und zeigt deshalb einen anderen Verlauf (*Interferenzhypothese*).

Die Identitätshypothese geht davon aus, daß die Entwicklungssequenzen, die sich im Erstspracherwerb beobachten lassen, durch einen angeborenen Erwerbsmechanismus festgelegt sind, deren Entfaltung wiederum in Wechselwirkung mit den Sequenzen der kognitiven Entwicklung steht. Die Interferenzhypothese leugnet keineswegs regelmäßige Abläufe im Erwerbsprozeß der ersten Sprache, macht aber geltend, daß gewisse kognitive Strukturen, wenn sie einmal beherrscht sind und in der ersten Sprache ihren Ausdruck gefunden haben, unmittelbar auch auf den Erwerb der zweiten Sprache einwirken können. Der Zweitspracherwerb kann also auf sprachlich-kognitive Strukturen, die im Erstspracherwerb ausgebildet wurden, aufbauen.

Unter Interferenz versteht man in der Lernpsychologie eine negative Übertragung, eine Störung eines späteren Lernvorgangs durch einen vorausgehenden. Im vorliegenden Falle ist die Interferenz zum Teil positiv zu bewerten; sie bedeutet Bahnung für den Erwerb entsprechender sprachlicher Strukturen in der Zweitsprache. Im negativen Sinne wird die einmal gelernte sprachliche Struktur fälschlich auf die Zweitsprache übertragen, ohne daß vielleicht auch nur der Versuch unternommen wird, die der zweiten Sprache eigenen Strukturen kennenzulernen.

Je mehr Interferenz im positiven Sinne beim Zweitspracherwerb beobachtet werden kann, um so wahrscheinlicher wird die Annahme, daß bestimmte sprachliche Muster bestimmte kognitive Bedingungen voraussetzen. Die Untersuchung des natürlichen Zweitspracherwerbs im Vergleich zum Erstspracherwerb bei jeweils dem gleichen Kind müßte für diesen Teil des Spracherwerbsprozesses sehr aufschlußreich sein.

Wode führt das Beispiel des Negationserwerbs bei zwei norwegischen Kindern an. Ein $6^1/_2$jähriger Junge zeigt im Erwerb des Englischen die gleiche Negation wie im Norwegischen; dies kann interpretiert werden als ein Fall von syntagmatischer Interferenz. Seine $3^1/_2$jährige Schwester überträgt auch zunächst die norwegische Negation auf das Englische, zeigt aber im übrigen mehr lexikalische Interferenz.

Man kann sicherlich nicht davon ausgehen, daß Parallelen im Strukturerwerb beider Sprachen nun generell auf einen identischen Verlauf des Erwerbsprozesses hindeuten. Sicher spielt das Alter des Lernenden dabei eine bedeutsame Rolle. Je jünger das Kind, um so eher trifft wahrscheinlich die Identitätshypothese zu, zumal ein formaler Unterricht bei kleinen Kindern ausscheidet. Allerdings kann man auch bei kleinen Kindern einen asynchronen Verlauf sprachlicher Strukturen feststellen: Das erwähnte 3¹/₂jährige Mädchen konnte im Norwegischen bereits Kausalfragen verstehen, während es sie im Englischen noch nicht bewältigte. Obwohl also schon das kognitive Konzept des ›Warum‹ vorhanden war, hatte es diese Art der sprachlichen Struktur im Englischen noch nicht aufgebaut.

Felix (1975) berichtet über eine Untersuchung von Kindern, die auf natürliche Weise eine Zweitsprache erlernen. Die Kinder waren vier bis sieben Jahre alt. Der Lernprozeß war zum Zeitpunkt der Untersuchung seit ungefähr neun Monaten in Gang. Felix bezieht sich auf die Ausführungen Blooms (1973), über die bereits berichtet wurde. Nach Bloom erlernt das Kind die erste Sprache über ein Stadium, in dem keine syntaktischen Regeln auszumachen sind. Semantische Strukturen herrschen hier vor und leiten erst über zu syntaktischen Mustern. Eine solche Folge ist beim Zweitspracherwerb nach Felix nicht zu ermitteln. Die ersten gelernten syntaktischen Strukturen unterscheiden sich aber in den beiden Sprachen. So werden für die Negation und die Fragesätze verschiedene linguistische Muster produziert. Interferenzen konnte Felix sehr wenige feststellen, wohl aber ein Überspringen von Entwicklungsphasen, die aus dem Erstspracherwerb bekannt sind. Der Zweitspracherwerb läuft wahrscheinlich ›gerafft‹ ab, wenn er nach einem ersten deutlichen Fortschritt im Erstspracherwerb einsetzt.

Kapitel 10

Zweitspracherwerb in verschiedenen Altersstufen

In den letzten Jahren ist die Neigung zu beobachten, möglichst früh mit dem Zweitspracherwerb zu beginnen. Diese Tendenz beruht auf der Annahme einer Parallelität von Erst- und Zweitspracherwerb. Im natürlichen Spracherwerbsprozeß gehen zwei oder mehr Sprachen meist ohne Planung ein, da einerseits das Kind bemüht ist, mit den Gesprächspartnern seiner Umgebung zu kommunizieren, andererseits die Gesprächspartner im Umgang mit Kleinkindern eher geneigt sind, ihre dominante (meist die erste) Sprache zu verwenden. Zweisprachig aufwachsende Kinder fangen zum frühest möglichen Zeitpunkt mit beiden Sprachen an.

Der gleichzeitige Beginn ist am zuverlässigsten gewährleistet, wenn in der Familie die beiden Elternteile je einer Sprachgruppe angehören. Wenn die Gesprächspartner außerhalb der Familie stehen (Spielfreunde, Kindergartengruppe usw.), tritt eine Verzögerung des Spracherwerbs der zweiten Sprache gegenüber der ersten ein. Die Verzögerung kann im Vorschulalter wettgemacht werden durch schnellere Lernfortschritte in der zweiten Sprache. Die Gründe dafür sind bereits erwähnt worden.

Welche Argumente sprechen nun für einen frühen, welche für einen späteren Zeitpunkt beim Erlernen einer zweiten Sprache? Es gibt dazu einige Überlegungen von Lenneberg (1967) und Penfield/Roberts (1959). Aufgrund des Verlustes der physiologischen Plastizität im Gehirn halten diese Autoren einen möglichst frühen Zeitpunkt für den Zweitspracherwerb für günstig. Lenneberg argumentiert, daß auf alle Fälle vor dem 13. Lebensjahr ein Grundstock an sprachlichen Strukturen und vor allem der Aussprache vorhanden sein muß, um zu einer befriedigenden Zweitsprachbeherrschung gelangen zu können. Zwischen dem 2. und dem 13. Lebensjahr, der Periode des Spracherwerbs, reift das Gehirn stetig, vor dieser Periode verzeichnet die Forschung schnelle Änderungen in der Struktur des Gehirns, in seinen biochemischen und neurophysiologischen Vorgängen. Nach dieser Periode läßt sich nur wenig Wandel feststellen.

Lenneberg gesteht zwar zu, daß auch nach dem zweiten Jahrzehnt Sprachen erlernt werden (S. 217), merkt jedoch an, daß nach der Pubertät häufiger Blockierungen im Zweitspracherwerb auftreten können. Es fehlt jedoch noch an systematischen empirischen Grundlagen für diese Behauptung. Auch der spontane Erwerb einer Sprache, der nur dadurch motiviert erscheint, daß die betroffene Sprache in der Umgebung eines Individuums auftaucht, geht mit fortschreitendem Alter verloren. Nach Ansicht Lennebergs erfordert ein Zweitspracherwerb nach der Pubertät mehr Mühe und Anstrengung. Dies lasse sich besonders deutlich beim Erwerb der Aussprache zeigen. Gelegentliche gegenteilige Beobachtungen führt Lenneberg auf die Strukturähnlichkeit vieler Sprachen zurück, welche die Übertragung einer ausgebildeten Sprachfertigkeit in der ersten Sprache auf weitere Sprachen zuläßt. Es gibt inzwischen einige empirische Untersuchungen, die die Frage nach dem optimalen Alter für den Zweitspracherwerb zu beantworten versuchen.

Im Bezugsrahmen des natürlichen Spracherwerbs bei Einwanderung nach Kanada wird eine größere Anzahl von Schülern auf ihre englischen Sprachkenntnisse in Abhängigkeit vom Alter bei der Einwanderung nach Kanada untersucht (Ramsey/ Wright 1974). Die Stichprobe der untersuchten Schüler umfaßt jeweils 25 % der eingewanderten Kinder verschiedener Klassen (ältere und jüngere Schüler) aus allen Schulen der Stadt Toronto. Es werden erhoben: Vokabel-Kenntnisse aufgrund des Benennens von Bildern, Rechenfertigkeiten, nichtsprachlicher Intelligenzquotient (nach dem Raven-Matrizen-Test), Lehrerurteile über Sprachkenntnisse und ein sechsteiliger Sprachtest für die Fertigkeiten im Englischen. Die Norm für den Sprachtest wird nach der Durchschnittsleistung der Schüler gleichen Alters ermittelt. Individuelle Leistungen werden nach dieser Altersnorm beurteilt.

Sechs Graphiken veranschaulichen die Ergebnisse aus den sechs Einzeltests für die sprachlichen Fertigkeiten:

Figur 8: Testleistungen in sechs sprachlichen Einzeltests in Abhängigkeit vom Alter bei der Einwanderung

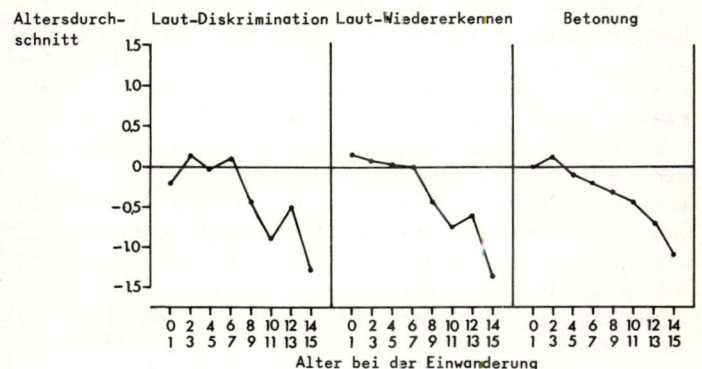

(Fortsetzung S. 128)

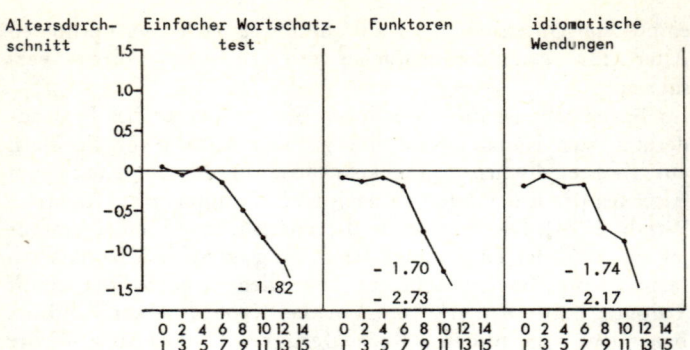

Altersdurch-schnitt | Einfacher Wortschatz-test | Funktoren | idiomatische Wendungen

Alter bei der Einwanderung

Je älter die Kinder bei ihrer Einwanderung sind, um so mehr liegen ihre sprachlichen Fertigkeiten in dem verwendeten Sprachtest unter dem Durchschnitt. Ein kritischer Zeitpunkt scheint zwischen dem sechsten bis siebten Lebensjahr zu liegen. Die Graphiken zeigen – mit Ausnahme der Werte, die in der Betonung erreicht werden –, daß erst mit der Einwanderung nach dem sechsten Jahr unterdurchschnittliche Leistungen einsetzen. Um das Ergebnis etwas zu relativieren, muß jedoch auf die große individuelle Variation der Testwerte hingewiesen werden.

Die Befunde stützen die vorherrschende Meinung, daß Einwanderer zum einen mit wachsendem Alter mehr Sprachschwierigkeiten haben und zum zweiten, daß die Aussprache besonders früh an Flexibilität verliert und im späten Zweitsprachenerwerb nicht mehr umgestellt werden kann.

Eine frühere Untersuchung von Asher und Garcia (1969) geht ebenfalls der Frage nach, ob Kinder eine zweite Sprache besser erlernen als ältere Personen. Die Autoren wählen 71 kubanische Kinder zwischen sieben und 19 Jahren aus, die alle etwa fünf Jahre vor dem Zeitpunkt der Untersuchung in die Vereinigten Staaten eingewandert waren. Sie analysieren nur die Aussprachleistungen ihrer Versuchspersonen; sie vergleichen sie mit derjenigen von Kindern, die in der gleichen Gegend der Vereinigten Staaten aufgewachsen sind.

Die Kinder sprechen jeweils vier Sätze und eine Gruppe von kompetenten Beurteilern stuft die Aussprache nach vier Kriterien ein:

A: spricht wie ein Einheimischer;
B: spricht fast wie ein Einheimischer;

C: spricht mit einem kleinen ausländischen Akzent;
D: spricht mit einem deutlichen ausländischen Akzent.

Die Sprachproben werden auf Tonband festgehalten; die Beurteiler nehmen ihre Kategorisierungen nach den Tonaufzeichnungen vor, ohne die Sprecher zu sehen oder zu kennen. Die Urteile verteilen sich folgendermaßen auf die drei Altersgruppen:

Tabelle 7: Anzahl der Aussprachebeurteilungen pro Kategorie (in %) in Abhängigkeit vom Alter bei der Einwanderung

Beurteilungs-	Alter bei der Einwanderung		
kategorie	1–6	7–12	13–19
A	0 %	0 %	0 %
B	68 %	41 %	7 %
C	32 %	47 %	27 %
D	0 %	16 %	66 %

Die Daten zeigen deutlich, wie bei einem Aufenthalt in den Vereinigten Staaten von fünf Jahren bis acht Jahren die Wahrscheinlichkeit steigt, die Aussprache der Einheimischen zu erreichen; ein Aufenthalt von vier Jahren und weniger ist hierfür nicht ausreichend. Die beste Aussprache ergibt sich also bei einem Einwanderungsalter von weniger als sechs Jahren und nach einer Aufenthaltsdauer von fünf und mehr Jahren. Dieses Ergebnis bedeutet praktisch, daß die Kinder bilingual vom Beginn ihres Spracherwerbs an aufgewachsen sein müssen. Aber auch ein Zusammentreffen dieser günstigen Bedingungen scheint keine Garantie für eine einwandfreie Aussprache zu sein, denn nur 68 % erreichen eine fast einheimische Aussprache, keine Versuchsperson eine völlig akzentlose Aussprache. Auch diese Befunde sprechen für die Annahme einer schwindenden Fähigkeit, mit wachsendem Alter Sprachen zu erlernen, wobei besonders die Aussprache betroffen zu sein scheint.

Der erste Autor überprüft in einer vorausgegangenen Untersuchung bei Kindern und Erwachsenen das Vorverständnis einer anderen Sprache nach einer konstanten Lernzeit. Das Sprachverständnis von gesprochenem Russisch bei englischsprachigen Erwachsenen erweist sich bei ihrer Untersuchung als wesentlich besser ausgebildet als bei Kindern.

Die hier zusammengestellten Befunde betreffen in erster Linie

den natürlichen oder weitgehend natürlichen Zweitspracherwerb. In einigen Ansätzen zum Zweitsprachunterricht werden diese Befunde auf den gelenkten Zweitspracherwerb in der
sprachlichen Umgebung der Erstsprache übertragen. Diese beiden Situationen stimmen jedoch nicht in allen ihren relevanten
Merkmalen überein. Vor einer kritiklosen Übertragung der Befunde muß deshalb gewarnt werden. Es wird von Pädagogen
für den Zweitsprachunterricht meist das Alter von zehn Jahren
als optimal angesehen. Der Grund dafür besteht in der noch
vorhandenen biologischen Plastizität der neurophysiologischen
Strukturen im Gehirn und in der weitgehend abgeschlossenen
Entwicklung der ersten Sprache (Laws 1975).

Kapitel 11

Modelle des Zweitspracherwerbs

Wie erwähnt, sind die einzelnen Entwicklungssequenzen im
Zweitspracherwerb noch wenig erforscht. Für den Erfolg eines
gelenkten Zweitspracherwerbs wäre es notwendig, genaue
Kenntnisse über den natürlichen Zweitspracherwerb in den verschiedenen Entwicklungsstufen zu gewinnen. Es gibt einige
Chronologien des Spracherwerbs bei zweisprachig aufwachsenden Kindern (vgl. Wode 1974; Leopold 1949; Park 1970 a, b).
Doch fehlt zu diesen linguistischen Daten meist eine systematische Gegenüberstellung mit dem Spracherwerb einsprachig
aufwachsender Kinder im entsprechenden Sprachraum.
Einen psychologischen Ansatz zur Untersuchung der Vorgänge
bei fortschreitendem Zweitspracherwerb verfolgt Lambert
(1972). Im Laufe der Sprachentwicklung treten Veränderungen
im Sprachverhalten auf, die durch psychologische Vorgänge
erklärt werden können. Lamberts Hypothesen lauten: Je besser
eine Sprache beherrscht wird, um so mehr Assoziationen vermag der Lernende auf ein Reizwort aus der Zweitsprache in
der gleichen Sprache zu produzieren. Es soll hier daran er-
innert werden, daß die Anzahl der Assoziationen auf ein Reizwort in der Psychologie als ein Hinweis auf die Bedeutungshaltigkeit dieses Wortes dient (vgl. Kapitel 7). Je mehr Vor-

stellungen ein Wort hervorzurufen vermag, um so reichhaltiger ist seine Bedeutung. Die Hypothese läßt sich also auch so formulieren: Mit fortschreitendem Zweitspracherwerb wächst der Bedeutungsreichtum der Worte aus der zweiten Sprache. Die Assoziationsversuche Lamberts an Schülern mit Zweitsprachenunterricht bestätigen diese Hypothese.

Aber auch qualitativ verändern sich die Assoziationen im Laufe des Erwerbsprozesses. Bei den Schülern nähert sich die Art der assoziierten Vorstellungen immer mehr denjenigen Assoziationen an, die einsprachig aufgewachsene Schüler in ihrer Sprache produzieren. Die Tatsache, daß zwei Sprachen beherrscht werden, führt jedoch nicht zu verschiedenartigeren Assoziationen; vielmehr bleibt der gleiche Grad von Stereotypie erhalten, wie ihn auch im Durchschnitt die einsprachigen Schüler aufweisen.

Allerdings kommen immer mehr seltenere Wörter hinzu; als selten wird hier ein Wort bezeichnet, das in der Sprachstatistik der betreffenden Sprache mit geringer Häufigkeit vertreten ist. Die Aussprache nähert sich ebenfalls mehr und mehr der Standardsprache an. Ein systematischer Vergleich der einzelnen psychologischen Indizes in den Lernphasen ergibt, daß zunächst das Lexikon erworben wird und dann erst das kulturspezifische Sprachverhalten einsetzt. Dieser Prozeß ist durchaus vergleichbar mit dem Erstspracherwerb: Auch das Kleinkind sammelt zunächst einen Vorrat an Bezeichnungen, und erst später wächst es in die kognitiven Muster und Einstellungen seiner Umgebung hinein. Dieses zweite Stadium beansprucht den größten Zeitaufwand im Erwerbsprozeß der ersten und der zweiten Sprache.

Die Überlegungen und Untersuchungen Ervins und Osgoods (1954) zu einem Modell der zweisprachigen Entwicklung bleiben ebenfalls im Rahmen einer psychologischen Analyse der Fragestellung. Sie haben für ein Jahrzehnt die Untersuchungen im Bereich der zweisprachigen Erziehung angeregt; sie verzichteten jedoch bedauerlicherweise darauf, ihren ersten Ansatz zu differenzieren, um neuere Befunde in ihrem Modell zu verarbeiten. Die Tragfähigkeit ihres theoretischen Ansatzes ist damit in Frage gestellt; der Ansatz soll trotzdem hier dargestellt werden, da sonst zahlreiche Arbeiten zu diesem Thema nach 1954 theoretisch nicht angemessen eingeordnet werden können.

Ervin und Osgood gehen vom Erwerb zweier linguistischer Codes (Sprachen) aus. Für die Äußerungen in beiden Codes müssen unterschiedlich konstruierte und organisierte linguistische Einheiten, unterschiedliche grammatische Regeln, verschiedene und gleichermaßen willkürliche lexikalische Systeme erworben werden. Das begriffliche Äquivalent bleibt bei Sprachen mit ähnlicher kultureller Einbettung meist jedoch vergleichbar. Bei verschiedener Zusammenstellung der Phoneme müssen auch noch zwei Lautsysteme sowohl beim Zuhören als auch in der Aussprache nebeneinander beherrscht werden. Wie aus dem Erstspracherwerb zu schließen ist, dürfte wohl die unterschiedliche Semantik beider Codes am schwierigsten zu erwerben sein. Die Bedeutung definieren die Autoren als eine spezifische Konstellation von Vorstellungen oder Assoziationen. Bevor Ervin und Osgood ihre Ausführungen über ihr Modell der Zweisprachigkeit veröffentlichten, gingen viele Autoren auf dem Gebiet des Zweitsprachunterrichtes von der Auffassung aus, daß von Sprache zu Sprache lediglich die Zeichen wechselten, nicht aber deren Bedeutung variieren könne. Grundlage ihrer Überlegungen ist nach Ervin und Osgood das Modell eines ›vermischten Zweisprachensystems‹ (compound language system). Im vermischten System gibt es zwei linguistische Zeichen, eines, welches der Sprache A angehört, S_A, und ein zweites, welches einer anderen Sprache B angehört, S_B. Beide sind durch einen Lernvorgang verknüpft mit der gleichen vermittelnden inneren Reaktion.

In der bekannten Darstellungsweise sieht das Schema des vermischten zweisprachigen Vorgangs folgendermaßen aus:

Figur 9: Reiz-Reaktionsketten im vermischten Zweisprachensystem nach Ervin und Osgood

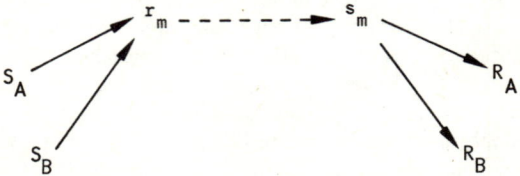

Die vermittelnde, bedeutungshaltige r_m-s_m-Kette kann entweder Reaktionen in der einen oder in der anderen Sprache nach sich ziehen. Der gemeinsame Vermittlungsprozeß für Zeichen und Reaktionen in zwei verschiedenen Sprachen ist das Ergebnis des üblichen Zweitsprachunterrichtes, in dem die Zweitsprache über die Erstsprache vermittelt wird und kaum kulturspezifische Bedeutungen unterrichtet werden. Das Vokabellernen ist ein Prototyp des Lernvorgangs, der zu einem vermischten lexikalischen System führen muß. Aber auch ein Kind, welches in einer zweisprachigen Familie aufwächst, kann ein solches vermischtes Sprachsystem erwerben, wenn die Eltern jeweils ohne feste Gebundenheit an bestimmte Situationen einmal die eine, ein andermal die andere Sprache verwenden. Aus den Bedeutungen beider Sprachen kann dann eine integrierte Bedeutung resultieren, die Bedeutungsaspekte aus der einen mit Bedeutungsaspekten aus der anderen Sprache zusammenfügt zu einer ›übersprachlichen‹ vermischten Bedeutung.

Der Sachverhalt bei einem getrennten Zweisprachensystem (coordinate language system) sieht in der schematischen Darstellung der vermittelnden inneren Vorgänge so aus:

Figur 10: Reiz-Reaktionsketten im getrennten Zweisprachensystem nach Ervin und Osgood

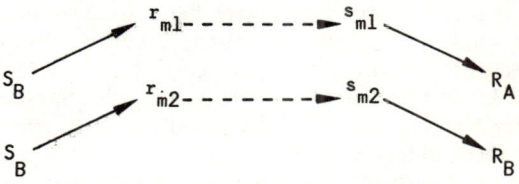

Jede r_m-s_m-Verbindung in der einen Sprache hat eine entsprechende, aber unabhängig von ihr existierende innere vermittelnde Reaktion in der anderen Sprache. Beide können verschiedene Bedeutungen repräsentieren. Je besser die Sprache beherrscht wird, um so höher ist die Wahrscheinlichkeit für Bedeutungsvariationen in beiden Sprachen, auch bei Übersetzungsäquivalenten S_A und S_B. Ein koordiniertes Sprachsystem wird dann erreicht, wenn ein Individuum vom Beginn des Zweitspracherwerbs an die beiden Sprachen in verschiedenen Situationen und in fester Zuordnung zu bestimmten Personen hat. So kann zum Beispiel ein zweisprachig aufwachsendes Kind die eine Sprache zu Hause mit seinen Eltern, die andere dagegen in der Schule oder in einem Club sprechen. Dieses unabhängige Sprachsystem geht nach Ervin und Osgood einher mit einer emotionalen und verhaltensmäßigen Trennung, je nachdem, ob in der einen oder der anderen Sprache kommuniziert wird. Sprachwechsel bedeutet demnach ein Rollenwechsel (vgl. auch Lambert 1967).

Die Assoziationsnetze innerhalb einer Sprache sind unabhängig von dem in der anderen Sprache ausgebildet und helfen dem koordiniert Zweisprachigen, wenn er einmal ein Sprachsystem gewählt hat, in diesem zu bleiben und nicht – wie beim vermischt Zweisprachigen – je nach Präsenz des Sprachmaterials in das andere Sprachsystem überzuwechseln.

Wie kann man nun die beiden Typen von Zweisprachigkeit empirisch gegeneinander abgrenzen? Aufbauend auf der Definition, S-R vermittelnde Bedeutungen stimmten bei vermischten Systemen weitgehend überein, seien aber bei getrennten Systemen mehr oder weniger unterschiedlich für beide Sprachen, schlagen die Autoren den Test des ›semantischen Differentials‹ vor (vgl. Kapitel 7). Sie argumentieren, daß bei zweisprachig vorgegebenen Reizwörtern, die im semantischen Differential eingestuft werden sollen, bei koordiniert Zweisprachigen unterschiedliche Einstufungen der Reizwörter aus den zwei verschiedenen Sprachen erfolgen müßten. Die Einstufungen im Falle eines vermischten Zweisprachensystems müßten dagegen übereinstimmen. Diesen Befund haben die Autoren auch in eindeutigen Fällen erhalten. Eindeutig werden jene Fälle genannt, in denen die Lerngeschichte der Versuchspersonen eine klare Trennung oder Vermischung der Sprachen beim Spracherwerb ergibt. Ervin und Osgood standardisieren hierfür einen Fragenkatalog, den sie für eine erste Zuordnung der Versuchspersonen zu den beiden Gruppen ›koordiniert‹ oder ›vermischt‹ verwenden.

Einige Jahre später präzisiert Lambert (1972) die Typologie, indem er von Unikulturalismus und Bikulturalismus spricht, während Jakobovits (1968) mit großem Vertrauen auf die Gültigkeit dieser Unterscheidung noch getrennt die Dimensionen auf lexikalische, syntaktische, phonologische, morphemische und kulturelle Aspekte überträgt. In einer Übersicht über den Stand der Untersuchungen bis 1966 stellt MacNamara jedoch fest (1967), daß in einigen Untersuchungen, in denen sich die Trennung hätte bewähren sollen, sich diese Erwartung nicht erfüllt hat. Daraus wird von Vertretern des Modells der Schluß gezogen, die Einordnung dürfe für ein Individuum nicht generell über alle Bereiche sprachlicher Kommunikation vorgenommen werden. Je nach Aktivität oder je nach Phase seiner Sprachentwicklung neige ein Individuum mehr zum koordinierten oder mehr zum vermischten Sprachsystem.

Zu den Ausführungen Ervins und Osgoods ist anzumerken, daß sie, um die Typologie herauszuarbeiten, von überpräzisierten

Sachverhalten ausgehen. Ein Kind dürfte selten von Beginn der Sprachentwicklung zwei oder mehr Sprachen durcheinander sprechen. Das Kind selbst sucht sich für eine bestimmte Sprache einen bestimmten Gesprächspartner aus. Oder umgekehrt: Für einen bestimmten Gesprächspartner bevorzugt es eine bestimmte Sprache. Man kann also von einer natürlichen Tendenz sprechen, die Systeme getrennt zu halten. Bei natürlichem Zweitspracherwerb dürfte es schwer halten, einen Fall von klarem vermischtem System zu finden, da kaum die zweite Sprache durch die erste erlernt wird.

Lambert versucht 1969 einen neuen Gesichtspunkt für eine Definition des vermischten und koordinierten Sprachsystems vorzutragen: Individuen mit vermischtem Sprachsystem sind solche, die in einer zweisprachigen Familie aufwachsen, während ein koordiniertes System erst dann entstehen kann, wenn der Zweitspracherwerb deutlich nach dem Erstspracherwerb einsetzt, möglichst in einer anderen Umgebung und möglichst noch nach dem Alter von zehn Jahren. Tests, die Hinweise auf die Neigung zur Vermischung beider Sprachsysteme geben können (Stroop Interferenztest in zwei Sprachen (Stroop 1939; Dyer 1971; Dalrymple-Alford 1968)), sprechen deutlich für eine Gültigkeit dieser neuen Unterscheidung (Lambert 1972). Damit bestimmt der Spracherwerbsprozeß eine neue Definition der koordinierten und vermischten Sprachsysteme.

Das koordinierte Sprachsystem erscheint wegen der Unabhängigkeit als das erstrebenswertere System; es bleibt also einem Sprachunterricht oder einem Spracherwerb in fortgeschrittenem Kindesalter mehr noch als einem zweisprachig aufwachsenden Kind die Chance vorbehalten, kulturspezifische Sprachkenntnisse zu erwerben. Nach den berichteten Untersuchungen sollte der Zweitspracherwerb jedoch nicht zu spät, keinesfalls nach dem zehnten Lebensjahr einsetzen. Geht es allerdings um die Qualifikation als Simultanübersetzer, so bringen die Individuen mit vermischtem Sprachsystem die besseren Voraussetzungen mit (Osgood/Seboek 1969).

K. F. Riegel veröffentlicht 1968 ›einige Überlegungen zur bilingualen Entwicklung‹ in Form eines weiteren Modells. Er hofft, für einige Variablen des Sprachverhaltens Vorhersagen ableiten zu können, um mit deren Überprüfung der Bilingualismusforschung neue Impulse zu geben. Riegel geht von Worten als Elementen aus; zwischen diesen Elementen bestehen Beziehungen. Die Beziehungen können auch bestehen zwischen Bezeichnungen mit den bezeichneten Objekten, Handlungen oder Eigenschaften. Die Beziehungen bilden den Schwerpunkt des Spracherwerbs: Zunächst werden die Beziehungen von Worten zu Objekten, Handlungen etc. aufgebaut, und erst dann folgen die Beziehungen auf verbaler Ebene. Daran schließt sich das Lernen der Klassifikation der Beziehungen; dieser Vorgang bildet die Grundlage für den Erwerb semantischer und syntaktischer Strukturen.

Durch die sprachliche Umwelt wird ein bestimmter Umfang an sprachlichen Einheiten und Beziehungen zwischen den Einheiten an ein Individuum herangetragen. Den gesamten Umfang nennt Riegel ›linguistischer Input‹. Mit ›linguistischer Information‹ bezeichnet er jenen Anteil des Inputs, der sich im Laufe des Inputs nicht wiederholt, d. h. also jeweils die neuen informationsträchtigen Einheiten und Beziehungen.

Wächst ein Individuum von einem bestimmten Zeitpunkt t_1 an mit einem zweisprachigen linguistischen Input auf, so hängt es von dem Umfang beider Arten von Inputs ab, wie der Umfang der beherrschten Einheiten und Beziehungen in beiden Sprachen im Laufe der Lebensjahre anwächst. Es ist dabei zu beachten, daß für die Schätzung solcher Wachstumsraten berücksichtigt werden muß, ob der linguistische Input in beiden Sprachen unabhängig voneinander erfolgt oder ob beide Sprachen im Input vermischt werden. Riegel führt hier in seine Überlegungen die Unterscheidung Ervins und Osgoods ein: Angenommen, das gesamte Sprachrepertoire, d. h. die Gesamtheit aller Informationen einer Sprache, sind bis zu einem Alter von 100 Jahren vollständig dem Individuum dargeboten, dann ergibt sich nach den Parameter-Schätzungen Riegels eine negativ akzelerierte Wachstumsrate für den linguistischen Input von Geburt an. Kommt eine zweite Sprache unabhängig von der ersten hinzu zu einem Zeitpunkt $t_1 = 17,5$ Jahre, so ergibt sich je nach dem Umfang der Darbietung dieser zweiten Sprache eine zweite, in ihrem Verlauf ebenso steile oder weniger steile, aber ebenfalls negativ akzelerierte Wachstumskurve.

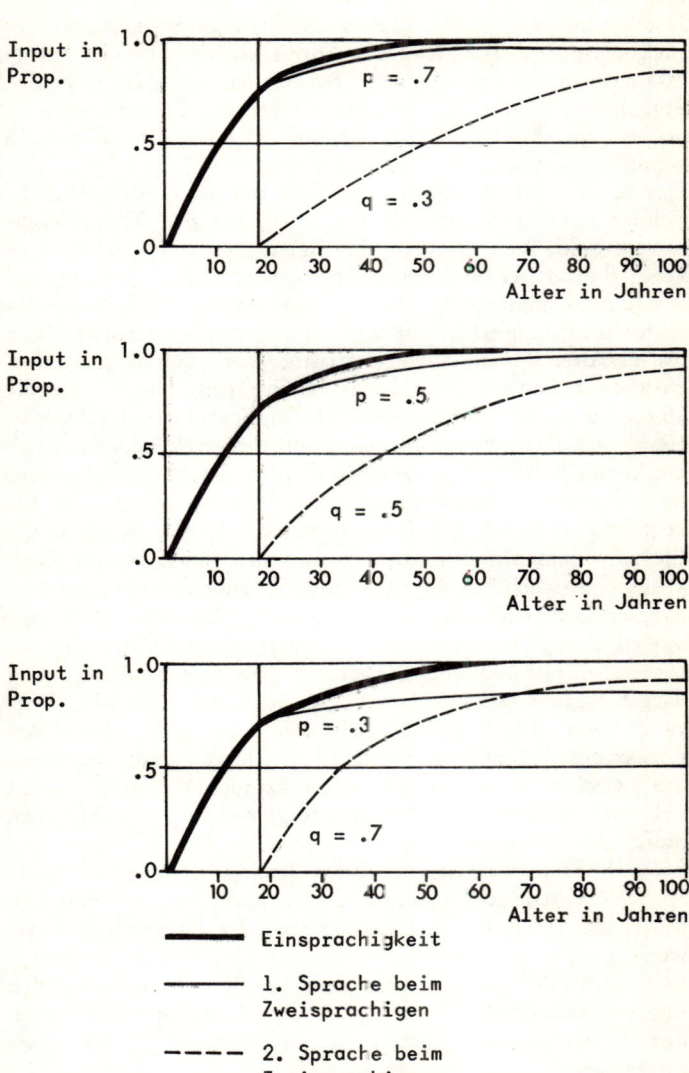

Figur 11: Wachstumszunahme des linguistischen Inputs bei getrenntem Angebot zweier Sprachen

Input in Prop.

p = .7
q = .3

Alter in Jahren

Input in Prop.

p = .5
q = .5

Alter in Jahren

Input in Prop.

p = .3
q = .7

Alter in Jahren

—————— Einsprachigkeit

——— 1. Sprache beim Zweisprachigen

----- 2. Sprache beim Zweisprachigen

137

Für den vermischten Input zweisprachigen Materials sehen die Kurven im Prinzip gleich aus, wenn sich auch der Grad der Steilheit im Vergleich zu den entsprechenden Situationen der koordinierten Zweisprachigkeit ändert.

Der Grund ist folgender: Bei vermischtem Input muß man berücksichtigen, daß ein Teil der Aufmerksamkeit bei der Informationsverarbeitung auf die Beziehungen zwischen beiden Sprachen gerichtet ist. Darunter leidet der Spracherwerb in beiden Sprachen, und die Wachstumskurven fallen deshalb weniger steil aus.

Das Modell Riegels in der oben dargestellten Fassung berücksichtigt nur die äußeren Bedingungen, die den Zweitspracherwerb bestimmen. Es vernachlässigt die psychologischen Prozesse, die an der Wahrnehmung, Speicherung, Abrufung und Produktion linguistischer Information beteiligt sind. Weiterhin fehlen die biologischen Aspekte der individuellen Entwicklung bis ins Alter hinein. Auch langfristige Veränderungen der linguistischen Umwelt läßt Riegel außer acht, ebenso wie die Unterscheidung zwischen einer ›idealen‹ Sprache (vgl. Chomsky 1965) und ihren verschiedenen gesprochenen Versionen. Auch die linguistische Komplexität der beiden Sprachen, ihr gesamter Umfang an Elementen und Beziehungen, werden hier für beide Sprachen als gleich angenommen. Ebenso werden alle Elemente und alle Beziehungen zwischen ihnen im Input als gleich wahrscheinlich angesetzt; dies ist eine unrealistische Annahme. Dennoch kann das dargestellte linguistische Inputmodell eine Hilfestellung bei der quantitativen Formulierung der externen Bedingungen der sprachlichen Umwelt geben.

Riegel ergänzt seine Überlegungen noch um subjektive Vorgänge beim bilingualen Spracherwerb. Er greift dafür den Aspekt des Aufbaus der verschiedenen Klassen von Beziehungen zwischen den (Wort-)Elementen heraus. Die Klassen bauen sich nacheinander in einer Stufenfolge auf. Die verschiedenen Stufen definiert er wie folgt:

Stufe I. Hier werden die ersten Beziehungen in nur einer Sprache (Erstsprache = L 1) zwischen Bezeichnungen und Objekten der Umgebung, Handlungen oder Eigenschaften erworben.

Stufe II. In der zweiten Stufe bleibt der Spracherwerb auf den Erstspracherwerb beschränkt, aber erste Beziehungen zwischen den Bezeichnungen werden in das Sprachrepertoire aufgenommen.

Stufe III. Hier tritt zum erstenmal die Zweitsprache L 2 auf.

Sie wird erworben auf der Grundlage von Äquivalenzen und Beziehungen zwischen Worten.

Stufe III ähnelt Stufe I insofern, als für L 2 nun erste Beziehungen zwischen Nichtsprachlichem und Sprachlichem hergestellt werden. Sie stellt eine wichtige Stufe im Zweitspracherwerb dar. Je nach Methode des Zweitspracherwerbs kann der direkte Bezug zu außersprachlichen Einheiten auch ersetzt werden durch das Lernen rein sprachlicher Äquivalenzbeziehungen: z. B. Im Englischen heißt Tisch ›table‹ (vgl. Stufe IV).

Stufe IV. In dieser Stufe werden auch die rein sprachlichen Beziehungen innerhalb der Zweitsprache aufgebaut, aber noch nicht vollständig. Einige Beziehungen werden noch über die Äquivalenzbeziehungen zur L 1 verarbeitet.

Stufe V. Auf der fünften Stufe werden alle Einheiten in Beziehungen eingebettet, für jede der Sprachen getrennt; zusätzlich werden noch Äquivalenzbeziehungen zwischen den Sprachen erworben. Diese Stufe wird von den meisten Individuen, die eine Zweitsprache erlernen, nicht erreicht.

Die Stufen können überlappen, denn ein Individuum kann bereits innersprachliche Beziehungen aufbauen, während es noch nicht alle Beziehungen von sprachlichen zu nichtsprachlichen Einheiten aufgenommen hat. In der Schwerpunktbildung können jedoch die einzelnen Phasen in ihrer Folge durch empirische Befunde belegt werden.

Die fünf Stufen lassen sich nun im Zusammenhang mit der Unterscheidung ›vermischte‹/›getrennte‹ Zweisprachigkeit analysieren. Stufe I und II sind eindeutig einsprachige Bedingungen. Auf Stufe III und IV ist ein Typ von Zweisprachigkeit vorgestellt, in dem die zwischensprachlichen Beziehungen auf die notwendigsten Äquivalenzbeziehungen beschränkt bleiben. Anders formuliert: hier liegt Zweisprachigkeit mit getrennten Beziehungssystemen vor. Stufe V beschreibt den Endpunkt der bilingualen Entwicklung; das Ende des Erwerbsprozesses läßt sich nicht in die Ervin und Osgoodsche Unterscheidung einordnen. Werden die Beziehungen zwischen den Sprachen nicht aktiviert, dann ist der Endpunkt der Entwicklung ein unabhängiges Mehrsprachensystem. Werden sie jedoch aktiviert, dann können die Systeme nicht unabhängig voneinander in Funktion treten.

Die Charakterisierung der fünften Stufe zeigt erneut, daß die ursprüngliche Konzeption der Abhängigkeit bzw. Unabhängigkeit von Sprachsystemen nicht durchgehend aufrecht erhalten werden kann. Als gedankliche Konstruktion war sie zweifellos gewinnbringend, da sie den Blick schärfte für die psychologischen Bedingungen der Zweisprachigkeit. An ihre Stelle sollten nun differenzierende Untersuchungen treten, die den Gültigkeitsbereich der beiden Typen für die verschiedenen Aspekte sprachlichen Verhaltens systematisch untersuchen.

Kapitel 12

Motivation und Zweitspracherwerb

Der Erfolg des Zweitspracherwerbs hängt nicht anders als der Erfolg anderer intellektueller Lernprozesse sowohl von der Lernmotivation ab als auch von der Motivation, das Gelernte zu einer gegebenen Zeit auszuführen. Im Falle des Zweitspracherwerbs muß man dem Problem der Motivation ein größeres Gewicht zuerkennen als im Erstspracherwerb. Wie bereits erwähnt, beginnt im Normalfall der Erstspracherwerb im Alter zwischen einem und zwei Jahren, ohne daß gezielte erzieherische Schritte eingeleitet werden. Dieser »pünktliche« Beginn und die Seltenheit der Fälle, in denen der Spracherwerb erheblich verzögert wird, sind deutliche Hinweise darauf, daß die Motivation zum Erstspracherwerb in ausreichendem Maße spontan bereitgestellt wird, sei es durch den Anreiz zum Sprechen, den die soziale Umwelt setzt, sei es durch die Reifung des Spracherwerbsmechanismus. Im natürlichen Zweitspracherwerb sollte sich das gleiche Ausmaß und die gleiche Art der Motivation einstellen, wenn die Situation sich der des Erstspracherwerbs annähert. Wenn also die soziale Umgebung ausschließlich die zu erwerbende Sprache spricht und der Lernende kaum Gelegenheit hat, mit seiner ersten Sprache die von ihm gewünschte Kommunikation zu bestreiten. Dadurch wird gewährleistet, daß er – ähnlich wie das vorsprachliche Kind – gezwungen ist, alle seine Bedürfnisse über die zu lernende Sprache zu artikulieren.

Der Erwerb der Erstsprache wird auch durch die spezifisch soziale Motivation getragen, nämlich durch den Wunsch, Mitglied einer Gruppe zu werden und zu bleiben, die sich durch eine bestimmte sprachliche Kommunikationsform auszeichnet. In der Familie geschieht dieser Integrationsprozeß bis zu einem gewissen Grad und bis zu einem gewissen Alter ohne sprachliche Mittel, später ist ein Anschluß ohne verbale Kommunikation nicht denkbar. Mit dem Wunsch nach Angleichung an die Familie und dem Wunsch nach Anschluß an außerfamiliäre Partner entsteht in enger Abhängigkeit der Anreiz, die Sprache zur Kommunikation einzusetzen und mit ihrer Hilfe immer komplexere Sachverhalte auszudrücken.

Im natürlichen Zweitspracherwerb dürfte sich der Wunsch nach Anschluß an eine neue Gruppe, nachdem man bereits in eine andere integriert ist, nicht so selbstverständlich einstellen. Im Schulunterricht kann diese Motivation erfahrungsgemäß oft nur schwer geweckt werden.

Gardner/Lambert (1972) trennen zwischen zwei Arten von Motivation für den Zweitspracherwerb:

1. integrative Motivation,
2. instrumentelle Motivation.

Die *integrative Motivation* hat zum Ziel, über den Weg der Sprachbeherrschung die Mitgliedschaft in dieser bestimmten Gruppe zu erreichen; eine Bezugsgruppe soll dann zur Mitgliedsgruppe werden. Die *instrumentelle Motivation* sieht im Zweitspracherwerb ein Mittel, um andere Ziele als die Mitgliedschaft in der Zweitsprachgruppe zu verfolgen, zum Beispiel den Beruf des Export-Import-Kaufmanns ausüben zu können. Die genannten Autoren stellen durch Befragung und Testen von Schülern fest, daß eine integrative Motivation im allgemeinen im Zweitspracherwerb zu besserem Erfolg führt. Dies gilt insbesondere für die Kriterien ›Kommunikationsfähigkeit‹, ›Aussprache‹ und ›Verständnis beim Anhören‹.

Analysiert man die Motivationslage des Schülers beim Zweitsprachunterricht in einer Schule, so steht doch wohl die Einstellung im Vordergrund, die Sprache zur Ausübung eines bestimmten Berufs oder kurzfristiger, vielleicht zur erfolgreicheren Verständigung auf einer Reise in das Land, in welchem die Sprache gesprochen wird, zu erlernen; nicht selten ist das vorherrschende Ziel im Unterricht, lediglich den Anforderungen des Lehrplans zu genügen. Motivational liegen also nicht immer günstige Voraussetzungen für einen Lernprozeß vor, dessen ideales Ziel in der ausgeglichenen Zweisprachigkeit bestehen soll. Tatsächliches Endziel ist meist jedoch ein Grad der Sprachbeherrschung, der zur Erreichung des real angestrebten Zieles ausreicht. Der Fall liegt anders beim natürlichen Zweitspracherwerb. Dieser Prozeß kommt ja meist in Gang, wenn

Mitglieder der anderen Sprachgruppe als Kommunikationspartner gewünscht werden, wenn also eine integrative Motivation vorliegt. Diese Art von Motivation führt meist den Lernenden näher an das ideale Ziel heran, nämlich so zu sprechen, wie die Mitglieder der Bezugsgruppe es tun. Er möchte sich möglichst wenig von den Mitgliedern der Bezugsgruppe unterscheiden und dadurch selbst zum Gruppenmitglied werden.

Lambert/Gardner/Barik/Tunstall (1963) leiten aus der Unterscheidung von integrativer und instrumenteller Motivation noch weitere Vorhersagen für deren Auswirkung auf sprachliche Leistungen beim Zweitspracherwerb ab. Ihre Hypothesen lauten:

1. Positive Einstellungen zu einer anderen linguistisch-kulturellen Gruppe, eingeschlossen eine weltoffene Haltung ohne nennenswerten Ethnozentrismus, sollten zu größeren Leistungen beim Zweitspracherwerb führen.

2. Integrative Orientierung zum Lernen der zweiten Sprache sollte effektiver sein als eine instrumentelle Orientierung.

3. Am Ende eines Sprachlehrganges sollten verstärkt bikulturelle Konflikte bei Gruppenidentifikationen aufgetreten sein.

Sie untersuchen zwei Gruppen von kanadischen Schülern, die als zweite Sprache Französisch lernen; ihre erste Sprache ist Englisch. Die eine Gruppe besteht nur aus Anfängern, während die andere Gruppe aus fortgeschrittenen Sprachschülern zusammengesetzt ist. Sie verwenden verschiedene Einstellungsskalen, eine von ihnen versucht die Motivationsvariable zu erfassen.

Weiterhin werden in regelmäßigen Abständen Untersuchungen an Sprachleistungstests zur Kontrolle des Sprachfortschrittes durchgeführt. Parallele Kontrollgruppen sollen helfen, eindeutige Schlußfolgerungen aus den Versuchsergebnissen zu ziehen.

Die Befunde belegen einen Zusammenhang zwischen der positiven Einstellung zu Frankreich, der Bereitschaft, sich mit Franzosen zu identifizieren und guten Leistungen im Französischkurs für Anfänger. Bei Fortgeschrittenen fällt die Wirkung der positiven Einstellungen nicht mehr entscheidend ins Gewicht. In der Gruppe der Ausländer überwiegt allerdings auch die Zahl der Schüler mit instrumenteller Motivation. Bei den Fortgeschrittenen ist die Anzahl der Schüler mit integrativer Motivation gegenüber dem Anfängerniveau gestiegen.

Erlebnisse von Gruppenkonflikten bei aufkommender Gruppenidentifikation in der Zweitsprachgruppe erscheinen bei Fort-

* besondere Form des Nationalismus

geschrittenen am ehesten in den Fällen, in denen integrative Motivation zum Zweitspracherwerb vorliegt. In diesen Fällen treten aber die besseren Sprachleistungen in den entsprechenden Prüfverfahren auf. Je größer die Erlebnisse von Gruppenkonflikten, um so mehr berichten die Schüler, daß sie in der Zweitsprache denken. Von einem gewissen Punkt an werden die Konflikte jedoch als zu stark erlebt, und es folgt eine Meidungsreaktion, indem das Denken in der zweiten Sprache vermieden wird.

Leider fehlt es an weiteren detaillierteren Untersuchungen, welche die Zusammenhänge zwischen integrativer und instrumenteller Motivation klären helfen. Es bedarf wohl eines ausgefeilteren methodischen Instrumentariums zur differenzierteren qualitativen und quantitativen Erhebung der Motivationslage. Die Motivationslage ändert sich jedoch offensichtlich im Laufe des Lernprozesses selbst, so daß die Vorhersageleistung aufgrund einer einmaligen Erhebung der Motivation ohnehin unsicher wäre.

Für den natürlichen Spracherwerb skizziert Herman (1961) die Entwicklung der Motivation im Laufe des Spracherwerbs. Aus Befragungen von Emigranten erschließt er fünf motivationale Perioden:

1. *Die Periode der ›antizipierenden Sozialisierung‹*, in der sich das Individuum noch in seinem Heimatland um Kenntnisse in der Sprache seines neuen Heimatlandes bemüht.

2. *Die Periode der ›Überkonformität‹*, in der sich das Individuum in seiner neuen Heimat intensiv um die Vervollkommnung seiner neu erworbenen Sprachkenntnisse kümmert, indem es möglichst Kontakte in der ersten Sprache vermeidet.

3. *Die Periode der ›Fluktuation‹*, in der Abwehrgefühle gegen die neue Mitgliedsgruppe und deren Sprache auftreten (vgl. auch Lambert).

4. *Die Periode der ›Krise‹*, in der sich das Individuum gegen die neue Gesellschaft abkapselt. (Auch diese Phase paßt zu Lamberts Stadium des Gruppenkonfliktes.)

5. *Die Periode der ›Anpassung‹ und der ›Interpretation‹*, in der das Individuum seine Identität als Mitglied einer neuen Gruppe gefunden und die mit dem Wechsel der Gruppenzugehörigkeit einhergehende Krise überwunden hat.

Bei Herman fehlt es bedauerlicherweise an Sprachleistungsdaten, die man den einzelnen Perioden zuordnen könnte. Es erscheint plausibel anzunehmen, daß in den Perioden der *›antizipierenden Sozialisation‹*, der *›Überkonformität‹* und der

›*Anpassung*‹ und ›*Integration*‹ die Lernfortschritte im Zweitspracherwerb am größten sind, während in den beiden anderen
Perioden kaum oder gar keine Fortschritte zu verzeichnen sein
dürften.

Für den Sprachunterricht und für die Erkenntnis des natürlichen Zweitspracherwerbs wären weitere Untersuchungen, die
mehr sind als nur explorative Erhebungen, erstrebenswert. Für
den Sprachunterricht wäre es zum Beispiel wichtig herauszufinden, wie eine instrumentelle Motivation, die weniger zu-
friedenstellende Sprachleistungen zur Folge hat, in eine integrative Motivation überführt werden kann, um den Anreiz, sich
der Sprache der Bezugsgruppe anzunähern, zu erhöhen.

In der Unterrichtssituation müßte auch die motivationale Lage
analysiert werden, die sich aus der Interaktion Lehrender-Ler-
nender ergibt. Für den Anfänger stellt ja der Lehrer oft die ein-
zige persönlich bekannte Verbindungsfigur zur Gruppe der
Benutzer der Zweitsprache dar. Er übermittelt alle Informationen und kognitiven Strukturen, die er für den Spracherwerb für notwendig hält. Darin wiederholt sich annähe-
rungsweise die Situation zu Beginn des Erstspracherwerbs, in
der das Kleinkind auch nur wenige Bezugspersonen – unter
Umständen überhaupt nur eine Bezugsperson – hat, die ihm die
Sprache vermitteln.

Kapitel 13

Psychologische Bedingungen und Begleiterscheinungen der Mehrsprachigkeit

Die psychologischen Bedingungen und Begleiterscheinungen der
Mehrsprachigkeit ergeben sich aus der besonderen Situation,
der der Zwei- und Mehrsprachige ausgesetzt ist. Mehrere Sprachen zu beherrschen, befähigt zu einer Erweiterung der Kommunikationsmöglichkeiten mit Mitgliedern anderer Sprachgruppen. Der Erfahrungs- und Einflußbereich wird dadurch
umfangreicher. Hierin liegt die Wurzel für die Erziehung zur
Mehrsprachigkeit, die heute in keiner mittleren und höheren

Schulbildung fehlt. Der Erwerb zweier oder mehrerer Sprachen schafft jedoch für den Lernenden psychische Bedingungen, die nicht nur eine Bereicherung der kognitiven und sozialen Möglichkeiten bedeuten: Mit dem Umfang der Kenntnis einer anderen Sprache wächst auch die Vertrautheit mit deren kulturellem Kontext. Der Lernende wächst somit in eine zweite Kultur hinein, in der vielleicht andere Werthaltungen, Einstellungen, Verhaltensnormen akzeptiert sind als in seiner alten Umgebung. Daraus können sich Konflikte ergeben, mit deren Lösung für den Lernenden psychische Belastungen verbunden sein können.

Bei ausgeglichener Zwei- und Mehrsprachigkeit vollzieht das Individuum in der Kommunikation mit Mitgliedern anderer Sprachgruppen mit dem Sprachwechsel gleichzeitig auch bis zu einem gewissen Grad einen Rollenwechsel. Mit der Übernahme der Rolle verändern sich die Erwartungen, die an das Verhalten des Rollenträgers geknüpft werden; die Erwartungen, Einstellungen und Meinungen werden durch den Rollenwechsel gefärbt.

Die Einstellungen und Meinungen ihrerseits beeinflussen kognitive Prozesse, die dem Zweitspracherwerb zugrundeliegen bzw. die vom Zweitspracherwerb geprägt werden. Ein Abschnitt soll den kognitiven Bedingungen gewidmet sein, welche durch die Beanspruchung durch mehr als eine Sprache entstehen. Im Vordergrund stehen die Themen der Abhängigkeit und Unabhängigkeit der Sprachen im Gedächtnis und die Wechselwirkung von Intelligenzleistungen und Mehrsprachigkeit. Zunächst sollen die sozialpsychologischen, dann die kognitiven Bedingungen und Begleiterscheinungen bei Mehrsprachigkeit besprochen werden.

13.1 Sozialpsychologische Bedingungen und Begleiterscheinungen

Die Einstellungen gegenüber den Mitgliedern einer anderen Gruppe werden in der Erziehung an das Kind weitergegeben. Diese Einstellungen liegen damit nicht für ein Leben lang fest, sondern sie werden vielmehr verändert oder bestärkt durch die Beeinflussung neuer Erziehungspersonen oder durch die Erfahrungen, die mit Mitgliedern der anderen Gruppe gemacht werden konnten. Während des Lernens einer zweiten Sprache im Schulunterricht werden solche Erfahrungen meist nur indirekt vermittelt. Die Einstellungen, die über Bezugspersonen der eigenen Gruppe vermittelt worden sind, sind in Ermangelung von direkten Erfahrungen mit Mitgliedern anderer Gruppen nicht zu verändern. Daraus ergibt sich meist ein weiterer Mangel: Die Abwesenheit von Mitgliedern der anderen Sprachgruppe schafft keine Gelegenheit zur Identifikation. Damit fehlt dem Lernenden auch die Möglichkeit, sich in die Rolle eines Mitglieds der anderen Sprachgruppe zu versetzen und über das Rollenverhalten dessen Einstellungen, kognitive Handlungsmuster und entsprechende sprachlich nuancierte Formulierungen zu übernehmen. Die integrative Motivation dürfte aber gerade über einen solchen Identifikationsprozeß aufgebaut werden. In einem natürlichen Zweitspracherwerb bieten sich solche Identifikationsmöglichkeiten in vielfältiger Weise durch unmittelbaren Kontakt mit anderssprachigen Partnern in einer gemeinsamen Situation an und fördern damit die Übernahme der Rolle eines Mitgliedes der anderen Sprachgruppe. Es erscheint plausibel, folgende Annahme aufzustellen: Je weiter die Identifikation gediehen ist und je vollkommener die Rollenübernahme vollzogen wird, um so mehr wird die kulturelle Umwelt der anderen Sprachgruppe verarbeitet und verinnerlicht.

Damit kann sich jedoch gleichzeitig ein Konflikt anbahnen: Mit dem Hineinwachsen in die anderssprachige Gruppe wird die Zugehörigkeit zur ersten Gruppe zumindest ihrer Ausschließlichkeit beraubt. Falls die Gruppe, in der die erste Sprache gesprochen wird, ein starkes Zusammengehörigkeitsgefühl zur Norm erhoben hat, wird mit wachsender Integration in die Zweitsprachgruppe dem Individuum das Erlebnis vermittelt, es wolle die erste Gruppe aus negativ bewerteten Gründen verlassen. Er sieht sich in die Rolle des ›Deserteurs‹ gedrängt. Mit dem Versuch einer stärkeren Integration in der Zweitgruppe kann er dagegen den Eindruck gewinnen, die Mitglieder der Zweitgruppe sähen in ihm einen Eindringling. Ein solches Erlebnis läßt sich veranschaulichen an dem Beispiel des Erwerbs der jiddischen Sprache. Auch gründliche Sprachkenntnisse dürften nicht ausreichen, um in einer Gruppe osteuropäischer Juden voll als Mitglied anerkannt zu werden (vgl. dazu auch Lambert 1972). In anderen Sprachgemeinschaften wird dem Eindringling eher das Gefühl vermittelt, man werde zunächst als ›Spion‹ betrachtet. Dies tritt vor allem bei ausgeprägten Freund-Feind-Gruppenverhältnissen auf, wie sie augenblicklich zwischen manchen Ländern des Ost- und des Westblocks bestehen. Den Zweisprachigen bleibt also eine soziale

Konfliktsituation in den Fällen nicht erspart, in denen eine soziale Distanz zwischen den Gruppen herrscht.

Die Mehrsprachigkeit eines Individuums hat aber wahrscheinlich einen entscheidenden Vorteil aufzuweisen: Sie erschwert das Aufkommen einer ethnozentrischen Haltung. Unter Ethnozentrismus versteht man in der Sozialpsychologie die kognitive Einstellung von Angehörigen einer Volksgruppe, ihre Umwelt ausschließlich von ihren eigenen Normen und Wertbezugssystemen aus zu sehen und zu beurteilen (Kloss 1967). Die Beurteilung der Eßgewohnheiten anderer Sprachgemeinschaften z. B. machen diesen ethnozentrischen Standpunkt deutlich (z. B. Ablehnung des Verzehrs von Schnecken im Urteil von Deutschen mit spezifisch deutschen Eßgewohnheiten).

Der Abbau des Ethnozentrismus unter den Völkergemeinschaften, die zugleich Sprachgemeinschaften sind, könnte ein wertvoller Beitrag sein zum Verständnis der Lebensgewohnheiten und der Entwicklungen in den anderen Gruppen. Mehrsprachigkeit könnte ein Weg sein, den Ethnozentrismus und damit die soziale Distanz zwischen bestimmten Sprachgemeinschaften zu verringern.

Gardner und Lambert (1972) betonen, daß eine positive Einstellung der Sprachgemeinschaft der Zweitsprache Vorbedingung ist für guten Fortschritt beim Spracherwerb. Eine durchweg positive Einstellung einer anderen Gruppe gegenüber darf man aber genauso wenig erwarten wie gegenüber einer anderen Person. Es sollte aber allgemein eine zumindest leicht positive Haltung eine günstige Voraussetzung bieten für den Wunsch nach Integration in eine bestimmte Gruppe. Andererseits wird die positive Einstellung verstärkt mit wachsender Integration. Zwei empirische Untersuchungen sollen unterstützen, was bis jetzt an Überlegungen zusammengestellt worden ist.

Die erste Untersuchung führt Ervin im Jahre 1964 mit Franzosen und Französinnen durch, die bereits mehrere Jahre in den Vereinigten Staaten lebten und meist ohne Unterricht Englisch durch den Kontakt mit Amerikanern erworben hatten. Sie waren meist mit Amerikanern (Amerikanerinnen) verheiratet. Ervin vermutet nun, daß ihre Versuchspersonen unterschiedliche Geschichten erfinden, je nachdem, in welcher Sprache sie diese erzählen. Denn mit der Erzählsprache werden auch andere Umweltaspekte thematisch, da ja die Sprachen in verschiedenen Umwelten und zeitlich nacheinander erworben worden waren (jeweils Französisch in Paris, in der Kindheit, Englisch in Washington, im Erwachsenenalter). Auf der anderen Seite ist die Umwelt in den beiden Großstädten der westlichen Welt nicht so grundlegend verschieden wie zwischen einem Dorf in Asien und einem französischen Dorf; außerdem sprechen in Washington die Versuchspersonen oft beide Sprachen mit denselben Gesprächspartnern. Starke Unterschiede in den Inhalten dürften also von vornherein nicht erwartet werden.

Als Anreiz für das Erzählen von erdachten Geschichten benutzt Ervin den Thematischen Apperzeptionstest (TAT). Der TAT dient in der psychologischen Praxis zur Aufhellung von persönlichen Motiven und Konflikten (z. B. Verhältnis Mann-Frau, Sohn-Mutter, Todeswünsche). Erhebungen mit dem TAT in verschiedenen Nationen haben kulturspezifische Bevorzugungen von einzelnen Themen und deren Verarbeitung in Geschichten ergeben (Maccoby 1952; Métraux/Mead 1954; Wylie 1958).

Für das Verhalten im Versuch sagt Ervin voraus:

1. Wenn die Erzählsprache Englisch ist, taucht bei weiblichen Versuchspersonen das Thema ›Leistungsstreben‹ häufiger auf als bei Erzählsprache Französisch. (Sie leitet diese Annahme aus der unterschiedlichen Haltung beider Kulturen gegenüber der Rolle der Hausfrau ab; in Frankreich werde diese Rolle eher akzeptiert als in den Vereinigten Staaten.)

2. Im Englischen sollen die Geschichten mehr den Wunsch nach Anerkennung durch andere enthalten als im Französischen.

3. In französischen Geschichten dominieren mehr ältere Personen als in englischen Geschichten.

4. In französischen Geschichten wird mehr von dem Mittel des Rückzugs aus einer Partnerbeziehung als Reaktion auf einen Konflikt Gebrauch gemacht als in englischen Geschichten (vgl. Wylie 1958).

5. In englischen Geschichten finden sich mehr verbale Aggressionshandlungen den Eltern, in französischen dagegen mehr Gleichaltrigen gegenüber. In englischen Geschichten werden mehr körperliche Aggressionen berichtet.

6. In französischen Geschichten werden mehr Schuldgefühle zum Ausdruck gebracht als in englischen, in denen eher versucht wird, Schuld abzuschieben. Dies hängt nach Meinung Ervins mit der stärkeren Betonung der Eigenverantwortlichkeit für das eigene Verhalten und seine Folgen bei französischen Erwachsenen zusammen.

Die Geschichten werden von einer Hälfte der Beteiligten zunächst in der französischen, dann zu einem späteren Zeitpunkt in der englischen Sprache erzählt; bei der anderen Hälfte ist die Reihenfolge umgekehrt. Zwischen den Sitzungen in den beiden Sprachen liegt eine Zeitspanne von sechs Wochen, um die Erinnerung an die bereits erzählten Geschichten verblassen zu lassen.

Die Geschichten werden auf ihren Inhalt hin analysiert, wie es in der standardisierten Form nach McClelland, Atkinson, Clark und Lowell (1953) empfohlen wird. Die Ergebnisse bestätigen nur wenige der Vorhersagen: Es zeigen sich lediglich in den französischen Geschichten mehr verbale Aggressionen Gleichaltrigen gegenüber, mehr Rückzugsreaktionen, sowie weniger Leistungsmotivationsthemen.

Ervin sieht in den Befunden einen Hinweis auf Veränderungen in der Thematisierung von Einstellungen, motivationalen Grundhaltungen, emotionalen Reaktionen je nach der verwendeten Sprache. Völlig eindeutig lassen sich die Befunde in dieser Richtung allerdings wohl nicht einordnen. Es könnten die Unterschiede auch durch die verschiedenen thematischen Schwerpunkte im Angebot der Massenmedien zustande gekommen sein. Sie reichen keineswegs zur Stützung der These aus, man habe es bei Mehrsprachigen mit ›gespaltenen‹ Persönlichkeiten zu tun. Die Unterschiede sprechen jedoch für eine beschränkte Bereitschaft, für die Dauer der Benutzung einer bestimmten Sprache in eine sprachspezifische Rolle zu schlüpfen. Grundlegendere Unterschiede in der Persönlichkeitsstruktur mehrsprachiger und einsprachiger Personen zu vermuten – dazu fehlt es bis jetzt noch an empirischen Grundlagen.

Eine teilweise Bestätigung der Ervinschen Befunde liefert 1968 und 1970 Botha in einer Erhebung an arabisch-französischen und arabisch-englischen Zweisprachigen. Sie fragt Versuchspersonen (Schüler im Alter zwischen 14 und 17 Jahren) nach der Nützlichkeit bestimmter Gegenstände. Sie möchte damit mehr über die unterschiedlichen Werteinschätzungen dieser Gegenstände in den verschiedenen kulturellen Bereichen erfahren. Sie geht von der Annahme aus, daß der Gebrauch einer Sprache die Aktualisierung kulturspezifischer Werte mit sich bringt. Dies sollte dann – lautet die Vorhersage der Verfasserin – dazu führen, daß bei Verwendung verschiedener Sprachen dieselben Gegenstände unterschiedlichen Wertkategorien zugeordnet werden. Botha findet keine durchgehenden Unterschiede in den herangezogenen drei Sprachen. Es treten einige deutliche Verschiebungen in der Häufigkeit auf, mit der einzelne Wertkategorien im Französischen verglichen mit den entsprechenden im

Arabischen benutzt werden. Die Unterschiede wiederholen sich jedoch nicht, wenn Arabisch und Englisch als Vergleichssprachen herangezogen werden. Das erscheint paradox, da eine Werthierarchie im Englischen der französischen doch ähnlicher sein sollte als der arabischen. Hier liegt die Vermutung nahe, daß die Schüler im allgemeinen bessere Französischkenntnisse aufweisen als Englischkenntnisse; sie haben also möglicherweise nur das Französische besser vom Arabischen unterscheiden können als das Englische vom Arabischen. So haben sie dann einfach nur ›arabisch gedacht‹, d. h. vorgelegte englische Ausdrücke ins Arabische übersetzt und dann auf englisch und arabisch vorgelegte Bezeichnungen stets in der gleichen – für das Arabische charakteristischen – Weise reagiert. Außerdem dürfte die Identifikation mit dem französischen Kulturbereich erstrebenswerter gewesen sein, da die Franzosen als positive Bezugsgruppe für die gebildeteren arabischen Schichten gelten.

Zu den Fragestellungen dieses Abschnittes sollten neue Experimente Hinweise und Informationen über die Mechanismen liefern, die den Prozeß des Rollenwechsels bei Sprachwechsel in Gang setzen und ihn steuern; weiterhin muß überprüft werden, inwieweit der Rollenwechsel mit der Benutzung einer anderen Sprache überhaupt gelingen kann. Eine Integration in eine zweite Kultur- und Sprachgruppe muß als eine zweite Sozialisation des Individuums aufgefaßt werden. Da die Auswirkungen der Sozialisation Teil der Persönlichkeit eines Menschen sind, sollte überprüft werden, ob nicht durch die Integration in die zweite Sprachgruppe auch neue Verhaltensdispositionen mit erworben werden.

13.2 Kognitive Bedingungen und Begleiterscheinungen

1. Die Wechselwirkung von Intelligenz und Zweisprachigkeit. Es gibt zahlreiche Untersuchungen, die der Frage nachgegangen sind, welcher Zusammenhang zwischen der (meßbaren) Intelligenz und der Kenntnis zweier oder mehrerer Sprachen besteht. Die Frage wird mit Absicht so global gestellt, obwohl sich daran eine Menge von Einzelproblemen anknüpft, z. B. ob Zweisprachigkeit speziell die verbale oder auch die nicht verbale Intelligenz fördert. Doch interessieren den Pädagogen, der sich mit der Erziehung zur Zweisprachigkeit auseinandersetzt, zunächst auch die allgemeinen Hinweise darauf, ob eine Ausbildung über die Sprachkenntnisse hinaus Vorteile oder

Nachteile mit sich bringt, die sich in anderen intellektuellen Leistungen niederschlagen (z. B. beim logischen Schließen oder bei der Kreativität des Denkens).

Eine Klärung des Zusammenhanges zwischen Intelligenz und Mehrsprachigkeit ist von besonderem theoretischem Interesse, weil man sich davon Aufschlüsse für die Wechselwirkung zwischen Sprache und Denken erhoffen darf. Beeinflußt die Sprachbeherrschung nur den Teil der Intelligenz, der sich in der Repräsentation von Symbolen und Schemata manifestiert? Oder werden auch allgemeinere kognitive Leistungen von der Zweisprachigkeit affiziert? Vorausgesetzt wird bei dieser Frage, daß Sprache und Denken nicht als identische Prozesse zu konzipieren sind, wie es etwa vom Behaviorismus vorgeschlagen wird (Denken = ›innerliches Sprechen‹). Geht man davon aus, daß in Inhalten und nicht in bestimmten (verbalen) Formen gedacht wird, wie beeinflußt dann das Beherrschen zweier Formen die Verarbeitung von Inhalten?

Vom Standpunkt der Entwicklungspsychologie aus muß man weiterhin fragen: Wenn intellektuelle Fähigkeiten gelernt sind, muß sich die gesamte Lerngeschichte eines Individuums auch sprachlich auf die Entwicklung von Fähigkeiten auswirken? Je nach Lerngeschichte müßte eine andere Intelligenzstruktur zu erwarten sein. Wie ist die Intelligenzstruktur bei Mehrsprachigen in verschiedenen Altersstufen beschaffen, d. h. bei unterschiedlichem Grad der Beherrschung beider Sprachen?

Die Untersuchungen zeigen eine solche Vielfalt von Ergebnissen, daß es bis jetzt nicht möglich ist, den Zusammenhang von Intelligenz und Zweisprachigkeit eindeutig zu bestimmen. Es gibt jedoch dazu systematische Zusammenfassungen von Darcy (1953, 1963). Danach sind Zweisprachige hinsichtlich ihrer Intelligenzleistungen den Einsprachigen in einigen Untersuchungen überlegen, in anderen unterlegen. Darüber hinaus fehlt es nicht an einer dritten Gruppe von Untersuchungen, die keinen Unterschied zwischen den Intelligenzleistungen Ein- und Zweisprachiger feststellen. Weitaus in der Überzahl sind nach Darcys Übersicht jene Erhebungen, in denen sich die sprachlich gebundenen Intelligenzleistungen bei Zweisprachigen denjenigen von vergleichbaren Einsprachigen als unterlegen erweisen. Einzelne Untersuchungen können auch Unterlegenheit bei anderen intellektuellen Leistungen zeigen.

Die systematische Analyse der empirischen Untersuchungen von Darcy weist auf so viele Unterschiede in den Beobachtungssituationen und -methoden hin, daß es müßig ist, auf dem Wege des Vergleichs Schlußfolgerungen aus den Erhebungen zu ziehen. Es soll hier deshalb nur eine Einzeluntersuchung von Peal und Lambert (1962) berichtet werden, die wegen angemessen kontrollierten Versuchsbedingungen eine eingehendere Betrachtung verdient.

Die Autoren leiten aus vorangegangenen Untersuchungen die Hypothese ab, Zweisprachigkeit gehe mit geringeren sprachlichen Intelligenzleistungen als Einsprachigkeit einher, bei nichtsprachlichen Intelligenzaufgaben verliere sich jedoch der Unterschied in den Leistungen. Weiterhin vermuten sie, daß die Schulzensuren Zweisprachiger im Durchschnitt schlechter sind als die Zensuren einsprachiger Schüler.

Zur Klärung der Frage nach der unterschiedlichen Intelligenzstruktur beider Schülergruppen führen sie eine große Zahl von Einzeltests durch, die Hinweise auf Intelligenzfaktoren ergeben könnten. Ihre Versuchspersonen sind zehnjährige Schüler von sechs französischen Schulen in Montreal (Canada). Die Schüler werden zunächst nach dem Grad der Zweisprachigkeit eingestuft, der an Hand einiger ausgewählter Verfahren getestet wird. Die allgemeinen Intelligenzprüfungen setzen sich aus drei genormten Intelligenztests zusammen, darunter einem, der speziell die nichtsprachliche Intelligenz testet (Raven Progressiver Matrizentest).

Es zeigt sich in fast allen nicht-verbalen Intelligenzeinzeltests eine Überlegenheit der Zweisprachigen. Auch die Schulleistungen zweisprachiger Schüler sind besser als die einsprachiger Schüler. Beide Befunde widersprechen den Ausgangshypothesen. In keinem der Untertests ergibt sich eine Unterlegenheit der Zweisprachigen. Die Ergebnisse in den nicht-verbalen Tests lassen den Schluß zu, daß nur wenige Kinder mit niedriger Intelligenz zweisprachig werden, die meisten Zweisprachigen zeigen eine höhere nicht-verbale Intelligenz als Einsprachige. Hieraus leiten die Autoren die Hypothese ab, ein bestimmter Intelligenzgrad bilde die Voraussetzung für eine annähernd ausgeglichene Zweisprachigkeit. Aufschlußreich ist ein Nebenergebnis; überwiegend werden Kinder aus der Mittelschicht zweisprachig. In der Mittelschicht werden wohl die Vorteile der Zweisprachigkeit eher gesehen werden als in der Unterschicht.

Zur Struktur der Intelligenz berichten Peal und Lambert: Die einzelnen nicht-verbalen Tests lassen sich in zwei Gruppen aufteilen: (a) in räumliche Wahrnehmungstests (z. B. Größenschätzen) und (b) in solche Tests, die symbolisches Neuordnen von Material erfordern (z. B. aus Dreiecken Figuren legen). Nur Tests aus der Gruppe (b) werden von Zweisprachigen besser bewältigt. Die Zweisprachigen schneiden also in solchen nicht-verbalen Aufgaben besser ab, die Begriffsbildungen bzw. symbolische ›Flexibilität‹ beanspruchen.

Mit der Zweisprachigkeit wird offenbar die Fähigkeit ausgebildet, in von der Sprache abstrahierten Begriffen und Beziehungen zu denken, bzw. je nach Sprache neue symbolische Repräsentationen und Begriffe zu entwickeln. Man könnte aber auch vermuten, daß Zweisprachige überhaupt flexibler sind als Einsprachige; diese Hypothese sollte man durch allgemeine Rigiditäts-Flexibilitätstests bei Ein- und Zweisprachigen überprüfen.

Allgemein ist die Intelligenzstruktur Zweisprachiger nach Peal und Lambert komplexer, vielseitiger. Da sie jedoch auch eine höhere Intelligenz haben, läßt sich nicht sagen, ob die höhere Intelligenz oder die Zweisprachigkeit die vielseitigere Intelligenzstruktur bedingen. genau!

Aus den Ergebnissen Peals und Lamberts geht hervor, daß Zweisprachigkeit mit weiteren intellektuellen Leistungsmöglichkeiten gekoppelt ist. Die intellektuellen Schwerpunkte liegen in der symbolischen Flexibilität, in der Begriffsbildung und in einer vielseitigen Intelligenzstruktur. Zweisprachige weisen auch bessere Schulleistungen auf, was angesichts ihres höheren Intelligenzquotienten aber nicht verwundern sollte.

Torrance und seine Mitarbeiter (1970) stellen sich die Frage, ob zweisprachige Kinder einen Nachteil haben, weil sie durch die neue Sprache auch neue Assoziationen auf meist gleiche Konzepte erwerben. Untersuchungen zeigen, wie neue Assoziationen die alten verdrängen können. Dies würde den Verlust von Assoziationen in der Erstsprache mit dem Erwerb der Zweitsprache bedeuten. Torrance führt mit zweisprachigen Kindern Assoziationstests in ihrer ersten Sprache durch. Er registriert eine Unterlegenheit zweisprachiger Kinder in der Menge der Assoziationen in einer bestimmten Zeitspanne (geringere Assoziationsflüssigkeit). Ebenso zeigen sie eine geringere Umschaltfähigkeit (Flexibilität) bei aufeinanderfolgenden Reizworten. Eine Unterlegenheit von Zweisprachigen besteht bezüglich der Originalität von Assoziationen jedoch nicht. Stellt man die geringere Assoziationsflüssigkeit in Rechnung, so sind den zweisprachigen Kindern sogar höhere Werte in den Originalitätstests zuzuschreiben; eine entsprechende Korrektur der Originalitätsdaten bestätigt diesen Schluß.

Die Befunde von Torrance und seinen Mitarbeitern sind an chinesisch-englischen und malayisch-englischen Kindern zwischen sieben und zehn Jahren durchgeführt worden. Nach Untersuchungen der beschriebenen Art bleibt die Frage offen, ob Mehrsprachigkeit die Voraussetzung oder die Folge der genannten kognitiven Leistungsmöglichkeiten ist. Festgestellt sind lediglich Begleiterscheinungen. Nur Längsschnittuntersuchungen können diese Frage einer Klärung zuführen.

2. *Gedächtnis und Mehrsprachigkeit.* Es fallen bei Mehrsprachigen in verschiedenem Ausmaß Störungen auf, die durch das Nebeneinander der Sprachen verursacht sind (Interferenzen). Übernimmt man mit der notwendigen Vorsicht die Unterscheidung von unabhängigen und abhängigen Sprachsystemen nach Ervin und Osgood, so kann man hypothetisch bereits eine erste Differenzierung vornehmen: Bei abhängigem, vermischt gelerntem Sprachsystem ist die Wahrscheinlichkeit für Interferenzen größer als bei unabhängigem Sprachsystem. Diese Annahme konnte so eindeutig nicht bestätigt werden (vgl. Baetens-Beardsmore 1974).

Die Frage nach der Trennung oder der Abhängigkeit von Sprachsystemen läßt sich in die konkretere allgemeinpsychologische Form überführen: Werden Sprachen im Gedächtnis gemeinsam oder getrennt gespeichert?

Einen ersten Anstoß zur Beantwortung dieser Frage gab Kolers (1963). Er formuliert die beiden Möglichkeiten der Abhängigkeit und Unabhängigkeit von Sprachen speziell als Problem der Organisation der beiden Sprachen im Gedächtnis. Sollten die beiden Sprachen – unabhängig davon, wie sie gelernt werden – in einen gemeinsamen Speicher eingehen und dort bis zum Abruf aufbewahrt werden, so läßt sich dies nach Meinung Kolers' nur so vorstellen, daß die sprachlichen Einheiten zur Speicherung in eine neue und einheitliche Form (Code) überführt werden. Man kann dies an einem Beispiel veranschaulichen: Die sprachlichen Zeichen ›Katze‹ (deutsch) und ›cat‹ (englisch), abhängig oder unabhängig voneinander gelernt, werden in eine übersprachliche Einheit, vielleicht eine schematisch-bildliche Vorstellung, umgearbeitet und in dieser Form gespeichert.

Soll nun beim Sprechen in einer bestimmten Sprache das sprachliche Zeichen ›Katze‹ (oder ›cat‹) benutzt oder verstanden werden, so wird im Speicher die übersprachliche Einheit aufgesucht, abgerufen und in ein sprachliches Zeichen für den Sprachvorgang bzw. das Verständnis von Gehörtem in das entsprechende sprachliche Zeichen zurückverwandelt.

Die Modelldarstellung Kolers' zur Speicherung von Sprachen läßt sich graphisch folgendermaßen veranschaulichen:

Figur 12: Modell einer vermischten Speicherung zweier Sprachen nach Kolers

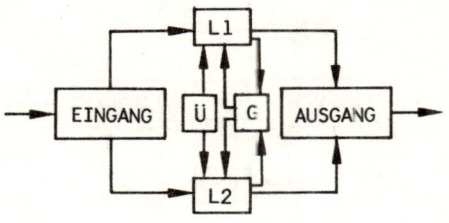

Es wäre zur Klärung der beteiligten Prozesse wichtig zu wissen, welche übersprachliche Form für die Speicherung anzunehmen ist. Weiterhin muß im Modell noch ausgearbeitet werden, wie bei einer solchen Form der Speicherung die Rückverwandlung in das sprachliche Zeichen erfolgt. Welche Bedingungen geben den Ausschlag dafür, daß gerade dasjenige sprachliche Zeichen herangezogen wird, welches dem Sprech- oder Verständniskontext angemessen ist? Im Falle einer übersprachlichen Speicherung kann man sich aber die Übertragung von Bedeutungen von einer Sprache in die andere sehr leicht vorstellen. Es bedarf ja beim Abrufen nur der Überführung in das andere sprachliche Zeichensystem. Das Modell zeigt deutlich, daß die Annahme einer übersprachlichen Speicherung nicht ohne weiteres die Vorstellung zuläßt, es könnten etwaige sprachspezifische Bedeutungen in übersprachlicher Form gespeichert werden.

Das alternative Modell der getrennten Speicherung verschiedener Sprachen schließt nicht in zwingend notwendiger Weise ein, daß die Speichereinheiten ebenfalls sprachlich sein müßten, doch legen die Ausführungen Kolers' diese Annahme nahe. Die beiden Sprachen gehen in funktional getrennte Speicheranlagen über. Überführung von Inhalten von einer Sprache in die andere (Übersetzungen) sind gegenüber der gemeinsamen Speicherung nur über einen zusätzlichen Schritt möglich. Dies soll an der graphischen Darstellung des Modells (s. S. 156) erläutert werden.

Während beim vermischten Speichern ohne vorheriges Übersetzen ein Übergang über das Speicherreservoir von einer Sprache zur anderen möglich ist, kann dies bei der unabhängi-

155

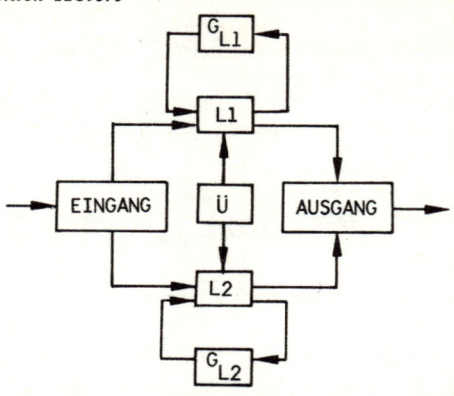

gen Speicherung nicht geschehen. Hier muß eine Übersetzung der sprachlichen Zeichen erfolgen, ehe die getrennten Gedächtniseinheiten funktional aufeinander bezogen werden können.

Kolers unternimmt Assoziationsversuche, um Hinweise für die Plausibilität des einen oder des anderen Modells zu erhalten. Er bietet zweisprachigen Versuchspersonen einmal ein Reizwort in der ersten Sprache und läßt sie in der gleichen Sprache darauf assoziieren. Dann wiederholt er den Vorgang mit einem Reizwort aus der zweiten Sprache. Danach läßt er das Assoziationswort in der jeweils anderen Sprache nennen, die nicht dem Reizwort entspricht. So ergibt sich die folgende Reihe von Bedingungen:

Sprache des Reizwortes	Sprache der Assoziation
L1	L1
L2	L2
L1	L2
L2	L1

Er variiert dazu noch die Bedeutungskategorien, denen die Reizworte angehören; wichtig sind vor allem konkrete, bildlich gut vorstellbare, unanschauliche, abstrakte Worte sowie Worte mit emotionalem Gehalt.

Wenn nun im Gedächtnis übersprachliche Einheiten – in welcher Form auch immer – aufbewahrt werden, sollten sich die Assoziationen in verschiedenen Sprachen nicht ihrem Inhalte nach unterscheiden. Wenn z. B. das Reizwort ›Schmetterling‹ für beide Sprachen eine gemeinsame bildlich-inhaltliche Vorstellung hervorruft, die in eine Speichereinheit transformiert wird, so sollten nur übersetzungsgleiche Assoziationen in den beiden Sprachen produziert werden. Die Ergebnisse zeigen jedoch, daß die Assoziationen auf übersetzungsgleiche Reizwörter in den beiden Sprachen keineswegs übersetzungsäquivalent sind. Die Ergebnisse sprechen also nicht für die Speicherung von sprachlichen Einheiten im Gedächtnis in einer übersprachlichen Form. Bildliche Vorstellungen sind sicher eine Begleiterscheinung kognitiv-begrifflicher Einheiten (Paivio/Ville/Madigan 1968). Sie kommen nach Kolers' Experiment als Gedächtniseinheiten jedoch nicht in Frage, da die Wortkategorien mit hohem bildlichen Vorstellungsreiz, d. h. die Worte mit konkretem Inhaltsbezug (z. B. ›Tasse‹), über die Sprachen hinweg zwar größere Übereinstimmung in den Assoziationen aufweisen als andere Wortkategorien, diese Übereinstimmung ist jedoch gemessen an dem Kriterium der vollständigen Übereinstimmung noch recht gering.

Die gleiche Frage nach der Abhängigkeit und Unabhängigkeit von Sprachenspeicherung stellt sich nach Kolers noch eine Reihe von Forschern aus dem Bereich der Gedächtnispsychologie. Im Vordergrund steht dabei natürlich die Frage nach der Organisation des Gedächtnisses und nicht das Problem, wie mehrsprachige Personen ihre Sprachen getrennt halten können. Es soll jedoch versucht werden, die Befunde im Hinblick auf diese Fragestellung auszusuchen und zu werten.

Berney and Cooper (1968) benutzen in einer Feldstudie ebenfalls die Übereinstimmung der Assoziationen als Maß für die Abhängigkeit der Sprachspeicherung. Sie stellen fest, daß regionale Unterschiede im Grad der Abhängigkeit der Sprachen bestehen und daß die Übereinstimmung der Assoziationen vom Grad der Beherrschung beider Sprachen unabhängig zu sein scheint.

Die zu referierenden Befunde werden mit verschiedenen experimentellen Techniken ermittelt, die hier nicht in allen Einzelheiten dargestellt werden sollen. Einen breiten Anwendungsbereich hat das Verfahren des freien Aufsagens (oder Niederschreibens) von Worten gefunden, die die Versuchsperson einmal vorher durchgelesen oder angehört hat. Die Prozedur des Lernens mit nachfolgendem Hersagen oder Niederschreiben des Behaltenen wird so lange wiederholt, bis die Worte vollständig wiedergegeben werden. Die zu lernenden Worte sind zu Listen geordnet; die Worte gehören meist zwei oder drei Sprachen an und lassen sich zudem verschiedenen Bedeutungskategorien zuordnen. Die Versuchspersonen sind in der Regel frei, die Reihenfolge der Wiedergabe der Wörter selbst zu bestimmen. Bei der Prüfung der behaltenen Worte kann man daher auch auswerten, ob sich die Versuchsperson an eine Ordnung der Worte nach der Sprache oder nach den Bedeutungskategorien halten. Ist die Sprache das dominante Ordnungsprinzip, wird daraus auf eine getrennte Organisation der beiden Sprachen im Gedächtnis geschlossen. Ist die Bedeutungskategorie das Ordnungsprinzip, so wird aus dieser Tatsache auf eine übersprachliche, d. h. einheitliche Speicherung geschlossen.

Die Ergebnisse sprechen sowohl für die eine als auch für die andere Hypothese (vgl. Lambert/Ignatow/Krauthamer 1968; Kolers 1966; Kintsch/Kintsch 1969; Tulving/Colotla 1970). Es ergeben sich sowohl Gruppierungen nach Sprachen als auch Ordnungen nach Bedeutungen in den Reproduktionslisten. Dabei stellt sich die Typologie Ervins und Osgoods nach der Lerngeschichte der Sprachen in einigen Versuchen durchaus als unterscheidende Variable heraus: Die Versuchspersonen mit vermischtem Sprachsystem neigen mehr dazu, nach Bedeutungen zu ordnen als nach Sprachen, während dies bei den Versuchspersonen mit unabhängigem Sprachsystem eher umgekehrt ist.

Im freien Reproduzieren von Wortlisten bestimmter Länge spielen jedoch zwei Gedächtnisfunktionen eine Rolle, nämlich das Kurzzeitgedächtnis und das Langzeitgedächtnis. Im Kurzzeitgedächtnis werden Informationen aus der Umwelt kurzfristig (etwa 10–15 Sekunden lang) festgehalten und dann an den Langzeitspeicher weitergegeben. Die Form, in der in beiden Speichern die Information aufbewahrt wird, dient vorwiegend als Unterscheidungsmerkmal: Im Kurzzeitspeicher bleibt die Information in der Form, in der sie wahrgenommen wurde, weitgehend erhalten. Sinnesmerkmale sind also Teil der Gedächtnisinformation. Im Langzeitspeicher werden vorwiegend Bedeutungen aufbewahrt (semantische Speicherung). Für die vorliegende Fragestellung bedeutet diese Trennung von Funktionseinheiten, daß Informationen über die Sprache im Kurzzeitgedächtnis noch erhalten bleiben, während sie im Langzeitgedächtnis verlorengehen zugunsten semantischer Informationen.

Kintsch und Kintsch haben 1969 ein Experiment mit zweisprachigem Material durchgeführt, das eine solche Trennung plausibel macht: Im Langzeitgedächtnis beeinflussen sich die

Wortbedeutungen und führen zu Interferenzen zwischen den beiden Sprachen. Bei Gedächtnisleistungen, die auf dem Kurzzeitgedächtnis beruhen, kann keine gegenseitige Behinderung der beiden Sprachen festgestellt werden. Tulving und Colotla (1970) bestätigen diesen Befund. Beim Lernen von einsprachigen, zweisprachigen und dreisprachigen Listen zeigt sich beim Abruf aus dem Kurzzeitgedächtnis kein Unterschied in der Anzahl der behaltenen Worte. Sobald die Listen jedoch ins Langzeitgedächtnis eingegangen sind und daraus abgerufen werden sollen, stellen die Untersucher fest, daß die mehrsprachigen Listen hinter den einsprachigen Listen in den Behaltensleistungen zurückstehen. Im allgemeinen wird die Behaltensleistung beim Lernen solcher Listen gesteigert, indem die Versuchsperson versucht, übergeordnete Einheiten aus den Worten zu bilden; dies sind vorwiegend Bedeutungsgruppierungen. Nach der Interpretation der Ergebnisse von Tulving und Colotla erschwert die (unterschiedliche) Codierung der Worte in verschiedene Sprachen diese Bildung von Bedeutungskategorien ganz erheblich: je mehr Sprachen in die Liste aufgenommen werden, um so mehr Störung ist festzustellen. Eine Gruppierung nach Sprachen, welche der Erleichterung des Behaltens dienen könnte, unterbleibt jedoch. Es erscheinen im Durchschnitt kaum mehr als zwei Worte hintereinander in der gleichen Sprache. Tulving und Colotla nennen das ›negative Sprachgruppierung‹, weil nämlich das Ordnen in längere Wortgruppen nach der Sprache gerade in überzufälliger Weise vermieden wird.

Unerklärlich ist der weitere Befund, daß in den mehrsprachigen Listen Worte aus derjenigen Sprache am schlechtesten behalten werden, die in einer entsprechenden einsprachigen Liste am vollständigsten wiedergegeben werden.

Die berichteten Experimente sind nicht ohne Widerspruch geblieben. Auch bei Experimenten mit zwei Sprachen kann die Speicherung semantischer Information im Kurzzeitgedächtnis festgestellt werden (Glanzer/Duarte 1971). Hierdurch wird der Erklärungsansatz fragwürdig, der je nach Art des Gedächtnisses (Lang- oder Kurzzeitgedächtnis) einmal Sprachabhängigkeit, ein andermal Sprachunabhängigkeit vorsieht. Wichtig sind jedoch die Befunde, die aus Langzeitgedächtnisversuchen herrühren. Hier ergibt sich aus der überwiegenden Anzahl auch mit anderen Versuchsanordnungen, daß über Sprachen hinweg der Bedeutung von Worten ein größeres Gewicht bei der Reproduktion zukommt und daß dies sowohl bei vermischt als auch getrennt sprachlicher Lerngeschichte der Fall sein kann. Eine vollständige Trennung und damit eine interferenzlose Funktion mehrerer Sprachen gleichzeitig kann nach den Gedächtnisversuchen nicht angenommen werden.

In einem anderen kognitiven Bereich ergeben sich ebenfalls Hinweise auf die Fragwürdigkeit der Annahme völlig unabhängiger Sprachsysteme. Ervin (1961 a) unternimmt zu dieser Fragestellung einen inzwischen klassisch gewordenen Versuch mit zweisprachigen Navaho-Indianern als Versuchspersonen. Sie untersucht das Spektrum der Farbnamen in beiden Sprachen bei einsprachigen und bei zweisprachigen Navahos. Das Farbnamensystem der zweisprachigen sollte mehr Farbnamen als das der einsprachigen Amerikaner und Navahos beinhalten. Tatsächlich bildet es aber ein Mischsystem aus den Farbbezeichnungen beider Sprachen. Dabei gehen Namen für gezielte Nuancen bei Bilingualen oft verloren: Unterscheidungen wie ›violett‹, ›lavendelfarbig‹, ›purpur‹, die bei Monolingualen genannt werden, stehen weniger spezifische Bezeichnungen wie ›rosa‹ und ›rot‹ bei Bilingualen gegenüber. Wie weit Farbnamen der einen oder der anderen Sprache übernommen werden, hängt von der Dominanz der Sprachen ab. Auch wenn eine Sprache differenziertere Bezeichnungen in einem bestimmten Wellenlängenbereich (d. h. für einen bestimmten Ausschnitt aus dem Farbspektrum) hat als die andere, bestimmt das Dominanzverhältnis beider Sprachen, inwieweit die Differenzierung beim Sprechen berücksichtigt wird.

13.3 Schlußbemerkung

Die Schwierigkeiten mehrsprachiger Personen bestehen in den unterschiedlichen sozialen und kognitiven Anforderungen, die ihnen aus den Interaktionen mit Mitgliedern der anderen Sprachgruppe erwachsen. Sozialpsychologisch betrachtet, stellt sich mit dem Erwerb mehrerer Sprachen die Frage, inwieweit mit wachsenden Sprachkenntnissen und wachsender Integration in die neue Sprachgemeinschaft die mit der Erstsprache erworbene soziale Identität aufgehoben wird. Diese Frage stellt sich natürlich erst dann, wenn die Integration überhaupt thematisch geworden ist, also in erster Linie beim natürlichen Zweitspracherwerb. Beim Zweitspracherwerb durch Unterricht im Land der Erstsprache kann man nicht erwarten, daß ein Identifikationsprozeß eingeleitet wird.

Inwieweit ist es überhaupt realistisch anzunehmen, daß eine einmal erworbene soziale Identität durch Integration in eine weitere oder mehrere Sprachgemeinschaften aufgegeben werden kann? Aus der Sozialpsychologie ist bekannt, daß ein Individuum durchaus in der Lage ist, die Mitgliedschaft in mehreren Gruppen aufrechtzuerhalten, ohne die persönliche Identität zu verlieren. Rollenverhalten ist Ausdruck der Fähigkeit, sozial flexibel zu agieren, und nur in extremen Fällen fällt die persönliche Identität dem Rollenverhalten zum Opfer. Die Integration in mehrere Sprachgruppen sollte man analog betrachten. Die Identifikation mit den Mitgliedern einer anderen Sprachgemeinschaft kann in einzelnen Fällen so weit gehen, daß die zunächst erworbene soziale Identität verlorengeht. Dieser Verlust geht meist einher mit einer Abwertung der ersten sozialen Zugehörigkeit. Ein solches Ausmaß an Identifikation fördert sicher die Motivation, die Sprache der erwünschten Gruppe so perfekt zu beherrschen, daß die ursprüngliche soziale Identität nicht mehr erkennbar ist. Doch sollte solch ein Verlust als Begleiterscheinung hingenommen werden, um des Idealzieles einer perfekten Zweitsprachbeherrschung willen? Hier sollten Überlegungen einsetzen, die verschiedene Bildungsziele gegeneinander abwägen.

Eine ausgeglichene Zweisprachigkeit kann aber auch durch die individuelle Fähigkeit, mehrere soziale Identitäten nebeneinander bestehen zu lassen, vervollkommnet werden. Der Mehrsprachige hat es gelernt, seine Rollen je nach Sprachzugehörigkeit der Kommunikationspartner wahrzunehmen; er hat die Fähigkeit zur sozialen Flexibilität im Zweitspracherwerb mit ausgebildet. Ist es als Bildungsziel wünschenswert, eine ausgeprägte soziale Flexibilität zu fordern, wenn befürchtet werden muß, daß Flexibilität nur durch Verzicht auf eine spannungsfreie in sich konsistente Persönlichkeitsstruktur erreicht werden kann?

Die Kenntnisse der kognitiven Funktionsweise bei mehrsprachigen Personen lassen die Befürchtung jedoch teilweise unrealistisch erscheinen. Es bedarf einer außerordentlichen kognitiven Differenzierungsfähigkeit, Informationen aus zwei verschiedenen kognitiven Bezugssystemen nicht zu verschmelzen und in einen einheitlichen Rahmen einzuordnen. Wenn auch pathologische Befunde darauf hindeuten, daß verschiedene Sprachen in unterschiedlichen Hirnarealen zu lokalisieren sind, so ist eine Trennung auf dem Begriffs- bzw. Bedeutungsniveau im Normalfall kaum durchzuhalten. Sie widerspricht der Tendenz des psychischen Systems, die Erfahrungen in möglichst einfache einheitliche Schemata einzuordnen.

Die Bildungsziele sollten deshalb erstens auf die kognitiven Möglichkeiten, zweitens aber auch auf die sozial- und persönlichkeitspsychologischen Begleiterscheinungen einer ausgeglichenen Zweisprachigkeit abgestimmt werden.

Literaturverzeichnis

Anderson, S. A./Beh, W.: The reorganization of verbal memory in childhood. Journal of Verbal Learning and Verbal Behavior 7 (1968), 1049–1053

Altman, St. A.: The structure of primate social communication. In: Altman, St. A.: Social communication among primates. Chicago 1967

Anglin, J. M.: The growth of word meaning. Cambridge (USA) 1970

Anisfeld, M./Tucker, R. G.: English pluralization rules of six-year old children. Child Development 38 (1967), 1202–1217

Antinucci, F./Parisi, D.: Early semantic development in child language. In: Lenneberg, E. H.: Foundations of child development. New York 1972

Asch, S. E./Nerlove, H.: The development of double function terms in children: An exploratory investigation. In: Kaplan, B./Wapner, S. (Hrsg.): Perspectives in psychological theory: Essays in honor of Heinz Werner. New York 1960

Asher, J. J./Garcia, R.: The optimal age to learn a foreign language. The Modern Language Journal 53 (1969), 334–341

Asher, J./Kusudo, J. A./de la Torre, K.: Learning a second language. The Modern Language Journal 58 (1974), 24–32

– /Price, B.: The learning strategy of the total physical response: Some age differences. Child Development 38 (1967), 1219–1227

Ausubel, D. P.: Adults versus children in second language learning. The Modern Language Journal 48 (1964), 420–424

Baetens-Beardsmore, H.: Development of the compound-coordinate distinction in bilingualism. Lingua 33 (1974), 123–127

Bellugi, U./Brown, R. (Hrsg.): The acquisition of language. Monogr. Soc. Res. Child Development 29 (1964)

Berko, J.: The child's learning of English morphology. Word 14 (1958), 150–177

Berko, J./Brown, R.: Psycholinguistic research methods. In: Mussen, P. H. (Hrsg.): Handbook of research methods in child development. New York 1960

Berney, T. D./Cooper, R. L.: Semantic independence and degree of bilingualism in two communities. The Modern Language Journal 53 (1969), 163–166

Bernstein, B.: Studien zur sprachlichen Sozialisation. Düsseldorf 1972

– Social class, linguistic codes and grammatical elements. Language and Speech 5 (1962), 221–240

Bever, T. G.: Prelinguistic behavior. Unveröffentl. Honors Thesis, Dept. Ling. Harvard Univ. 1961. In: McNeill, D.: The acquisition of language. New York 1970 a

– The cognitive basis for linguistic structures. In: Hayes, J. R. (Hrsg.): Cognition and the development of language, New York 1970 b

– Diskussionsbemerkung. In: Huxley, R./Ingram, E. (Hrsg.): Language acquisition: Models and methods. London 1971, S. 271

Bloom, L.: One word at a time: The use of single word utterances before syntax. Den Haag 1973

- Language development: Form and function in emerging grammars. Cambridge, Mass. 1971

Bloomfield, L.: Outline guide for the practical study of foreign languages. Baltimore 1942
- Language. New York 1933

Botha, E.: Verbally expressed values of bilinguals. The Journal of Social Psychology 75 (1968), 159–164
- The effect of language on values expressed by bilinguals. The Journal of Social Psychology 80 (1970), 143–145

Botha, R. P.: The function of the lexicon in transformational generative grammar. Den Haag 1968

Bousfield, W. A.: The significance of partial response identities for the problem of meaning. In: Mowrer, O.: Learning theory and the symbolic processes. New York 1960, S. 57

Bowerman, M.: Early syntactic development: A cross linguistic study with special reference to Finnish. Cambridge 1973

Braine, M. D. S.: The ontogeny of English phrase structure: The first phase. Language 39 (1963 a), 1–13
- On learning the grammatical order of words. Psychological Review 70 (1963 b), 323–348
- Three suggestions regarding grammatical analysis of children's language. In: Ferguson, C. A./Slobin, D. I. (Hrsg.): Studies of child language development. New York 1973, 421–429

Brooks, N.: Language and language learning. New York, 2. Aufl. 1964

Brown, R.: A first language: The early stages. Cambridge, Mass. 1973
- /Bellugi, U.: Three processes in the child's acquisition of syntax. Harvard Educational Review 34 (1964), 133–151
- /Cazden, C. T./Bellugi, U.: The child's grammar from I to III. In: Hill, J. P. (Hrsg.): The 1967 Minnesota Symposion on Child psychology. Minneapolis 1968
- /Fraser, C.: The acquisition of syntax. In: Bellugi, U./Brown, R. (Hrsg.): The acquisition of language. Mon. Soc. Res. Child Development 29 (1964), 43–48
- /Fraser, C./Bellugi, U. In: Explorations in grammar evaluation. In: Bellugi, U./Brown, R. W. (Hrsg.): The acquisition of language. Monogr. Soc. Res. Child Development 29 (1964), 79–92

Bruner, J. S.: Inhelder and Piaget's »The growth of logical thinking.« I. A psychologist's viewpoint. British Journal of Psychology 50 (1959), 363–370
- The ontogenesis of speech acts. Journal of Child Language 2 (1975), 1–19
- /Olver, R./Greenfield, P.: Studies in cognitive growth. New York 1966. Deutsch: Studien zur kognitiven Entwicklung. Stuttgart 1971

Bühler, Ch.: Kindheit und Jugend. Leipzig 1928
- /Hetzer, H./Tudor-Hart, B.: Soziologische und psychologische Studien über das erste Lebensjahr. Jena 1927

Bühler, H./Mühle, G. (Hrsg.): Sprachentwicklungspsychologie. Pragmalinguistik, Bd. 4. Weinheim 1974

Bullowa, M./Jones, L. G./Bever, T. G.: The development from vocal to verbal behavior in children. In: Bellugi, U./Brown, R. (Hrsg.):

The acquisition of language. Monogr. Soc. Res. Child Development 29 (1964), (No. 92), 101–107

Carroll, J. B.: The contribution of psychological theory and educational research to the teaching of foreign languages. The Modern Language Journal 49 (1965), 273–281

Cazden, C. B.: Environmental assistance to the child's acquisition of grammar. Unveröffentl. Diss. Cambridge Harvard Univ. 1965
– On individual differences in language competence and performance. Journal of Special Education 1 (1967), 135–150
– The acquisition of noun and verb inflections. Child Development 39 (1968), 433–448

Chafe, W. L.: Meaning and the structure of language. Chicago 1970

Chomsky, C.: The acquisition of syntax in children from 5 to 10. M.I.T. Research Monogr. 57. Cambridge, Mass. 1969

Chomsky, N.: Syntactic structures. Den Haag 1957
– A transformational approach to syntax. In: Hill, A. A. (Hrsg.) 3rd Texas Conference on problems of linguistic analysis in English. Austin 1962
– Discussion of paper by Miller and Ervin. In: Bellugi, U./Brown, R. W. The acquisition of language. Mon. Soc. Res. Child Developm. 29 (1964) 35–39.
– Aspects of the theory of syntax. Cambridge, Mass. 1965
– Language and Mind. Psychology Today 1 (1968), 48–51, 66–68. Deutsch: Sprache und Geist. Frankfurt 1970
– /Halle, M.: The sound pattern of English. New York 1968

Church, J.: Methods for the study of early cognitive functioning. In: Huxley, R./Ingram, E. (Hrsg.): Language Acquisition: Models and methods. London, New York 1971

Clark, E. V.: How children describe time and order. In: Ferguson, C. A./Slobin, D. I. (Hrsg.): Studies of child language development. New York 1973
– What's in a word? On the child's acquisition of semantics in his first language. In: Moore, T. E. (Hrsg.): Cognitive development and the acquisition of language. New York 1973

Clark, H. H.: Word associations and linguistic theory. In: Lyons, J. (Hrsg.): New horizons in linguistics. Penguin Book: 1970

Cromer, R. F.: The development of temporal reference during the acquisition of language. Unpubl. doct. diss. Harvard Univ., 1968

Cruttenden, A.: Eine phonetische Untersuchung des Lallens. In: Bühler, H./Mühle, G.: Sprachentwicklungspsychologie. Weinheim, Basel 1974, 174–185

Dale, Ph. S.: Language development. Structure and function. Hinsdale 1972

Dalrymple-Alford, E. C.: Interlingual interference in a color naming task. Psychonomic Science 90 (1968), 215–216

Darcy, N. T.: A review of the literature on the effects of bilingualism upon the measurement of intelligence. The Journal of Genetic Psychology 82 (1953) 21–57; 103 (1963) 259–282

Denes, P. B./Pinson, E. N.: The speech chain: The physics and biology of spoken language. Baltimore 1963

Derwing, B. L.: Transformational grammar as a theory of language acquisition. Cambridge 1973

Dore, J.: The development of speech acts. Den Haag 1975

- Holophrases, speech acts and language universals. Journal of Child Language 2 (1975), 21–40
- /Franklin, M. B./Miller, R. T./Ramer, A. L. H.: Transitional phenomena in early language acquisition. Journal of Child Language 3 (1976), 13–28
Dyer, F. N.: Color-naming interference in monolinguals and bilinguals. Journal of Verbal Learning and Verbal Behavior 10 (1971), 297–302
Edwards, M. L., Perception and production in child phonology: The testing of four hypotheses. Journal of Child Language 1 (1974), 205–219
Ellson, D.: Hallucinations produced by sensory conditioning. Journal of Experimental Psychology 28 (1941), 1–20
Engelkamp, J.: Der Ausdruck situativer Faktoren in der Satzstruktur. Unveröffentl. Symposiumsbericht, 1975
Ertel, S.: Psychophonetik. Untersuchungen über Lautsymbolik und Motivation. Göttingen 1969
- /Stubbe, D.: Potenz- und Valenzqualitäten als Bedingungen perzeptiver Größenakzentuierung. Zeitschrift für experimentelle und angewandte Psychologie 15 (1968), 49–69
Ervin, S. M.: Grammar and classification. Paper delivered at the APA Symposium: Language and the child's formation of concepts. New York 1957
- Semantic shift in bilingualism. American Journal of Psychology 74 (1961 a), 233–241
- Learning and recall in bilinguals. American Journal of Psychology 74 (1961 b), 446–451
- Changes with age in the verbal determinants of word-association. American Journal of Psychology 74 (1961 b), 361–372
- Imitation and structural change in children's language. In: Lenneberg, E. H. (Hrsg.): New direction in the study of language. Cambridge 1964
- Language and TAT content in bilinguals. In: Ervin-Tripp, S. M.: Language acquisition and communicative choice. Stanford 1973
- /Foster, G.: The development of meaning in children's descriptive terms. Journal of Abnormal and Social Psychology 61 (1960), 271–275
- /Osgood, C.: Second language learning and bilingualism. In: Osgood, C./Seboek, T. (Hrsg.): Psycholinguistics. Suppl. Journal Abnormal Social Psychology 49 (1954), 139–146
Feldman, C. F./Rodgon, M.: The effects of various types of adult responses in the syntactic acquisition of two- to three-year olds. Unveröffentl. Manuskript Dept. Psychol. Univ. Chicago 1970
Felix, S.: Similarities and differences between first and second language acquisition. Vortrag zum 3rd Intern. Child Symposium London 1975
Ferguson, C. A.: Baby talk in six languages. American Anthropologist 66 (1964), 103–114
- /Slobin, D. I.: Studies of child language development. New York 1973
Fillmore, Ch. J.: The case for case. In: Bach, E./Harms, R. T. (Hrsg.): Universals in linguistic theory. New York 1968, 1–87
Findling, J.: Bilingual need aff. and future orientation in extra group

and intragroup domains. Modern Language Journal 53 (1969), 227–231

Firth, J. R.: Speech. London 1930.
− The tongues of men (1937). London 1966.
− Papers in linguistics (1934–1951). London 1969

Fishman, J. A.: Sociolinguistics. A brief introduction. Rowley, Mass. 1971

Flores d'Arçais, G. B. F./Levelt, L. J. H. (Hrsg.): Advances in psycholinguistics. Amsterdam 1970

Fodor, J. A.: The appeal to tacit knowledge in psychological explanation. Journal of Philosophy 65 (1968), 627–640.
− Some reflections on L. S. Vygotskijs »Thought and Language«. Cognition 1 (1972), 83–97

Fraser, C./Bellugi, U./Brown, R.: Control of grammar in imitation, comprehension, and production. Journal of Verbal Learning and Verbal Behavior 2 (1963), 121–123

Gardner, R. C.: Motivational variables in second language acquisition. Unveröffentl. Diss. McGill Univ. Redpath Library 1960

Gardner, B. T./Gardner, R. A.: Two-way communication with an infant chimpanzee. In: Schier, A./Stollnitz, F. (Hrsg.): Behavior of nonhuman primates. Bd. 4. New York 1971, 117–184

Gardner, R. A./Gardner, B. T.: Teaching sign language to a chimpanzee. Science 165 (1969), 664–672

Gardner, R. C./Lambert, W.: Attitudes and motivation in second language learning. Rowley Mass. 1972

Glanzer, M./Duarte, A.: Repetitions between and within languages in free recall. Journal of Verbal Learning and Verbal Behavior 10 (1971), 625–630

Gleitman, L. R./Gleitman, H./Shipley, E. F.: The emergence of the child as a grammarian. Cognition 1 (1972), 137–164

Goodglass, H./Gleason, J. G./Hyde, M. R.: Some dimensions of auditory language comprehension in aphasia. Journal of Speech and Hearing Research 13 (1970), 595–606

Greenberg, J. H. (Hrsg.): Universals of language. Cambridge Mass. 1962

Greenfield, P. M.: Strukturelle Parallelen zwischen Sprache und Handlung im Laufe der Entwicklung. In: Steiner, G. (Hrsg.): Psychologie des 20. Jh. Bd. 7: Piaget und die Folgen. München, im Druck
− /Smith, J. H./Laufer, B.: Communication and the beginnings of language: the development of semantic structure in one-word and beyond. New York 1975

Grimm, H.: Entwicklungspsychologische Forschung in der BRD: Stand und Perspektive. Psychologische Rundschau 27 (1976), 248–264
− Psychologie der Sprachentwicklung, Bd. 1: Allgemeine Grundlagen und Entwicklung grammatischer Formen. Stuttgart 1977
− /Schöler, H./Wintermantel, M.: Zur Entwicklung sprachlicher Strukturformen bei Kindern. Weinheim 1975
− /Wintermantel, M.: Zur Entwicklung von Bedeutungen. Weinheim 1975

Halliday, M. A. K.: Learning how to mean. In: Lenneberg, E. H./Lenneberg, E. (Hrsg.): Foundations of language development: A multidisciplinary approach. New York 1975

Hayes, K. J./Hayes, C.: Intellectual development of a home raised chimpanzee. Proceedings of the American Philosophic Society 95 (1951), 105–109

Hayes, J. R.: Cognition and development of language. New York 1970

Herman, S.: Explorations in the social psychology of language choice. Human Relations 14 (1961), 149–164

Hepworth, J. C.: The importance and implications of the »critical period« for 2nd language learning. English Language Teaching Journal 28 (1974), 272–282

Hockett, Ch. F.: A course in modern linguistics. New York 1958

– Animal »languages« and human language. In: Spuhler, J. N.: The evolution of man's capacity for culture. Detroit 1959

Hörmann, H.: Psychologie der Sprache. Berlin 1967

Huxley, R./Ingram, E. (Hrsg.): Language acquisition: Models and methods. London, New York 1971

Ingram, D.: Fronting in child phonology. Journal of Child Language 1 (1974), 233–241

Irwin, O. C.: Infant speech: equations for consonant vowel ratios. Journal of Speech and Hearing Disorders 11 (1946), 177–180

– Infant speech: consonant sounds according to the manner of articulation. Journal of Speech and Hearing Disorders 12 (1947), 397–401

– Development of vowel sounds. Journal of Speech and Hearing Disorders 13 (1948), 31–34

– Language and communication. In: Mussen, P. H. (Hrsg.): Handbook of research methods in child development. New York 1960, 487–516

– /Chen, H. P.: Development of speech during infancy. Journal of Experimental Psychology 36 (1946), 431–436

Jakobovits, L. A.: Foreign language learning. Rowley, Mass. 1970

– Dimensionality of compound-coordinate bilingualism. Language Learning 3 (1968), 29–56

Jakobson, R.: Kindersprache, Aphasie und allgemeine Lautgesetze (1941), Frankfurt, 2. Aufl. 1969

– /Halle, M.: Grundlagen der Sprache. Berlin 1960

Jesperson, O.: Die Sprache, ihre Natur, Entwicklung und Entstehung (1922). Heidelberg 1925

Kaplan, E.: The role of intonation in the acquisition of language. Unveröffentl. Diss. Cornell Univ. 1969

– /Kaplan, G.: The prelinguistic child. In: Elliot, J. (Hrsg.): Human development and cognitive processes. New York 1971, 359–381

Katz, J. J.: Philosophie der Sprache. Frankfurt 1969

– Recent issues in semantic theory. Foundations of Language 3 (1967), 124–194

Katz, E. W./Brent, S. B.: Understanding connectives. Journal of Verbal Learning and Verbal Behavior 7 (1968), 501–509

– /Fodor, J. A.: The structure of semantic theory. Language 39 (1963), 170–210

Kernan, K. T.: The acquisition of language by Samoan children. Univ. Calif. Berkeley. Language Behavior Research Laboratory Paper No. 21, 1969

Kessel, F. S.: The role of syntax in children's comprehension from

ages 6 to 12. Monogr. Soc. Res. Child Development 35 (1970) (6)
Kintsch, W.: The representation of meaning in memory. New York 1974
– Comprehension and memory of texts. Unveröffentl. Manuskript 1976
– /Kintsch, E.: Interlingual interference and memory processes. Journal of Verbal Learning and Verbal Behavior 8 (1969), 16–19
Kloss, H.: Bilingualism and nationalism. Journal of Social Issues 23 (1967), 39–47
Kolers, P. A.: Interlingual word associations. Journal of Verbal Learning and Verbal Behavior 2 (1963), 291–300
– Interlingual facilitation of short term memory. Journal of Verbal Learning and Verbal Behavior 5 (1966), 314–319
Kowal, S./Caesar, B.: Zur Sprache von 5jährigen Vorklassenkindern: Zum Problem der Analyse von spontaner Sprache in natürlichen Kontexten. Unver. Sympos. Bericht 1975
Laguna, A. de: Speech: Its function and development. New Haven 1927
Lambert, W. E.: Psychological studies of the interdependencies of the bilingual's two languages. In: Puhvel, J. (Hrsg.): Substance and structure of language. Berkeley 1969, 99–126
– A social psychology of bilingualism. Journal of Social Issues 23 (1967), 91–109
– Psychological aspects of motivation in language learning. In: Lambert, W. E.: Language, psychology and culture. Stanford/ Calif. 1972
– Developmental aspects of second language acquisition. In: Lambert, W. E.: Language, psychology and culture. Stanford/Calif. 1972
– Essays: Language, psychology and culture. Stanford/Calif. 1972
– Gardner, R. C./Barik, H. C./Tunstall, K.: Attitudinal and cognitive aspects of intensive study of a second language. Journal of Abnormal and Social Psychology 66 (1963), 358–368
– Ignatow, M./Krauthamer, M.: Bilingual organization in free recall. Journal of Verbal Learning and Verbal Behavior 7 (1968), 204–214
– /Rawlings, C.: Bilingual processing of mixed-language associative networks. Journal of Verbal Learning and Verbal Behavior 8 (1969), 604–609
– /Tucker, G. R./d'Angejan, A.: An innovative approach to 2nd language learning: The St. Lambert Experiment. Etudes de linguistique appliquée 10 (1973), 90–99
Lantz, de L./Steffre, V.: Language and cognition revisited. Journal of Abnormal and Social Psychology 69 (1964), 472–481
Laws, P.: How much, how soon? The Canadian Modern Language Review 32 (1975), 36–43
Lenneberg, E. H.: New directions in the study of language. Cambridge, Mass. 1964
– Biologische Grundlagen der Sprache. Frankfurt 1972
– /Lenneberg, E.: Foundations of language development: A multidisciplinary approach, New York 1975
Leopold, W. I.: Speech development of a bilingual child. 4 Bde. Evanston/Ill. 1939, 1947, 1949, a, b

Leuninger, H./Miller, M. H./Müller, F.: Psycholinguistik. Ein Forschungsbericht. Frankfurt 1972

Leuba, C.: Images as conditioned sensations. Journal of Experimental Psychology 26 (1940), 345–351

Lewis, M.: Infant speech: A study of the beginnings of language. London 1970

– Sprache, Denken und Persönlichkeit im Kindesalter. Düsseldorf 1970

Lewin, K.: Principles of topological psychology (1936). Grundzüge der topologischen Psychologie. Bern 1969

Lieberman, P.: Intonation, perception and language. Cambridge, Mass. 1967

Lotz, J.: Speech and Language. The Journal of the Acoustical Society of America 22 (1950), 712–717

Lovell, K.: Some recent studies in cognitive and language development. Merrill-Palmer Quarterly 14 (1968), 123–138

Luria, A. R./Subbotskij, E. V.: Zur frühen Ontogenese der steuernden Funktion des Sprechens. In: Steiner, G. (Hrsg.): Psychologie des 20. Jh., Bd. 7: Piaget und die Folgen. München, Zürich (im Druck)

– /Indowitsch, F. I.: Die Funktion der Sprache in der geistigen Entwicklung des Kindes. Düsseldorf 1970

Maas, U./Wunderlich, D.: Pragmatik und sprachliches Handeln. Frankfurt/M, 2. Aufl. 1972

McCall, E. A.: A generative grammar of sign. M. A. University of Iowa, 1965. In: Brown, R.: A first language: The early stages. Cambridge, Mass. 1973, S. 33, 40

McCawley, J.: The role of semantics in grammar. In: Bach, E./ Harms, R. (Hrsg.): Universals in linguistic theory. New York 1968, 124–169

Maccoby, E. E.: Some notes on French child-rearing among the Parisian middle class. Cambridge, Harvard Laboratory of Human Development, 1952. Unveröff. Manuskript

– /Bee, H. L.: Some speculations concerning the lag between perceiving and performing. Child Development 36 (1965), 367 bis 377

McClelland, D. C./Atkinson, J. W./Clark, R. A./Lowell, E. L.: The achievement motive. New York 1953

MacNamara, J.: The bilingual's linguistic performance – a psychological overview. Journal of Social Issues 23 (1967), 58–77

– Cognitive basis of language learning in infants. Psychological Review 79 (1972), 1–13

McNeill, D.: The acquisition of language. New York 1970

– Der Spracherwerb. Psycholinguistische Untersuchungen. (Sprache und Lernen 40) Düsseldorf 1974

Marler, P.: Animal communication signals. Science 157 (1967), 769 bis 774

Mehler, J.: Diskussionsbemerkung. In: Huxley, R./Ingram, E. (Hrsg.): Language acquisition: Models and methods. London, New York 1971 a, S. 162

– Sentence completion task. In: Huxley, R./Ingram, E. (Hrsg.): Language acquisition: Models and methods. London, New York 1971 b

– /Savin, H. B.: Memory processes in the language user. In: T. G.

Bever/W. Weksel (Hrsg.): Structure and psychology of language. New York (im Druck)

Menyuk, P.: The bases of language acquisition: Some questions. Journal of Autism and Childhood Schizophrenia 4 (1974), 325 bis 345

– Syntactic rules used by children from preschool through first grade, Child development 35 (1964), 533–546

– The role of distinctive feature in children's acquisition of phonology. Journal of Speech and Hearing Research 4 (1968), 138–146

– /Anderson, S.: Children's identification and reproduction of w, r, and l. Journal of Speech and Hearing Research 5 (1969), 39–52

– The acquisition and development of language. Englewood Cliffs, N. J. 1971

Messer, S.: Implicit phonology in children. Journal of Verbal Learning and Verbal Behavior 6 (1967), 609–613

Métraux, Rh./Mead, M.: Themes in French culture. Stanford 1954

Mikès, M.: Acquisition des catégories grammaticales dans le langage de l'enfant. Enfance 20 (1967), 289–298

Miller, G. A.: Four philosophical problems of psycholinguistics. Philosophy of Science (1970), 183–199

Miller, N. E./Dollard, J.: Social learning and imitation. New Haven, London 1941

Miller, W./Ervin, S.: The development of grammar in child language. In: Bellugi, U./Brown, R. W.: The acquisition of language. Mon. Soc. Res. Child Development 29 (1964), 9–34

Moerk, E. L.: Piaget's research as applied to the explanation of language development. Merrill-Palmer Quarterly 21 (1975), 151–169

Molfese, D./Freeman, R., jr./Palermo, D.: The ontogeny of brain lateralization for speech and non-speech stimuli. Brain and Language 2 (1975), 356–368

Moravcsik, J. M. E.: Competence, creativity and innateness. Philosophical Forum 1 (1969), 407–439

Moskowitz, B. A.: The acquisition of fricatives: A study in phonetics and phonology. Journal of Phonology 3 (1975), 141–150

Mowrer, O. H.: Learning theory and the symbolic processes. New York 1960

Muria, J.: Speech development of infants: Analysis of speech sounds by sonograph. Psychologia 3 (1960), 27–35

Nakazima, S.: A comparative study of the speech developments of Japanese and American English in childhood. Studia Phonoligica 2 (1962), 27–39

Neimark, E. D.: Development of comprehension of logical connectives: Understanding of ›or‹. Psychonomic Science 21 (1970), 217–219

– /Slotnick, N. S.: Development of the understanding of logical connectives. Journal of Educational Psychology 61 (1970), 451 bis 460

Ney, J. W., Contradictions in theoretical approaches to the teaching of foreign languages. The Modern Language Journal 58 (1974), 197–203

Oevermann, U.: Sprache und soziale Herkunft. Frankfurt 1972 (edition suhrkamp 519)

Olds, H. F., jr.: An experimental study of syntactic factors influencing children's comprehension of certain complex relationships. Cambridge, Mass. 1968

Olmstedt, D. L.: Out of the mouth of babes: Earliest stages in language learning. Den Haag 1971

– A theory of the child's learning phonology. Language 42 (1966), 531–535

Olson, D.: Language and thought: Aspects of a cognitive theory of semantics. Psychological Review 4 (1970), 257–273

Olson, L. L./ Samuels, S. J.: The relationship between age and foreign language pronounciation. The Journal of Educational Research 66 (1973), 263–268

Omar, M. K.: The acqusition of Egyptian Arabic as a native language. Unveröffentl. Diss. Georgetown Univ. 1970

Oller, D. K./Wiemann, L. A./Doyle, W. J./Ross, C.: Infant babbling and speech. Journal of Child Language 3 (1976), 1–11

Olson, D. R.: Language and thought: Aspects of a cognitive theory of semantics. Psychological Review 77 (1970), 257–273

Osgood, C. E.: The nature and measurement of meaning. Psychological Bulletin 49 (1952), 197–237

– Method and theory in experimental psychology. New York 1953

– On understanding and creating sentences. American Psychologist 18 (1963 a), 735–751

– Psycholinguistics. In: Koch, S. (Hrsg.): Psychology: A study of a science. Bd. 6. New York 1963 b, 244–316

– /Seboek, T. A.: Psycholinguistics. A survey of theory and research problems. Bloomington/London 1969

Paivio, A.: Imagery and verbal processes. New York 1971

– /Yuille, J. O./Madignan, S.: Concreteness, imagery and meaningfulness values for 925 words. Journal of Experimental Psychology 76 (1968), Mon. Suppl. (1 Pt. 2)

Palermo, D. S./Molfese, D. L.: Language acquisition from age 5 onward. Psychological Bulletin 78 (1972), 409–428

Parisi, D./Antinucci, F.: Lexical competence. In: Flores d'Arçais G. B./Levelt, W. J. M. (Hrsg.): Advances in psycholinguistics. Amsterdam 1970, 197–210

Park, T.-Z.: Language acquisition in a Korean child. Unveröffentl. Manuskript, Univ. Bern/Schweiz 1970 a

– The acquisition of German Syntax. Unveröffentl. Manuskript, Univ. Bern/Schweiz 1970 b

Parreren, C. F.: Psychologie und Fremdsprachenunterricht. Praxis 10 (1963), 6–10

Pawlow, I. P.: Gesammelte Werke. Berlin 1953–1955

Peal, E./Lambert, E.: The relation of bilingualism to intelligence. Psychological Monographs, General and Applied 76 (1962), No. 546

Pei, M.: Glossary of linguistic terminology. Anchor Book, New York 1966

Penfield, W./Roberts, L.: Speech and brain mechanisms. Princeton 1959

Piaget, J.: The origins of intelligence in children. New York 1952

– Die Bildung des Zeitbegriffs beim Kinde. Zürich 1955

– Six psychological studies. New York, Vintage Books 1967

– Nachahmung, Spiel und Traum. Die Entwicklung der Symbolfunktion beim Kinde. Stuttgart 1969

- Die Entwicklung des räumlichen Denkens beim Kinde. Stuttgart 1971
- Sprechen und Denken des Kindes. Düsseldorf 1972

Ploog, D.: Kommunikation in Affengesellschaften und deren Bedeutung für die Verständigungsweisen des Menschen. In: Gadamer, H. G./Vogler, P. (Hrsg.): Biologische Anthropologie II. Stuttgart 1972, S. 159 ff.

Premack, D.: The education of Sarah. Psychology Today 4 (1970 a), 54–58
- A functional analysis of language. Journal of the Experimental Analysis of Behavior 14 (1970 b), 107–125
- Language in chimpanzee? Science 172 (1971), 808–822

Preston, M. S./Lambert, W. E.: Interlingual interference in a bilingual version of the Stroop Color-Word-Task. Journal of Verbal Learning and Verbal Behavior 8 (1969), 295–301

Raeffler-Engel, W. v.: Theoretical phonology and first language acquisition. Folia Linguistica 4 (1970), 316–329

Ramge, H.: Spracherwerb. Grundzüge der Sprachentwicklung des Kindes. Tübingen 1973

Ramsey, C. A./Wright, E. N.: Age and second language learning. The Journal of Social Psychology 94 (1974), 115–121

Razran, G. H. S.: A quantitative study of meaning by a conditioned salivary technique (semantic conditioning). Science 90 (1939), 89–90

Reich, P. A.: The early acquisition of word meaning. Journal of Child Language 3 (1976), 117–123

Riegel, K. F.: Some theoretical considerations of bilingual development. Psychological Bulletin 70 (1968 a), 647–670
- Changes in psycholinguistic performance with age. In: Talland, G. A. (Hrsg.): Human aging and behavior. New York, London 1968 a, 239–279
- The language acquisition process: A reinterpretation of selected findings. In: Goulet, L. R./Baltes, P. B. (Hrsg.): Life-span developmental psychology: Research and theory. New York, London 1968 b, 239–279

Robinson, W. P.: Social factors and language development. In: Huxley, R./Ingram, E.: Language acquisition: Models and methods. London 1971, 49–66

Ruke-Dravina, V.: Zur Sprachentwicklung bei Kleinkindern: I. Syntax. Lund 1963
- The process of acquisition of apical |r| and uvular |R| in the speech of children. In: Ferguson, C. A./Slobin, D. I. (Hrsg.): Studies of child language development. New York 1973, 158–169
- Mehrsprachigkeit im Vorschulalter. Travaux de l'Institut de Phonétique de Lund. In: Baetens-Beardsmore, H.: Lingua (1974)

Saussure, F. de: Grundfragen der allgemeinen Sprachwissenschaft. Berlin, Leipzig 1931

Schlesinger, I. M.: Learning grammar: From pivot to realization rule. In: Huxley, R./Ingram, E. (Hrsg.): Language acquisition. New York, London 1971
- Production of utterances and language acquisition. In: Slobin, D. (Hrsg.): The ontogenesis of grammar. New York 1971
- Relational concepts underlying language. In: Schiefelbusch, R. L./

173

Lloyd, L. L.: Language perspective: Acquisition, retardation and intervention. London 1974

Schmidt, S. J.: Bedeutung und Begriff. Zur Fundierung einer sprachphilosophischen Semantik. Braunschweig 1969

Schönpflug, U.: Zum Verhältnis von Philosophie und Psychologie im 19. Jh. Teil 2: Vergleichende Psychologie. In: Überweg, F./Österreich, T.: Grundriß der Geschichte der Philosophie im 19. Jh., neubearb. von H. M. Saß. Bern, im Druck.

Schwachkin, N. Kh.: The development of phonemic speech perception in early childhood. In: Ferguson, C. A./Slobin, D. I.: Studies of child language development. New York 1973

Searle, J. R.: Human communication theory and the philosophy of language: Some remarks. In: Dance, F. E. (Hrsg.): Human communication. Original Essays. New York 1967, 116–129

– Speech acts: An essay in the philosophy of language. Cambridge 1969

Sheppard, W. C. U./Lane, H. L.: Development of prosodic features of infant vocalizing. Journal of Speech and Hearing Research 11 (1968), 94–108

Shine, D./Walsh, J. F.: Developmental trends in the use of logical connectives. Psychonomic Science 23 (1971), 171–172

Shipley, E. F./Smith, C. S./Gleitman, L. R.: A study in the acquisition of language. Language 45 (1968), 322–342

Shuy, R. W. (Hrsg.): Social dialects and language learning. Champaign, Ill. 1964

Sinclair, H.: Acquisition du langage et dévelopment de la pensée. Paris 1967

– Developmental psycholinguistics. In: Elkind, D./Flavell, J. H. (Hrsg.): Studies in cognitive development. Essays in honor of Jean Piaget (New York 1969), 315–336

– Diskussionsbemerkung. In: Huxley, R./Ingram, E. (Hrsg.): Language acquisition: Models and methods. New York 1971 a, S. 273

– Sensorimotor action patterns as a condition for the acquisition of syntax. In: Huxley, R./Ingram, E. (Hrsg.): Language acquisition: Models and methods. New York 1971 b, 121–135

– Language acquisition and cognitive development. In: Moore, F.: Cognitive development and the acquisition of language. New York 1973.

– Der Übergang vom sensomotorischen Verhalten zur symbolischen Tätigkeit. In: Leuninger, N./Miller, M. H./Müller, F. (Hrsg.): Linguistik und Psychologie. Ein Reader. Bd. 2: Zur Psychologie der Sprachentwicklung. Frankfurt 1974, 93–109

Singh, J. A. L./Lingg, R. M.: Wolf children and feral man. New York 1942

Skinner, B. F.: Verbal behavior. New York 1957

Slobin, D. I.: Grammatical transformations and sentence comprehension in childhood and adulthood. Journal of Verbal Learning and Verbal Behavior 5 (1966), 219–227

– Elicited imitation as a research tool in developmental psycholinguistics. Berkeley 1967

– Imitation and grammatical development in children. In: Endler, N. S./Boulter, L. R./Osser, H.: Contemporary issues in developmental psychology. New York 1968

- The ontogenesis of grammar: Facts and theories. New York 1971
- Cognitive prerequisites for the development of grammar. In: Ferguson, C. H./Slobin, D. I.: Studies of child language development. New York 1973, 175–208
- Early grammatical development in several languages, with special attention to Soviet Research. In: Bever, T. G./Weksel, W. (Hrsg.): The structure and psychology of language. New York (im Druck)

Staats, A. W.: Learning, language and cognition. New York 1968
- Integrated functional learning theory and language development. In: Slobin, D. I. (Hrsg.): The ontogenesis of grammar: Facts and theories. New York 1971

Stark, R. E./Rose, S. N./McLagen, M.: Features of infant sounds: The first 8 weeks of life. Journal of Child Language 2 (1975), 205–221

Steiner, G.: Jean Piaget: Versuch einer Wirkungs- und Problemgeschichte. In: Hommage à Jean Piaget zum 80. Geburtstag. Hrsg.: Klett-Verlag 1976, 49–98

Stern, Cl./Stern, W.: Die Kindersprache. Leipzig 1907

Stern, H. H.: What can we learn from the good language learner. The Canadian Modern Language Review 31 (1975), 304–318

Stroop, J. R.: Studies of interference in serial verbal reactions. Journal of Experimental Psychology 18 (1935), 643–662

Stuart, C. I. M. (Hrsg.): Report of the 15th (first international) round table meeting on linguistics and language studies. Monograph Series on Language and Linguistics, Nr. 17. Washington D. C. 1964

Templin, M. C.: Certain language skills in children: Their development and interrelations. Monogr. Series No. 26. Minneapolis: Univ. of Minnesota Inst. of Child Welfare 1957

Thorndike, E. L.: Man and his work. New York 1943

Tonkova-Yampol'skaya, R. V.: Development of Speech intonation in infants during the first 2 years of life. In: Ferguson, C. A./Slobin, D. I.: Studies of child language development. New York 1973

Torrance, E. P./Gowan, J. C./Wu, J.-J./Aliotti, N.: Creative functioning of monolingual and bilingual children in Singapore. Journal of Educational Psychology 61 (1970), 72–75

Trevarthen, C.: Infant response to objects and persons. In: Bruner, J.: The ontogenesis of speech acts. Journal of Child Language 2 (1975), 1–19

Tucker, G. R.: Methods of second language teaching. The Canadian Modern Language Review 31 (1974), 102–106

Tulving, E./Colotla, V. A.: Free recall of trilingual lists. Cognitive Psychology 1 (1970), 86–98

Turner, E. A./Rommetveit, R.: Experimental manipulation of the production of active and passive voice in children. Language and Speech 10 (1967), 169–180

Velten, H. V.: The growth of phonemic and lexical patterns in infant language. Language 19 (1943), 281–292

de Villiers, J. G./de Villiers, P. A.: A cross-sectional study of the acquisition of grammatical morphemes. Journal of Psychological Research 2 (1973), 267–278
- Competence and performance in child language: Are children

175

really competent to judge? Journal of Child Language 1 (1974), 11–22

Watzlawick, P./Bevin, J. H./Jackson, D. D.: Pragmatics of human communication. A study of interactional patterns, pathologies and paradoxes. New York 1967

Weick, E.: Systematic observational methods. In: Lindzey, G./Aronson, E. (Hrsg.): The Handbook of Social Psychology. Reading, Mass. 1968, Bd. 2, 357–451

Weir, R.: Some questions on the child's learning of phonology. In: Smith, F./Miller, G. A. (Hrsg.): The genesis of language: A psycholinguistic approach. Cambridge, Mass. 1966, 153–166
– Language in the crib. Den Haag 1962

Well, G.: Learning to code experience through language. Journal of Child Language 1 (1974), 243–269

Werner, H./Kaplan, B.: Symbol formation. New York 1963

Whorf, B. L.: Sprache, Denken, Wirklichkeit. Hamburg 1963

Wienold, G.: Über das Arbeiten an einer Theorie des Zweitspracherwerbs. Konstanz 1974
– Die Erlernbarkeit der Sprachen. München 1973

Winitz, H./Reed, J. A.: Rapid acquisition of a foreign language by the avoidance of speaking. International Review of Applied Linguistics in Language Teaching 11 (1973), 295–317

Wode, H.: Natürliche Zweisprachigkeit: Probleme, Aufgaben, Perspektiven. Linguistische Berichte 32 (1974), 15–36

Wolff, P. H.: The natural history of crying and other vocalizations in early infancy. In: B. M. Foss (Hrsg.): Determinants of infant behavior. Bd. 4. London 1966

Wolman, R. N. & Baker, E. N.: A developmental study of word definitions. Journal of Genetic Psychology 107 (1965), 159–166

Woodrow, H./Lowell, R.: Children's association frequency tests. Psychological Monographs 22 (1916), No. 5

Wygotski, L. S.: Denken und Sprechen. Stuttgart 1969

Wylie, L.: Village in the Vaucluse. Cambridge, Mass. 1958

Zlatin, M. A./Koeningsknecht, R. A.: A preliminary investigation of voice onset time as a variable in perception and production of word-initial voiced and voiceless stop consonants in two-year-old and six-year-old children. (Nach: Edwards, M.: Perception and production. Journal of Child Language 1 [1974], 205–229)